‘대중’의 국제정치학

청년시민, 세계를 논論하다

YU ☰ IC-PBL

Hyper Connected Education

김지원
홍수진
최성민
유서현
권나영
홍태호
구민재
이나윤
서진희
최윤태
정혜영
박경호
최은찬
조은정
박정수
이화진
김예진
그리고
은용수
함께 지음

'대중'의 국제정치학

청년시민, 세계를 논論하다

한양대학교 출판부

머리말

"역사는 너무 중요하기에 학자들에게만 맡겨둘 수 없다." 영국의 저명한 역사'학자' 라파엘 새뮤엘(Raphael Samuel)의 말이다. 무슨 뜻일까? 새뮤엘이 언급하고 있는 역사는 과거에 발생한 사건들의 집합으로서의 역사가 아니라 그러한 사건들에 대한 기억과 기록, 즉 서술로서의 역사를 말한다. 그리고 이것이 "너무나도 중요"한 이유는 역사서술이 과거에 대한 객관적 재현을 넘어 현재를 판단하고 나아가 미래를 조망하는 매우 중요한 지표가 되기 때문이며, 이는 다양한 사회집단, 민족, 종교, 국가들 간의 '헤게모니' 투쟁으로 종종 점화되기 때문이다. 문제는 역사라는 것이 서술자에 따라 기술되는 방식, 해석의 방향이 달라질 뿐 아니라 무엇을, 언제를, 누구를 기술(기록)의 대상과 주체로 삼을 것인가라는 근본적인 사유 자체가 달라진다는 것이다. 어찌 보면 역사서술에서 무엇을 포함(inclusion)하고, 무엇을 배제(exclusion)할 것인가라는 선택의 질문은 현실정치에서 지속적으로 발생하는 헤게모니(hegemony) 투쟁의 출발점이라고 할 수 있다. 역사의 서술주체가 다양화되어야 하는 이유가 바로 여기에 있으며, 새뮤엘이 역사를 '학자'에게만 맡겨둘 수 없다고 천명한 이유도 이것이다. 제도권(즉 대학이나 연구소)에서 역사를 전문적으로 전공하고 연구하는 역사'학자'들의 역사기록과 서술은 물론 중요하다. 하지만 그것이 "너무나도 중요"한 역사를 충분히 포괄하고 있다고는 할 수 없는 것이다. 특히 국가 중심, 권력자 중심의 통상적인 역사서술에서 배제되어 있거나 주변부로 내몰려 있었던 일반 대중들은 헤게모니라는 장(field) 자체에 발을 들여놓지도 못한 채 그저 '주어진' 역사(서술)로 구성된 국가나 혹은 민족 단위의 "기억전쟁"에서 어느 한편에 '객체'로 포섭되고는 한다. 이를 극복하기 위해서는 바로 그 대중이 서술의 주체가 될 필요가 있다. 대중에 의한, 대중을 위한, 대중의 역사서술이 요청되는 이유다. 구술사, 생애사, 마을사 등 생활세계에 밀착한 역사서술과 역사재현이 제도권의 역사연구와 '함께' 활발히 진행되어야만 우리는 비로소 역사의 무게를 조금이나마 감당할 수 있을 것이다.

이러한 문제의식이 국제정치학에서도 그대로 적용되어야 한다고 나는 생각한다. "국제정치는 너무 중요하기에 학자들에게만 맡겨둘 수 없다!" 특히나 국제정치는 권력자들 간의 헤게모니 투쟁이 일국적 경계 내부에 머무르지 않고 타국과의 전쟁, 분쟁, 침략, 봉쇄, 제재 등으로 이어질 수 있고, 이에 국경을 넘어 수많은 대중(시민)들의 일상에 직접적이며 나아가 치명적인 영향을 끼치는 영역이다. 그럼에도 대중은 그저 제도권 학자들의 연구 '대상'(object)으로만 머물러 있다. 근원적으로 국제정치는 인간에 의해 작동되지만 국제정치연구(서술)에서 개별자로써의 인간의 자리는 없어 보인다. 합리적인 민족국가 혹은 권력을 행사할 수 있는 정책결정자만이 분석단위로 자리잡고 있을 뿐이다. 그러나 앞서 언급했듯 국제정치는 우리의 삶에 일상적이고도 실질적이며 나아가 치명적인 영향을 끼친다. 나아가 포함과 배제라는 선택의 문제, 즉 헤게모니의 문제는 역사학에서 보다 국제정치학에서 훨씬 더욱 복잡하고 다층적으로 작동하기도 한다. 따라서 국제정치 연구와 서술을 학자에게만 "맡겨"두지 않고 대중(시민)으로 확장할 필요가 있다. 안보를 예로 들어보자. 국제정치 연구에서 일반적으로 이해되는 안보는 국가 중심이다. 즉 국가를 기본 단위로 하여 이들 간의 군사적 경쟁, 긴장, 위협, 충돌의 가능성 혹은 그것의 관리 및 통제라는 맥락에서 안보연구가 진행되는 측면이 크다. 그리고 여기서 안보제공자와 안보수혜자의 관계는 국가-국민으로 단순 일원화되고는 한다. 그러나 이와 같은 전통적인 안보연구에서는 개개인의 안보(불안)이 무엇이지 알기 어렵다. 그들은 무엇에 불안해하며, 무엇에 공포를 느끼고, 또한 왜 그렇게 느끼는지, 이러한 질문들은 국가 중심적 안보연구에서 제기되지 않기 때문이다. 그러나 개개인이 일상에서 매일매일 느끼고 경험하는 두려움, 불안, 폭력의 종류, 정도, 범위는 매우 다르고 그에 대한 태도와 반응 역시도 매우 상이하다. 나아가 만약 모두가 '국가안보'가 안보의 핵심 대상이라는 점에 동의한다 하더라도 국가안보의 의미가 무엇인지, 어떤 가치가 국가안보를 구성하는 것인지 등에 대한 개개인의 판단과 느끼는 감정은 바로 그 개개인이 어떤 상황과 위치에 있느냐에 따라 크게 다를 수 있다. 이러한 안보의 '위치(맥락)구속성'을 고려할 때 안보연구는 국가 중심에서 사람 중심으로, 그리고 전쟁과 생존 중심에서 일상과 실존 중심으로 그 초점을 옮겨볼 필요가 있다. 결국에 안보란 존재자가 겪는 위협, 불안, 두려움으로부터 해방되는 것이며, 그러한 위협, 불안, 두려움은 시민(대중)들의 '삶과 터'에 따라 다르게 규정될 수 있기 때문이다.

하여 이 책은 국제정치학의 대중화, 더 나아가 '대중'의 국제정치학을 추구한다. 이것이 이 책의 기획의도이자 지향점이다. 이 책은 2019년 1학기 한양대학교 정치외교학과에 개설된 '외교정책의 이해'(담당교수: 은용수) 수업을 통해 완성되었다. 수업명에서 볼 수 있듯, 논의의 주제는 국제관계와 외교정책이었다. 그러나 그것의 핵심은 학생들이 청년시민으로써 국제정치와 외교정책을 자기 자신의 문제로 인식하고, 지식의 수용자가 아닌 지식의 생산자로 서술의 '주체'가 되어보는 것이었다. 나아가 이런 과정에서 개개인 및 집단 단위에서 비판적 성찰을 수행보는 것을 핵심목표로 삼고 진행하였다.

이를 위해 본 수업에서는 우선 다음과 같은 질문을 학생들 스스로 고민하고 연구하게 하였다. 나에게 외교정책이란 무엇을 의미하는 것인가? 나는 외교정책을 어떻게 연구하는 것이 적절하다고 생각하는가? 특정 국가의 외교정책행위에 영향을 끼치는 요인에는 무엇이 있을까? 나의 삶에 많은 영향을 끼치는 외교정책과 실제 사례는 무엇이 있을까? 이러한 외교

정책은 어떻게 결정이 되었는가? 이것이 한국사회에 끼치는 영향은 무엇인가? 한국은 어떤 정책을 취해야 하는 것이 적절한가? 이러한 질문들을 기본적인 문제의식으로 하고 매주 구체적인 연구질문을 도출하여 학생들이 지식의 생산자, 즉 서술의 주체가 될 수 있도록 수업을 진행하였다. 구체적인 진행방식은 다음과 같았다.

우선 매주 4~5명이 하나의 팀을 이뤄서 국제관계와 외교정책에 관한 중요한 주제나 이슈를 연구하고 팀발표를 진행한다. 이때 교수자는 팀발표가 수월하게 진행될 수 있도록 기본 개념이나 이론을 질문의 형태로 제공해준다. 이것은 일종의 가이드(guide) 역할을 하는 것이다. 발표자들은 이를 참고는 하되 스스로 더욱 구체적인 연구질문들을 도출하고 관련된 문헌들을 찾아내어 이를 비판적으로 해석한다. 이를 종합해서 발표문을 만들어 30분의 시간을 갖고 발표한다. 예를 들어 3주차에 진행되었던 수업에서 우리는 "미국의 패권"을 큰 주제로 선택하였고, 기본 가이드로 제공된 질문은 "패권이란 어떤 의미인가?" "패권국의 흥망에 영향을 주는 요인들에는 무엇이 있을까?" 등이었다. 여기에 학생들 스스로 고민했던 질문들은, "21세기 현재 미국은 패권국인가?" "향후에는 어떤 변화가 있을까?" "미국이 주도하는 세계질서(안보 및 경제질서)는 지속될 필요가 있는가? 혹은 대안모색이 필요한가?" "어떤 대안이 가능할까?" "미국은 동아시아에 군사 및 경제적으로 깊이 개입(관여)하고 있는데, 이는 동아시아 안정과 번영에 도움이 되는 것일까 아니면 해로운 것일까? 한국에는 어떤 영향이 있는 것일까?" "미중 관계를 이끌어가는 데 있어 가장 중요한 변수는 무엇일까?" "미-중 간의 군사적 충돌의 가능성은 얼마나 될까? 어떤 상황이 그러한 가능성을 높일까?" 등이었다. 그리고 이러한 연구질문들에 답하기 위해 발표자(팀)이 읽고 해석했던 논문들은 다음과 같았다.

> Michael Cox (2012). "Power Shifts, Economic Change and the Decline of the West?" International Relations, 26, pp.369–388; Graham Allison (2015). "The Thucydides Trap: Are the U.S. and China Headed for War? The Atlantic; Fareed Zakaria (2018). "The Future of American Power." Foreign Affairs; David Hughes (2015). "Unmaking an exception: A critical genealogy of US exceptionalism," Review of International Studies, 41, pp 527-551;

이렇게 팀발표가 진행되면 곧이어 질의응답 시간을 갖게 하였고, 뒤이어 4~5명이 짝을 이뤄 그룹토론을 진행하였다. 토론은 발표자들이 발표 이후에 토론거리로 준비해온 질문들과 담당교수가 추가로 제시한 질문들을 합하여 진행되었으며, 그룹토론 이후 전체토론을 통해서 각 그룹토론에서 진행된 토의내용과 시각을 공유하는 시간을 갖게 하였다. 나아가 토론된 내용을 요약정리하는 것을 매주 과제로 내주고 '토론 다시 생각하기'라는 이름으로 온라인 게시판에 게재하게 하였다. 특히 그룹토론에서 가장 인상적으로 기억되는 토론내용을 정리해보고 그것이 왜 인상적이었는지 등을 상기(recall)해보는 것을 주요한 목적으로 하였다.

위와 같은 방식으로 총 8주간 수업을 진행하였고 이를 통해 국제정치 및 외교정책에 관한 주요 이슈, 개념, 문제, 해법 등에 관해 인지하고 해석하는 능력을 갖추도록 하였다. 남은 7주간은 연구논문 작성을 위한 학습활동에 할애하였다. 연구논문은 단독으로 작성하며 학생들 스스로 판단하여 앞선 8주 동안 다뤘던 국제정치 및 외교정책에 관한 이슈/현상들 중에서 가장 시급하고 중요하다고 판단하는 것을 연구주제로 선택하고 그것의 의미, 원인, 해결법 등을 분석하는 연구논문을 작성하게 하였다. 특히 이것이 한국, 한국사회, 그리고 나 자신에게 어떤 영향을 끼칠 수 있는지에 대한 고민을 논문을 통해 서술할 것을 강조하였다.

여기서 매우 중요한 것은 완성된 연구논문을 학생들로부터 받아보고 이를 교수자가 평가하고 점수를 부여하는 전통적인 수업방식을 취하지 않고, 일종의 동료평가(peer review) 방식을 도입하여 학생들의 논문의 완성도를 높이고자 했다는 점이다. 즉 학생들에게 본인의 연구논문 초안이나 계획서를 먼저 발표하게 하고, 이에 대해 교수와 전체 수강학생들이 어떻게 하면 완성도를 높일 수 있는지에 대한 논평을 진행한 것이다.

이를 위해 매주 5~6명 정도의 학생들이 본인의 연구논문 계획서나 초안을 개별 발표하였고, 발표 전 날 온라인 게시판에 발표문을 게시하게 하여 나머지 학생들이 이를 미리 확인할 수 있도록 하였다. 연구논문의 초안발표는 10분 내외로 하고 다른 학생들과 담당교수의 논평은 대략 20~25분가량 진행하였다. 즉 집단적인 비평을 통해 논문을 수정 및 보안할 수 있도록 하고 나아가 동료평가라는 방식을 도입함으로써 학생들 스스로가 지식의 생산자라는 인식을 갖도록 유도하였다. 이와 같은 방식을 통해 완성된 연구논문들은 다음과 같은 기준으로 최종평가하였다.

- 초안과 비교하여 최종본은 얼마나 발전했는가?
- 최종본의 논리적 구조와 경험적 증거는 충분히 설득력이 있는가?
- 연구자(작성자) 본인의 주장이 잘 담겨 있는가?
- 학술적으로 공헌도가 큰가?
- 현실 문제 해결에 도움이 되는가?
- 최종본의 형식(참고문헌, 참고자료, 글쓰기 방식 등)은 만족스러운가?

이 책에 실린 17개의 장(chapter)들은 바로 이렇게 오랜 시간 함께 노력하여 완성한 연구논문들이다. 현재 문제인 정부의 외교정책이나 대북정책을 다룬 논문부터 동북아시아의 다자적 안보협력체제를 논하는 글, 그리고 글로벌 환경오염과 난민 이슈를 다룬 논문까지 한국-아시아-세계를 넘나드는 논문들이 망라되어 있다. 물론 제도권 '학자'들이 작성한 논문이나 출간한 저서와 비교해보면 본서에 실린 학생들의 글의 완성도가 떨어지는 것도 사실이다. 그러나 국제정치연구에서 '학술적' 정밀성만큼이나 중요한 것은 일반 대중(시민)들이 서술의 주체가 되고 지식의 생산자 역할을 수행하는 것이라고 나는 믿는다. 청년시민으로써, 또한 대중지식인으로써 본서에 참여한 학생들은 국제정치의 객체에서 주체로 한 걸음 나아갔다고 나는 또한 믿는다.

당초 총 24명의 학생들이 수강하였고, 모두 열심히 노력하였으나 여러 이유로 이 책에 포함되지 못한 논문들도 있다. 향후 본 교수자가 계획 중인 '대중의 국제정치학' 시리즈 2편에 포함될 수 있도록 구상해보고자 한다. 끝으로 이 책의 발간에 도움을 준 여러분들에게 감사의 마음을 전한다. 우선 이 책의 기획의도에 크게 공감하고 지원을 아끼지 않은 한양대학교 IC-PBL 교수학습센터의 오현숙 박사님께 감사의 말을 전한다. 그리고 한양대학교 출판부의 이상근 차장님과 안광일 선생님께도 감사의 말씀을 드린다. 두 분의 도움으로 이 책이 멋진 모습으로 한양대학교 출판부를 통해 출간될 수 있었다. 이와 함께 이 책의 최초 편집에 많은 도움을 준 김진영에게도 깊은 고마움을 전한다. 마지막으로 이재윤에게 고맙다는 말을 하고 싶다. 재윤이는 나에게 언제나 큰 힘이다.

2019년 12월

은용수

차례

제1부

한국의 외교

1

한국은 중재자인가? 문재인 정부 외교정책의 형태와 정체성

정치외교학과
김지원

요약 본 논문은 문재인 정부 한국의 중견국 인식과 역할에 대한 담론 을 분석하고, 이를 통해 한국이 국제사회에서 중재자로써 어떤 정책행위를 보이고 있으며 어떤 정체성을 설정해가고 있는지를 살펴보고자 한다. 이를 위한 분석방법으로써 문재인 정부의 외교안보정책 관련된 정부성명발표, 정부기관의 보도자료, 대통령 연설문 등을 관련 핵심어를 중심으로 분석한다. 분석 결과, 한국은 스스로 중견국이라 인식하며 규정할 뿐 아니라, 중견국 외교 행태를 적극적으로 표방해왔다고 할 수 있다. 특히 '2018 남북정상회담'과 이후의 '북미정상회담' 성사 과정에서 한국정부는 한국을 중견국으로써 인식하면서 촉매자, 촉진자로서의 역할을 더욱 두드러지게 강조하고 있다고 할 수 있다.

I. 서론

2017년 문재인 정부 출범 이후, 2018년 외교부는 "우리 정부의 외교 정책과 외교 현장에서 펼쳐진 활동들"이 담긴 외교백서를 발간했다. 외교백서 '제5장 국제사회 내 역할 확대 및 위상 제고', '제1절 중견국·소다자 외교 전개'에선 '믹타(MIKTA)', '한·아세안, 아세안+3(한·일·중), 동아시아정상회의(EAS)', '한·중앙아 협력포럼'을 중심으로 한국의 중견국, 다자적 외교에 대한 내용이 담겨 있다.[1]

한국은 급속한 경제성장과 민주화를 통하여 부흥과 발전을 달성해 왔으며, 이 변화에 따라 한국의 위상도 변해 왔다. 오늘날 한국은 스스로를 중견국가라 부르고 있다. 경제력은 한국의 중견국 지위를 뒷받침하는 가장 중요한 요소이지만, 관념적 요소도 한국의 중견국 지위를 정립하는 데에 기여하였다. 이는 한국이 경제적으로 개도국에서 선진국으로 도약한

1 외교부, 『2018 외교백서』 (서울: 외교부, 2018), pp.137-142.

것뿐만 아니라, 정치적으로 권위주의에서 민주주의로의 전환에 성공하였다는 사실이다. 냉전 종식, 세계화와 글로벌 어젠다의 부상은 한국이 추종적인 약소국으로 남아 있기보다는 글로벌 무대에서 더 큰 역할을 수행하는 국가로 변모해야 한다는 인식을 생성시켰다. 이는 한국이 상대적으로 약소국과 구분되는 국가라는 것을 인식하고 있다는 것을 의미한다. 또 이를 주장함으로써 국제사회에서 중견국가 위치를 효과적으로 활용하고자 하는 시도가 엿보인다.[2] 따라서 한국의 중견국 인식과 행태는 현재 한국 외교, 즉 문재인 정부의 외교를 이해하는데 있어 중요한 연구 대상이라고 할 수 있다.

본 논문은 문재인 정부 한국의 중견국 인식과 역할에 대한 담론 분석을 시도하고, 이를 통해 한국이 국제사회에서 중재자 행태와 정체성을 보이고 있음을 드러내고자 한다. 이를 위해 본 논문에선 문재인 정부의 외교안보정책에 영향을 미치는 대통령이나 정부 관계자 등의 담론인 성명, 정부기관 보도자료, 행사에서의 연설 등이 주요 분석 대상이 된다. 문재인 정부에서 생산된 자료 중 '중견국(가)', '가교', '촉진', '협력' 등 관련 핵심어가 들어간 자료를 중심으로 분석한다.[3]

본 논문은 다음과 같이 구성된다. Ⅱ장은 분석틀로서 통상적으로 중견국을 이해하는 현실주의적, 행태적, 정체성 접근을 살펴본다. Ⅲ장에선

2 손열 · 김상배 · 이승주 편, 『한국의 중견국 외교: 역사, 이론, 실제』 (서울: 명인문화사, 2016), p.399; 후카호리 스즈카, "중견국가로서의 한국 가교역할에 대한 인식의 형성과 변화," 『평화연구』 23권 (1)호 (2015), p.156.

3 후카호리 스즈카, "중견국가로서의 한국 가교역할에 대한 인식의 형성과 변화," 『평화연구』 23권 (1)호 (2015), p.158. 방법 참고.

이러한 분석틀 중 행태 및 정체성 측면에서 문재인 정부의 외교안보정책을 분석하고, 한국의 중재자 인식과 역할을 드러낸다. 마지막 Ⅳ장은 논문을 요약하고, 본 논문의 한계를 밝힌다.

Ⅱ. 중견국의 통상적 이해

1. 현실주의적 접근

현실주의적 접근에서 중견국가는 국가들의 상대적 국력에 의해 정의된다. 중견국가는 국제 체계 내 권력 순위에서 중간적 위치를 차지하고 있는 국가군이며, 이들은 강대국보다는 약하지만 약소국보다는 강한 능력을 보유하고 있다. 현실주의 접근에서 국가들의 등급을 분류하기 위해 가장 일반적으로 사용되는 국가능력 지표는 인구, 군사력, 면적, 경제력 등 경성 권력이다.[4]

국가 능력은 수치화하여 등수로 표시가 가능하므로, 물질적이고 수치화할 수 있는 국가 속성을 이용하여 상부도, 하부도 아닌 중간적인 위치로 중견국을 분류하는 것은 과학적 이론에서 요구되는 직관성을 충족시킨

4 김치욱, "국제정치의 분석단위로서 중견국가(Middle Power) : 그 개념화와 시사점," 『국제정치논총』 제49집 (1)호 (2009), p.19.

다.[5] 더불어 객관적 통계수치를 활용하는 현실주의 접근법은 시공간에 관계없이 적용할 수 있다는 점에서 가장 유효하며 믿을 만하다고 평가된다. 국가들의 능력을 공통 단위를 이용해서 측정하기 때문에 상대적 국력을 비교하는데도 용이하다. 또한 주관적 판단에 의한 제약이 비교적 약하기 때문에 개념의 정치화 내지 이데올로기화의 위험을 줄일 수 있다.[6]

그러나 물질적 능력을 바탕으로 중견국을 정의하는 현실주의적 접근은 잔여범주로써 중견국을 정의한다는 점에서 비판을 받는다. 현실주의적 접근에서 강대국이란 위계의 상층부에서 자국의 목표를 실현하기 위해 군사력을 행사할 수 있는 자원을 우월적으로 보유하고 있는 국가이고, 세력권을 형성할 강제력과 유인력을 가진 국가라 정의된다. 반면 약소국은 빈국이거나 실패한 국가군들과 함께 소득수준이 높지만 영토가 협소하거나 인구가 적은 소국도 포함된다. 한편 중견국은 강대국과 약소국 중간에 자리하는 다양한 국가군이다. 따라서 잔여범주(residual category)적 성격을 띠고 있어 중견국 대부분을 관류하는 특성을 찾기는 쉽지 않다. 강대국의 반열에 있다가 하향 이동한 독일·러시아·일본 등 국가군, 캐나다·호주 등 전통적인 중간국가군, 한국·인도네시아 등 후진국에서 상향 이동한 국가군, 브라질·남아공·인도 등 신흥국 등 물리적 기준에 따른 국가들을 모두 하나의 범주로 놓기는 무리이다.[7]

또 다른 비판은 국가군의 경계를 설정하는 데 따르는 자의성 문제이

5 강선주, "중견국 이론화의 이슈와 쟁점," 『국제정치논총』 제55집 (1)호 (2015), pp.140-141.

6 김치욱 (2009), p.19.

7 손열·김상배·이승주 편 (2016), p.4.

다. 즉 중견국을 정의하기 위해 몇 개의 등급을 사용하든지 각 등급 간의 구분 기준이 분명하지 않으며, 사용할 수 있는 국가 속성/능력이 미리 지정되어 있지 않다. 그 결과로 중견국으로 간주되는 국가들이 학자마다 다르다.[8]

2. 행태적 접근

현실주의적 접근을 대신해 국가 행태를 기준으로 중견국을 정의하기도 한다. 간단히 말해 이 접근법은 국가가 중견국처럼 행동하느냐 아니냐에 따라서 중견국 지위를 결정하는 것이다. 행태적 접근의 기본전제는 중견국의 행태는 예측할 수 있는 방식으로 강대국 또는 약소국과 다르며, 중견국 외교활동은 그들의 외교행태에 의해서 가장 잘 파악된다는 것이다.[9]

행태적 관점의 대표적인 학자들인 쿠퍼와 그의 동료들은 중견국을 외교적 행태에 초점을 맞추어서 정의한다. 즉 중견국은 첫째, 국제문제들에 대해 다자적 해결책을 모색하는 경향, 둘째, 국제분쟁에서 타협적 입장을 수용하는 경향, 셋째, 외교를 주도하기 위한 '선한 국제시민 역할(good international citizenship)'의 관념들을 추구하는 경향 등을 보이는 국가라고 구분한다. 또한 중견국들은 제한된 국력으로 인해 바라는 성과를 가장 잘 거둘 것으로 인식되는 한정된 쟁점영역에 외교적 역량을 포함한 가용

8 강선주 (2015), p.142; 김치욱 (2009), p.19.

9 강선주 (2015), p.143; 김치욱 (2009), p.15.

자원을 집중하는 '틈새외교(niche diplomacy)'를 수행하는 경향이 있다.[10] 여기에 국제적 지위의 향상을 추구하는 것도 중견국의 특성으로 간주된다. 중견국은 지위 추구자로서 자신의 국가이익을 증진하기 위해 다자주의적으로 행동하며 강대국의 통제에 반대하는 경향을 지닌다.[11]

이 접근법이 중점을 두는 중견국의 특징적인 행태는 규범기획자(norm entrepreneurship)이다. 규범기획자는 특정 이슈에 대한 정책결정자들의 이해를 변화시켜 그들의 행동을 수정하며, 규범에 들어 있는 아이디어를 국가의 정체성에 포함시키는 역할을 한다. 또 단계적으로 규범을 상식처럼 만든다는 희망에서 다수의 국가들이 규범을 채택하고 궁극적으로 내재화 시키도록 노력한다. 중견국은 국제 규범을 옹호하고 국제사회 내에서 국제 규범이 굳건하게 수립되게 하는 데에 도움을 줄 수 있는 독특한 위치에 있다. 중견국은 타협하고, 연합을 형성하며, 국제기구에 참여하고, 합의를 이끌어내는 전술로 국제질서를 유지한다.[12]

중견국을 전통적 중견국과 신흥중견국으로 구별하기도 한다. 전통적 중견국 국가들은 대외경제지원에 적극적으로 동참한다. 이러한 적극적인 대외 경제지원을 통해서 자국의 선량한 국제시민 이미지를 강화하고 기존 국제경제 질서를 유지하는 데 순기능적인 역할을 담당한다. 이에 반해 신흥중견국은 분쟁해결을 위한 중재자 역할에 치중하는 경향이 있다. 신흥

10 김현, "국제안보에 국제안보에 있어 중견국(middle power) 외교: 핵군축문제 사례분석," 『인문사회과학연구』 제19집 (2007), pp.6-7.

11 김치욱 (2009), p.17.

12 강선주 (2015), pp.143-144.

중견국은 역내 이슈에 더 많은 관심을 표명하며, 지역통합 과정에 주도적인 역할을 하기도 한다.[13]

행태적 측면에서 중견국의 외교적 특징은 국제관계에서 촉매자(catalyst), 촉진자(facilitator), 관리자(manager)의 역할을 수행한다는 점이다. 첫째, 중견국은 특정사안에 대한 관심을 높이기 위해 정치적 역량을 발휘하는 촉매자 역할을 수행한다. 촉매자로서 중견국은 지적·정치적 에너지를 제공함으로써 외교적 이니셔티브를 제안하고 그 구상에 지지세력을 규합하는 데 앞장선다. 특정이슈에 관한 포럼이나 회의를 국내외에서 개최하고 국내외 미디어를 통해 특정사안의 중요성을 강조하고 알리는 계기를 마련하여 국제사회에서 특정사안에 대한 관심이 활성화되도록 하는 역할을 담당한다. 둘째, 중견국은 특화된 이슈와 관련해서 촉진자 역할을 수행한다. 촉진자로서 중견국은 초기 단계에서 아젠다를 설정하는 것에 초점을 맞춘다. 촉진자 역할의 구체적인 예는 준비회의를 기획하고 소집하며 개최하는 것, 향후 활동에 대한 우선순위를 설정하는 것, 그리고 수사적인 선언이나 성명을 기안하는 것 등이 포함된다. 셋째, 관리자로서 중견국은 제도 구축에 주안점을 두게 된다. 제도 구축이란 공식 기구와 레짐을 창출하는 것뿐 아니라 관습과 규범을 발전시키는 것도 포함한다. 중견국은 다자기구의 관리자로서 분쟁의 소지가 있는 문제들을 미연에 방지하기 위해 신뢰구축방안에 대한 논의를 주도하는 역할을 맡을 수 있다.[14]

13 김우상, 『중견국책략: 미·중 사이 한국의 스마트 외교』 (서울: 세창출판사, 2016), pp.22-23.

14 우상 (2016), pp.23-24; 김치욱, "중견국 외교론으로 본 동북아평화협력구상," 『동아연구』 제35권 (2)호 (2016), pp.280-281.

3. 정체성 접근

정체성의 관점에서 중견국을 규정하고자 하는 시도도 존재한다. 중견국 정체성이란 강대국도 약소국도 아닌, 잔여범주(residual category)에 속하는 중간규모의 국가가 국제체계 내에서 자국의 지위와 역할을 정의함으로써 구성되어지는 것이라 할 수 있다. 허렐(Hurrell)은 중견국을 물리적이고 객관적인 속성으로 규정하려는 모든 노력은 실패할 수밖에 없고 결국은 스스로가 부여한 정체성(self created identity)에 의해서 중견국을 이해할 수밖에 없다고 주장한다.[15]

손열(2016)은 중견국을 고정된 개념으로 인식하고 정의하려는 노력을 경주할 필요가 없다고 한다. 실제 행위자는 중견국을 주어진 개념으로 받아들이는 것이 아니라 특정한 시공간 속에서 다분히 자기성찰적 인식과 의도로 구성하고자 한다. 따라서 중견국은 구성된 정체성으로 존재하는 것이다.[16]

중견국 역할은 고정된 것이 아니라 새로운 역할을 추구하는 개념과 행위로 인식할 필요가 있다. 시대와 환경에 따라 그 역할특성은 재규정될 수 있는 것이다. 이러한 구성의 과정은 필연적으로 인정(recognition)의 문제가 뒤따른다. 국내적, 국제적으로 중견국으로서 자국의 정체성 규정에 대한 인정의 과정이 수반되는 것이다.[17] 일반적으로 한 국가의 상상된 역

15 배영자, "한국 중견국 외교와 북극,"『국가전략』 제22권 (2)호 (2016), p.98; 손열, "박근혜 정부의 중견국 외교 평가 및 과제," 한국국제정치학회 기획학술회의 (2014), pp.66-67.

16 손열·김상배·이승주 편 (2014), p.6.

17 손열 (2014), pp.66-67.

할이나 지위가 의미를 가지기 위해서는 그에 대한 국제적 정당성 확보 과정이 반드시 필요하다. 특정국가가 스스로는 중견국이라 상상하지만 다른 국가들로부터 인정받지 못할 때 그 국가의 중견국성은 허상에 불과한 것일 수 있다.[18]

Ⅲ. 행태 및 정체성 접근에서 문재인 정부의 외교안보정책

한국이 국제사회에서 중재자인지 살펴보기 위해 문재인 정부의 외교안보정책을 행태와 정체성 접근에서 분석해보고자 한다. 비록 현실주의적 접근이 잔여범주로써 중견국을 정의하고, 국가군의 경계 설정에 따르는 자의성의 문제에서 비판을 받지만, 중견국의 물리적 역량 또한 중견국 외교에 있어 중요한 요소 중 하나인 것은 사실이다.

강선주(2016)에 따르면 물질적 지표에서 한국이 중견국 지위를 획득한 것은 지난 20여 년 사이에 일어났다. 1994년에 한국의 GDP는 5080억 달러(2005년 미국달러 기준)로 전통적 중견국인 호주(4620억 달러)와 네덜란드(5080억 달러)를 추월하였고, 2013년에 GDP 15위, 군사력 12위, 인구 23위, 인적자원 15위로 한국은 국가능력 차원에서 명실상부하게 중

18 배영자 (2016), p.99.

견국 반열에 올라 있다.[19]

따라서 본 논문에선 한국이 중견국으로서 어느 정도의 물질적 역량을 갖추었다 전제하며, 문재인 정부의 외교안보정책을 행태 및 정체성 측면에 좀 더 집중하여 접근해보고자 한다. 두 접근을 함께 고려하는 이유는 이 두 접근을 적용했을 때 한국의 중재자적 특성이 더욱 잘 발견되기 때문이다. 다시 말하면, 중재자적 행태가 중재자 정체성 형성에 영향을 미치고, 중재자 정체성이 중재자적 행태를 수행하게 하기 때문이다.

본 논문에선 전형적인 중견국 외교행태라 여겨지는 다자주의, 분쟁조정, 틈새외교, 선량한 국제시민의식 등, 국제관계에서 촉매자, 촉진자, 관리자의 역할수행이 드러나는지를 기준으로 한국의 중재자적 외교 행태를 살펴볼 것이다. 더불어 한국이 스스로를 중재자로 인식하고, 이러한 중재자 정체성을 대내적, 대외적으로 드러내고 있는지 분석해볼 것이다. 이를 위해 문재인 정부의 외교안보정책에 영향을 미치는 대통령이나 정부 관계자 등의 담론인 성명, 정부기관 보도자료, 행사에서의 연설 등을 주요 분석 대상으로 삼고, 문재인 정부에서 생산된 자료 중 '중견국(가)', '가교', '촉진', '협력' 등 관련 핵심어가 들어간 자료를 중심으로 분석하고자 한다.

우선 한국은 스스로를 중견국으로 인식하고 칭하고 있다. 문재인 대통령은 2018년 1월 2일 '2018 무술년 신년 인사회'에서 촛불혁명이 국제사회에서 한국을 존중하는 계기가 되고 있으며, 이처럼 존경받는 한국은 중견국으로서 주체적인 위치에 설 만한 자격이 있다고 하고 있다. 즉 성숙한

19 손열·김상배·이승주 편 (2016), p.397.

정치적 시민의식이 한국의 중견국 정체성을 강화해주었다고 보는 것이다.

"저는 작년에 세계 주요 국가 정상들과 회담하고 다자 정상회의에 참석하면서 촛불혁명이 우리 외교의 힘이 되고 있다는 것을 실감할 수 있었습니다. 그것은 바로 대한민국에 대한 존중입니다. 저는 이제 우리 스스로를 강대국의 주변부처럼 바라보면서 왜소하게 인식하는 데서 벗어나 강한 중견국가로서 주체적이고 당당해질 때가 되었다고 느낍니다. 우리는 충분히 그럴 자격이 있습니다."[20]

2018년 9월 10일 '지방분권과 한국 외교, 그리고 청년들의 역할'이란 주제로 전주 우석대에서 특강을 진행한 강경화 외교부 장관 또한 한국을 중견국이라 언급하며 한국의 국가 능력에서 그러한 근거를 찾고 있다.

"대한민국은 더 이상 강대국 틈바구니에 낀 작은 나라가 아니며, 세계 10위권의 경제력을 가진 나라이며, 어떤 분야에서는 아주 강력한 중견국가입니다. 이미 전 세계 주요 20개국 모임인 G20 멤버이며, 세계 일곱 번째로 30-50클럽, 즉 1인당 국민소득이 3만 달러 이상인 인구 5000만 국가 그룹 가입을 목전에 두고 있습니다. (…) 6.25 전쟁의 폐허 속에서 반세기만에 민주화와 경제발전을 성공적으로 이룬 나라로서, 밖에서 보는 한국은 안에서 보는 한국보다 더 대단하다는 것을 제가 10여 년 간 UN에서 일을 하면서 항상 느꼈던 바입니다."[21]

•

20 대통령비서실, 『문재인 대통령 연설문집 제1권(하)』 (세종: 문화체육관광부, 2018), pp.170-171.

21 외교부, "전주 우석대 특강 '지방분권과 한국 외교, 그리고 청년들의 역할'," http://www.mofa.go.kr/www/brd/m_20140/view.do?seq=302598&srchFr=&srchTo=&srchWord=&srchTp=&multi_itm_seq=0&itm_seq_1=0&itm_seq_2=0&company_cd=&company_nm=&page=1 (검색일: 2019. 6. 10).

외교백서 '제2장 정상외교 복원을 통한 한반도 평화와 안정 동력 확보', '제4절 주변국과의 협력 외교'로서 실행되는 '「동북아평화협력플랫폼」 구축 추진'의 배경을 살펴보면 한국은 자신을 역내 중견국으로 인식하고 있다는 것을 알 수 있다.

"동북아 지역은 미·중·일·러 등 주요국 간의 지정학적 경쟁이 존재하는 지역이다. 역내 중견국인 우리나라의 안보와 번영을 위해서는 이들 주요국과의 양자 관계를 강화하려는 노력과 더불어 역내 긴장과 갈등을 완화하고 동북아를 넘어 더욱 넓은 지역의 다양한 나라들과 평화협력적인 관계를 심화해 나가는 것도 중요하다."[22]

더불어 한국은 "국제사회의 책임있는 중견국으로서" 자연재해 피해, 분쟁 및 무력충돌, 인도적 위기를 겪고 있는 미얀마, 방글라데시, 모잠비크, 짐바브웨, 말라위, 시에라리온, 멕시코, 베트남, 필리핀, 카리브해 연안국, 네팔, 스리랑카, 시리아 및 주변국 등에 대한 인도적 지원에 동참하고, 이러한 지원을 확대해 나가고자 한다.[23] 2018년 9월 10일 외교부 장관의

•

22 외교부 (2018), p.56.

23 외교부, "우리 정부, 미얀마 라카인주 사태 관련 150만불 규모의 인도적 지원 제공 결정,"; "우리 정부, 방글라데시 및 미얀마 내 로힝야족 지원을 위해 260만불 규모의 추가 인도적 지원 제공 결정,"; "우리 정부, 사이클론 피해를 입은 모잠비크·짐바브웨·말라위에 50만미불 규모의 인도적 지원 결정,"; "우리 정부, 산사태로 피해를 입은 시에라리온에 30만불 규모의 인도적 지원 제공,"; "우리 정부, 지진으로 피해를 입은 멕시코에 100만불 규모의 인도적 지원 제공,"; "우리 정부, 태풍 피해를 입은 베트남에 100만불 규모의 인도적 지원 제공,"; "우리 정부, 필리핀 남부 민다나오 지역 교전으로 인한 피해주민 대상 10만불 규모의 인도적 지원 제공,"; "우리 정부, 허리케인으로 피해를 입은 카리브해 연안국에 55만미불 규모의 인도적 지원 제공,"; "우리 정부, 홍수로 피해를 입은 네팔에 20만불 규모의 인도적 지원 제공,"; "우리 정부, 홍수로 피해를 입은 방글라데시에 20만불 규모의 인도적 지원 제공,"; "우리 정부, 홍수와 산사태로 피해를 입은 스리랑카에 30만불 규모의 인도적 지원 제공,"; "정부, 「제2차 시리아 및 주변국 지원 관련 브뤼셀 회의」에서 1,400만불 규모 인도적 지원 계획 발표," 인터넷 주소 생략(참고문헌에서 밝힘) (검색일: 2019. 6. 10).

논설문에서도, 한국은 '중견국으로서' 외교다변화를 추구하고, 국제사회 기여를 확대하며, 여러 국가들과 협력을 강화해야 한다는 내용을 담고 있다. 이러한 적극적인 대외 경제 지원, 인도적 지원, 국제 사회 기여확대 노력을 통해 한국은 중견국으로서 국제 평화와 번영에 이바지하는 선한 국제 시민의 이미지를 향상시키고자 한다.

"이에 발맞춰 우리 정부도 대한민국의 외교 지평을 넓히고, 우리의 국격과 능력에 맞게 국제사회에 대한 기여를 확대하는 등 외교다변화 노력에 역점을 두고 추진하고 있습니다. 외교다변화란 그간의 4강/북핵/양자/정부 중심 외교에서 벗어나, 지역적으로나 의제에 있어서나 수행방식 등에 있어서 보다 폭 넓고 깊이 있는 외교를 수행함으로써, 세계 속에서 우리나라의 역할과 위상을 강화하고 우리의 지속적인 번영을 위한 외교적 공간을 확보해 나가려는 것입니다. 특히 전 세계적으로 주요국간 전략적 경쟁이 심화되는 상황에서 세계 여러 지역의 국가들과 협력을 강화하는 것은 우리나라의, 그리고 미래 세대인 여러분들의 번영되고 평화로운 터전을 만들어가는 데 있어서 선택사항이 아니라 필수사항이라고 믿고 있습니다."[24]

문재인 정부의 성과 중 하나인 '2018 남북정상회담'에서 특히 한국의 중견국 외교적 역할이 잘 드러난다고 할 수 있다. 우선 한국은 남북 평화에 대한 국제사회의 관심을 높이는 촉매자 역할을 수행하였다. 2017년 7월 6일 '쾨르버재단 초청 연설'에서 "한반도 평화 구상"[25] 이른바, '베를린 구상'

24 외교부, "전주 우석대 특강 '지방분권과 한국 외교, 그리고 청년들의 역할'," 인터넷 주소 생략 (검색일: 2019. 6. 10).

25 대통령비서실, 『문재인 대통령 연설문집 제1권(상)』 (세종: 문화체육관광부, 2018), p.203.

을 제안하였고, 이후 2017년 8월 15일 '제72주년 광복절 경축식' 연설에서 문재인 대통령은 "평창동계올림픽을 평화올림픽으로 만들어야 합니다. 남북대화의 기회로 삼고, 한반도 평화 기틀을 마련해야 합니다."[26]라며 남북 관계에 대해 언급하였다. 또 2017년 9월 21일 '유엔총회 기조연설'에선 "냉전과 미래, 대립과 협력이 공존하고 있는 동북아에서 내년부터 열리게 되는 이 릴레이 올림픽이 동북아의 평화와 경제협력을 증진하는 계기가 되기를 열망"하고, "북한의 평창동계올림픽 참가를 적극 환영"[27]한다고 하였다. 이를 통해 남북 평화에 대한 중요성을 알리고 강조하였으며, 이에 대한국제사회의 관심이 활성화되도록 하는 역할을 수행하였다.

중견국은 촉진자로서, 촉매 역할을 통해 활성화된 특정이슈에서 구체적인 의제를 정하고, 그 의제(agenda)의 목표를 달성하기 위해 비공식적·공식적 다자회의를 기획·주관하며, 선언문 작성을 주도한다.[28] 한국은 '2018 남북정상회담'에 관련된 다양한 비공식적·공식적 다자회의를 개최했다.[29] 이러한 노력의 결과, 2018년 4월 27일 '2018 남북정상회담'이 개최되었고, 문재인 대통령과 김정은 위원장은 '한반도 평화와 번영, 통일을 위한 판문점선언'에 합의하였다.

촉진자로서 한국은 남북정상회담에 이어 실시될 예정인 "북미정상회담의 성공적 개최를 위한 적극적 역할 수행"을 후속조치로 계획하였다. "빠

•

26 대통령비서실 (2018a), p.263.

27 대통령비서실 (2018a), pp.264-265.

28 김우상 (2016), p.24; 김치욱 (2016), p.18.

29 2018 남북정상회담 준비위원회, http://www.koreasummit.kr/Summit2018/2018Histor (검색일: 2019. 6. 10).

른 시간 내 남북정상회담시 논의 내용과 성과를 미국측과 공유"하고, "북미정상회담 이전에 한미정상회담을 개최하여 한반도 비핵화와 평화체제 구축 문제에서 북미가 합의에 이를 수 있도록 적극 노력" 하겠다는 것이 세부사항이다.[30] 2018년 제1차 남북정상회담 이후 원만한 관계 속에 북미정상회담이 진행되다가, 5월 24일 트럼프 미 대통령의 공식 서한에 의해 북미관계가 흔들리자 문재인 대통령이 이를 중재하기 위해 2018년 제2차 남북정상회담을 성사시켰다. 5월 26일 통일각에서 2018년 제2차 남북정상회담을 추진한 이후 결국 북미정상회담은 6월 12일 싱가포르에서 성사될 수 있었다.[31] 2018년 5월 27일 '2차 남북정상회담 결과 발표문'에서 촉진자로서 한국의 역할이 잘 드러나고 있다.

"국민 여러분! 우리 두 정상은 북미정상회담을 앞두고, 허심탄회한 대화를 나눴습니다. 저는 지난주에 있었던 트럼프 미국 대통령과의 정상회담 결과를 설명하면서, 트럼프 대통령은 김 위원장이 완전한 비핵화를 결단하고 실천할 경우, 북한과의 적대관계 종식과 경제협력에 대한 확고한 의지가 있다는 점을 전달하였습니다. 특히 김 위원장과 트럼프 대통령 모두 북미정상회담의 성공을 진심으로 바라고 있는 만큼 양측이 직접적인 소통을 통해 오해를 불식시키고, 정상회담에서 합의해야 할 의제에 대해 실무협상을 통해 충분한 사전 대화가 필요하다는 점을 강조했습니다. 김 위원장도 이에 동의하였습니다. 김정은 위원장은 판문점 선언에 이어 다시 한 번 한반도의 완전한 비핵화 의지를 분명히 했으며, 북미정상회담의 성

30 남북정상회담 준비위원회, "2018 남북정상회담 결과 설명자료," (2018), p.16.

31 허호영, "한국의 남북정상회담 비교 연구," 건국대학교 행정대학원 석사학위논문 (2019), p.50; p.57.

공을 통해 전쟁과 대립의 역사를 청산하고 평화와 번영을 위해 협력하겠다는 의사를 피력하였습니다. 우리 두 정상은 6.12 북미정상회담이 성공적으로 이뤄져야 하며, 한반도의 비핵화와 항구적인 평화체제를 위한 우리의 여정은 결코 중단될 수 없다는 점을 확인하고, 이를 위해 긴밀히 상호협력하기로 하였습니다."[32]

2018년 6월 27일 조명균 통일부 장관의 '「2018 한반도국제포럼」 기조연설'에선 촉진자로서 한국의 역할에 대한 인식이 드러나고 있으며, 이러한 한국의 역할을 국제사회에서도 지지한다고 하였다.

"북미정상회담 개최 합의에서부터 성사에까지 이르는 과정에서 대한민국이 길잡이이자 디딤돌로서 역할을 수행하였고 북미정상회담에서 「판문점선언」 합의를 명시적으로 재확인한 점도 큰 의미가 있다고 생각합니다. (…) 대한민국은 한반도 문제의 당사자로서 북한, 미국, 국제사회와 긴밀하게 협력하면서 한반도의 운명을 주도적으로 개척해 나가고 있습니다. (…) 한반도의 모든 주변국들과 전체 국제사회도 평화의 여정을 한 목소리로 지지하고 있습니다."[33]

이처럼 한국은 스스로 중견국이라 인식하며 규정할 뿐 아니라, 정책적으로 행태적으로 다자주의, 분쟁조정, 틈새외교, 선량한 국제시민의식 등의 중견국 외교를 적극적으로 표방해왔다. 더불어 '2018 남북정상회담'

32 청와대, "2차 남북정상회담 결과 발표문," https://www1.president.go.kr/articles/3440 (검색일: 2019. 6. 10).

33 통일부, "「2018 한반도국제포럼」 기조연설," http://www.korea.kr/archive/speechView.do?newsId=132030587&cateId=1&pageIndex=1&srchType=content&srchKeyword=%EC%B4%89%EC%A7%84 (검색일: 2019. 6. 10).

과 이후의 '북미정상회담' 성사 과정에서 중재자로서 한국의 촉매자, 촉진자로서의 역할이 두드러졌다고 할 수 있다.

Ⅳ. 결론

본 논문은 문재인 정부 한국의 중견국 인식과 역할에 대한 담론 분석을 시도하고, 이를 통해 한국이 국제사회에서 중재자 행태와 정체성을 보이고 있음을 드러내고자 했다.

이를 위해 우선 중견국을 이해하는 통상적인 관점인 현실주의적 접근, 행태적 접근, 정체성 접근을 살펴보았다. 현실주의적 접근에서 중견국가는 국가들의 상대적 국력에 의해 정의된다. 행태적 관점에서 중견국은 외교적 행태에 초점을 맞추어서 정의할 수 있다. 중견국 외교적 행태란 다자적 해결책 모색, 타협적 입장 수용, 선한 국제시민 역할 추구 등이 있으며, 국제관계에서 촉매자, 촉진자, 관리자의 역할을 수행한다. 정체성 접근에서 중견국은 스스로가 부여한 정체성에 의해서 이해될 수 있다.

한국의 중재자 인식과 역할을 드러내기 위해 문재인 정부의 외교안보정책을 행태 및 정체성 접근에서 분석해보았다. 문재인 정부의 외교안보정책에 영향을 미치는 대통령이나 정부 관계자 등의 담론인 성명, 정부기관 보도자료, 행사에서의 연설 등을 주요 분석 대상으로 하되, 문재인 정부에서 생산된 자료 중 '중견국(가)', '가교', '촉진', '협력' 등 관련 핵심어가들어간 자료를 중심으로 분석하였다. 분석 결과, 한국은 스스로를 중견국이라 인식하고 규정하며 중재자 정체성을 보유하고 있을 뿐 아니라, 행태적으로 다자주의, 분쟁조정, 틈새외교, 선량한 국제시민의식 등의 중견국 외교를 적극적으로 표방해왔다. 더불어 '2018 남북정상회담'과 이후의 '북미정상회담' 성사 과정에서 중재자로서 한국의 촉매자, 촉진자로서의 역할이 두드러졌음을 볼 수 있었다.

그러나 본 논문은 한국 정부에서 제공하는 정부중심의 자료 분석이라는 점에서 한국 시민사회와 개인적 차원의 중견국 정체성 인식은 파악할 수 없다는 한계가 존재한다. 더불어 정체성 구성 과정은 필연적으로 인정의 문제가 뒤따르므로, 중견국 정체성에 대한 스스로의 인정뿐 아니라 다른 국가들로부터 얻는 정체성의 인정도 필요하다. 그러나 제한적인 자료 분석으로 '한국 중재자 정체성에 대한 타국의 인정'은 알 수 없다는 점도 본 논문의 한계로 지적될 수 있다. 그럼에도 본 논문은 한 학기 수업 내에 완성하는 시간적 조건과 짧은 페이퍼 분량을 감안할 때, 한국 정부에서 인식하는 자신들의 중견국 정체성과 행태를 살펴볼 수 있었다는 점에서 의미가 있다고 할 수 있다.

V. 참고문헌

김현. “국제안보에 국제안보에 있어 중견국(middle power)외교: 핵군축문제 사례분석.” 『인문사회과학연구』 제19집(2007)

남북정상회담 준비위원회. “ 2018 남북정상회담 결과 설명자료.”(2018).

대통령비서실. 『문재인 대통력 연설문집 제1권(상)』 세종: 문화체육관광부, 2018 a.

__________. 『문재인 대통력 연설문집 제1권(상)』 세종: 문화체육관광부, 2018 b.

__________. 『문재인 대통력 연설문집 제1권(하)』세종: 문화체육관광부, 2018 b.

배영자. “한국 중견국 외교와 북극.”『국가전략』 제22권 2호(2016)

손열·김상배·이승주 편. 『한국의 중견국외교: 역사, 이론, 실제』 서울: 명인문화사, 2016

손열. “박근혜 정부의 중견국 외교 평가 및 과제. ”한국국제정치학회 기획학술지의 (2014)

외교부. 『2018 외교백서』 서울: 외교부, 2018.

_____. 우리 정부, 미얀마 라카인주 사태 관련 150만불 규모의 인도적 지원 제공 결정.” http://www.mofa.go.kr/www/brd/m_4080/view.do?seq=366732&srchFr=&srchTo=&srchWord=&srchTp=&multi_itm_seq=0&itm_seq_1=0&itm_seq_2=0&company_cd=&company_nm=&page=173 (검색일: 2019. 6. 10).

_____. “우리 정부, 방글라데시 및 미얀마 내 로힝야족 지원을 위해 260만불 규모의 추가 인도적 지원 제공 결정.” http://www.mofa.go.kr/www/brd/m_4080/view.do?seq=367951&srchFr=&srchTo=&srchWord=&srchTp=&multi_itm_seq=0&itm_seq_1=0&itm_seq_2=0&company_cd=&company_nm=&page=136 (검색일: 2019. 6. 10).

______. "우리 정부, 산사태로 피해를 입은 시에라리온에 30만불 규모의 인도적 지원 제공." http://www.mofa.go.kr/www/brd/m_4080/view.do?seq=366332&srchFr=&srchTo=&srchWord=&srchTp=&multi_itm_seq=0&itm_seq_1=0&itm_seq_2=0&company_cd=&company_nm=&page=182 (검색일: 2019. 6. 10).

______. "우리 정부, 태풍 피해를 입은 베트남에 100만불 규모의 인도적 지원 제공." http://www.mofa.go.kr/www/brd/m_4080/view.do?seq=367356&srchFr=&srchTo=&srchWord=&srchTp=&multi_itm_seq=0&itm_seq_1=0&itm_seq_2=0&company_cd=&company_nm=&page=157 (검색일: 2019. 6. 10).

______. "우리 정부, 허리케인으로 피해를 입은 카리브해 연안국에 55만미불 규모의 인도적 지원 제공." http://www.mofa.go.kr/www/brd/m_4080/view.do?seq=366966&srchFr=&srchTo=&srchWord=&srchTp=&multi_itm_seq=0&itm_seq_1=0&itm_seq_2=0&company_cd=&company_nm=&page=166 (검색일: 2019. 6. 10).

______. "우리 정부, 홍수로 피해를 입은 방글라데시에 20만불 규모의 인도적 지원 제공." http://www.mofa.go.kr/www/brd/m_4080/view.do?seq=366587&srchFr=&srchTo=&srchWord=&srchTp=&multi_itm_seq=0&itm_seq_1=0&itm_seq_2=0&company_cd=&company_nm=&page=176 (검색일: 2019. 6. 10).

______. "우리 정부, 홍수와 산사태로 피해를 입은 스리랑카에 30만불 규모의 인도적 지원 제공." http://www.mofa.go.kr/www/brd/m_4080/view.do?seq=365337&srchFr=&srchTo=&srchWord=&srchTp=&multi_itm_seq=0&itm_seq_1=0&itm_seq_2=0&company_cd=&company_nm=&page=201 (검색일: 2019. 6. 10).

______. "전주 우석대 특강 '지방분권과 한국 외교, 그리고 청년들의 역할'." http://www.mofa.go.kr/www/brd/m_20140/view.do?seq=302598&srchFr=&srchTo=&srchWord=&src

hTp=&multi_itm_seq=0&itm_seq_1=0&itm_seq_2=0&company_cd=&company_nm=&page=1 (검색일: 2019. 6. 10).

______. “정부, 「제2차 시리아 및 주변국 지원 관련 브뤼셀 회의」에서 1,400만불 규모 인도적 지원 계획 발표.” http://www.mofa.go.kr/www/brd/m_4080/view.do?seq=368227&srchFr=&srchTo=&srchWord=&srchTp=&multi_itm_seq=0&itm_seq_1=0&itm_seq_2=0&company_cd=&company_nm=&page=111 (검색일: 2019. 6. 10).

청와대. “2차 남북정상회담 결과 발표문.” https://www1.president.go.kr/articles/3440 (검색일: 2019. 6. 10).

통일부. “「2018 한반도국제포럼」 기조연설.” http://www.korea.kr/archive/speechView.do?newsId=132030587&cateId=1&pageIndex=1&srchType=content&srchKeyword=%EC%B4%89%EC%A7%84 (검색일: 2019. 6. 10).

허호영. “한국의 남북정상회담 비교 연구.” 건국대학교 행정대학원 석사학위논문 (2019).

후카호리 스즈카. “중견국가로서의 한국 가교역할에 대한 인식의 형성과 변화.” 『평화연구』 23권 1호 (2015).

2018 남북정상회담 준비위원회. http://www.koreasummit.kr/Summit2018/2018History (검색일: 2019. 6. 10).

______________________. “우리 정부, 방글라데시 및 미얀마내 로힝야족 지원을 위해 260만불 규모의 추가 인도적 지원 제공 결정.” http://www.mofa.go.kr/www/brd/m_4080/view.do?seq=367951&srchFr=&srch To=&srchWord=&srchTp=&multi_itm_seq=0&itm_seq_1=0&itm_seq_2=0&company_cd=&company_nm=&page=136 (검색일: 2019. 6. 10).

______________________. “우리 정부, 사이클론 피해를 입은 모잠비크·짐바브웨·말라위에 50만미불 규모의 인도적 지원 결정.” http://www.mofa.go.kr/www/brd/m_4080/view.do?seq=369078&srchFr=&srchTo=&srchWord=&srchTp=&multi_itm_

seq=0&itm_seq_1=0&itm_seq_2=0&company_cd=&company_nm=&page=21 (검색일: 2019. 6. 10).

______________________. "우리 정부, 산사태로 피해를 입은 시에라리온에 30만불 규모의 인도적 지원 제공." http://www.mofa.go.kr/www/brd/m_4080/view.do?seq=366332&srchFr=&srchTo=&srchWord=&srchTp=&multi_itm_seq=0&itm_seq_1=0&itm_seq_2=0&company_cd=&company_nm=&page=182 (검색일: 2019. 6. 10).

______________________. "우리 정부, 지진으로 피해를 입은 멕시코에 100만불 규모의 인도적 지원 제공." http://www.mofa.go.kr/www/brd/m_4080/view.do?seq=366867&srchFr=&srchTo=&srchWord=&srchTp=&multi_itm_seq=0&itm_seq_1=0&itm_seq_2=0&company_cd=&company_nm=&page=170 (검색일: 2019. 6. 10).

______________________. "우리 정부, 태풍 피해를 입은 베트남에 100만불 규모의 인도적 지원 제공." http://www.mofa.go.kr/www/brd/m_4080/view.do?seq=367356&srchFr=&srchTo=&srchWord=&srchTp=&multi_itm_seq=0&itm_seq_1=0&itm_seq_2=0&company_cd=&company_nm=&page=157 (검색일: 2019. 6. 10).

______________________. "우리 정부, 필리핀 남부 민다나오 지역 교전으로 인한 피해주민 대상 10만불 규모의 인도적 지원 제공." http://www.mofa.go.kr/www/brd/m_4080/view.do?seq=365723&srchFr=&srchTo=&srchWord=&srchTp=&multi_itm_seq=0&itm_seq_1=0&itm_seq_2=0&company_cd=&company_nm=&page=192 (검색일: 2019. 6. 10).

______________________. "우리 정부, 허리케인으로 피해를 입은 카리브해 연안국에 55만미불 규모의 인도적 지원 제공." http://www.mofa.go.kr/www/brd/m_4080/view.do?seq=366966&srchFr=&srchTo=&srchWord=&srchTp=&multi_itm_seq=0&itm_seq_1=0&itm_seq_2=0&company_cd=&company_nm=&page=166 (검색일: 2019. 6. 10).

______. "우리 정부, 홍수로 피해를 입은 네팔에 20만불 규모의 인도적 지원 제공." http://www.mofa.go.kr/www/brd/m_4080/view.do?seq=366342&srchFr=&srchTo=&srchWord=&srchTp=&multi_itm_seq=0&itm_seq_1=0&itm_seq_2=0&company_cd=&company_nm=&page=182 (검색일: 2019. 6. 10).

______. "우리 정부, 홍수로 피해를 입은 방글라데시에 20만불 규모의 인도적 지원 제공." http://www.mofa.go.kr/www/brd/m_4080/view.do?seq=366587&srchFr=&srchTo=&srchWord=&srchTp=&multi_itm_seq=0&itm_seq_1=0&itm_seq_2=0&company_cd=&company_nm=&page=176 (검색일: 2019. 6. 10).

______. "우리 정부, 홍수와 산사태로 피해를 입은 스리랑카에 30만불 규모의 인도적 지원 제공." http://www.mofa.go.kr/www/brd/m_4080/view.do?seq=365337&srchFr=&srchTo=&srchWord=&srchTp=&multi_itm_seq=0&itm_seq_1=0&itm_seq_2=0&company_cd=&company_nm=&page=201 (검색일: 2019. 6. 10).

______. "전주 우석대 특강 '지방분권과 한국 외교, 그리고 청년들의 역할'." http://www.mofa.go.kr/www/brd/m_20140/view.do?seq=302598&srchFr=&srchTo=&srchWord=&srchTp=&multi_itm_seq=0&itm_seq_1=0&itm_seq_2=0&company_cd=&company_nm=&page=1 (검색일: 2019. 6. 10).

______. "정부, 「제2차 시리아 및 주변국 지원 관련 브뤼셀 회의」에서 1,400만불 규모 인도적 지원 계획 발표." http://www.mofa.go.kr/www/brd/m_4080/view.do?seq=368227&srchFr=&srcho=&srchWord=&srchTp=&multi_itm_seq=0&itm_seq_1=0&itm_seq_2=0&company_cd=&company_nm=&page=111 (검색일: 2019. 6. 10).

청와대. "2차 남북정상회담 결과 발표문." https://www1.president.go.kr/articles/3440 (검색일: 2019. 6. 10).

통일부. "「2018 한반도국제포럼」 기조연설." http://www.korea.kr/archive/speechView.do?newsId=132030587&cateId=1&pageIndex=1&srchType=content&srchKeyword=%EC%B4%89%EC%A7%84 (검색일: 2019. 6. 10).

허호영, "한국의 남북정상회담 비교 연구." 건국대학교 행정대학원석사학위논문 (2019)

후카호리 스즈카. "중견국가로서의 한국 가교역할에 대한 인식의 형성과 변화." 『평화연구』 23권1호(2015)

2018 남북정상회담 준비위원회. http://www.koreasummit.kr/Summit2018/2018History (검색일: 2019. 6. 10).

2

남북 신뢰 구축과 개성공단 활용 방안

영어영문학과
홍수진

요약 2018년 개최된 남북정상회담에서 북한과 남한은 중단 된 경제 협력에 합의한 바 있다. 하지만 그간 미국의 강경한 선 비핵화 요구와 대북제재로 인해 우리 정부는 2018년 남북경제협력합의를 제대로 실행하고 있지 못하고 있다. 사실 남북경제협력은 김대중 정부를 시작으로 30여 년 동안 진행되는 과정에서 불안정한 행태를 보여온 것도 사실이다. 우리는 남한과 북한의 상호신뢰를 쌓기 위해 경제협력을 시작하였지만 이는 남한 정권이 바뀔 때마다 정치적 결정에 따라 중단이 되어버리는 등, 불연속적 측면을 보였다. 하지만 북한의 비핵화는 북한에게 있어 안보라는 최우선순위의 일인만큼 그것을 보장해 줄 수 있는 충분한 신뢰가 기반이 되어 있어야 한다. 경제협력의 지속성을 위해서는 한국정부가 대북제재만 이행만이 아니라 북한이 비핵화의 협상 테이블로 나올 수 있는 장기적인 신뢰의 동반자가 되어야 한다고 생각한다. 미국의 대북제재 속에서 계속 남한 주도의 경제협력이 진행되지 않을 시 우리는 계속적으로 북한의 신뢰를 얻지 못할 것이다. 이런 측면에서 중단된 개성공단의 재가동을 고려할 필요가 있다.

I. 서론

2018년 4월 남북정상회담에서 지난 박근혜 정부에서 중단 되었던 남북 경제협력의 가능성을 다시 볼 수 있게 되었습니다. 지금까지의 대북정책은 정권의 정치사회적 이념성향에 따라 정책기조가 바뀌었고, 이로 인해 단절 되었고 지속적이지 않았습니다. 그 결과 지금의 남북관계는 최악의 상황으로 치닫고 있으며 북한 문제를 둘러싼 우리사회 내부의 갈등 역시 더욱 고조되고 있습니다. 결과적으로 현재 한반도를 둘러싸고 전개되고 있는 남북관계 양상은 역대정부의 대북정책이 효과적이지 못했던 것을 보여주고 있습니다. 그간의 한국정부 대북정책에 있어서 대북정책의 불안정한 진행은 통일정책의 안보 정책화와 진보와 보수 진영 간 이념적 대립에 따른 대북정책에서의 단절현상에 기인한다고 볼 수 있습니다. 그리고 북한 문제를 두고 남남갈등이 극적으로 표출됨으로 인해 단절현상이 확대되었으며, 보수 성향 이명박 정부 집권 이후 남북대화 및 교류협력이 정체됨으로 인해 단절현상이 고착화되었습니다.

정체되고 단절된 남북관계를 극적으로 전환시키기 위한 최우선 과제는 전 국민적 규범력을 가진 지속 가능한 대북정책의 마련이며 이는 남한과 북한 모두 관심 있는 대북정책 속에서 시작된다고 생각합니다. 따라서 올해 남북정상회담에서 진행되었던 개성공단은 10년 이상의 기간 동안에 남한과 북한에게 충분한 경제적 성과를 가져다 주었으며 양쪽 모두 재개를 원한다는 점에서 충분히 경제협력의 출발점이 될 것 입니다. 30년간 정치와 연계되어 왔던 지속 불가능한 남북 경제협력이 아닌 정치적 상황과 분리되어 끊임없이 지속될 수 있는 경제협력이 되어야 하며, 이는 개성공단으로 시작될 수 있음을 주장합니다.

Ⅱ. 정경분리 경제협력의 필요성

1. 대북 경제협력의 발전과정

남한 주도의 경제협력의 시작은 한국전쟁 이후 장기간의 군사적 대치와 체제 경쟁 과정에서 발생한 남북 간의 불신이 감사하고 상호 신뢰의 관계로 발전되었다는 의미합니다. 이를 통해 남북한이 협력할 수 있는 대상임을 확인하였다는 의미부여를 할 수 있을 것입니다. 남북경협은 1988 7.7년 선언을 출발점으로 삼는다면 2018년까지 현재까지 약 30년 동안 진행되어왔습니다. 첫 시작은 일반 물자 교역으로 시작되었고 남북경협을 뒷받침할 수 있는 법적 제도화를 통해 성장하기 시작했습니다. 하지만 남북경협은 지난 30년 동안 북한과의 정치적 상황에 영향을 받으며 불안정한 운영 상태를 보여왔습니다. 남북경협은 교역 규모 및 전개 과정을 통해 볼 때 크게 세 시기로 나눌 수 있습니다. 먼저 노태우 김영삼 정부 시기는 남북경협의 도입기로 이 시기에는 남북경협의 기본 개념과 제도가 정비되고 일반 물자 및 위탁가공 교역 등이 시작되었던 시기라 할 수 있습니다. 그 후 대북포용정책을 적극적으로 구사한 1998년부터 2007년까지의 김대중·노무현 정부 시기는 금강산 관광 사업을 비롯해 개성 공단 사업 대북투자협력 사업 등이 활발히 이루어지면서 남북 교역 규모가 비약적으로 증가했습니다. 2008년부터 2017년까지의 이명박 박근혜 정부 시기는 남한의 엄격한 상호주의와 북한의 연이은 핵실험에 따른 정경연계로 남북경협이 위축되다가 결국 중단된 시기라 할 수 있습니다.[1]

자세히 보자면 남북 경협의 구체적인 시작은 김대중 정부 때부터 시작한다고 볼 수 있습니다. 김대중 정부는 정권 초기부터 대북포용정책인 햇볕정책을 일관되게 추진하겠다는 방침을 천명하고 후속조치로 제 2차 남북경협 활성화 조치를 발표하였습니다. 현대그룹은 1988년 이른바 소떼

1 김영덕, 남북경협의 중단 원인과 재개를 위한 조건에 관한 연구, 2019.02 성공회대학교NGO대학원

방북을 시작으로 '금강산 관광사업'(승인1998.9.7.) 승인을 본격화 했습니다. 김대중 정부 시절 제 차 남북경협 활성화 조치가 시행되어 남북경협 규모는 2002년 3월 2일까지 연평균 억 달러로 확대되었습니다. 이 시기 남북경협을 통한 교역액은 반입 10억 달러 반출 7억 달러 정도로 남북교역 총액은 년 2007 17 9억 천만 달러까지 증가했습니다.[2]

이러한 남북경협의 본격적인 시작을 기반으로 2003년 노무현정부 시절에는 정부가 철도와 도로 연결 그리고 개성공단 조성에서 큰 역할을 담당함으로써, 남북경협이 공공분야로 확대되기에 이르렀습니다. 도로와 철도는 국가가 담당해야 할 인프라 투자로서 남북한 정부간 협력이 필요한 영역이었습니다. 또 개성공단 착공은 남북 경협의의 새로운 전기가 되었습니다. 2004년 12월 개성공단이 가동됨에 따라 첫 제품이 생산되었습니다. 경제적 이익을 낼 수 있는 협력이었기에 북한 또한 적극적으로 참여하였습니다. 이러한 의미에서 개성 공단의 개발은 남북경제협력의 수준을 한 차원 높인 것으로 평가되었습니다. 서울에서 불과 60㎞ 밖에 안 되는 거리에 위치하고 있고 우수 인력을 저렴한 비용으로 고용하면서도 수도권의 소비 시장과 인프라를 활용할 수 있어 성공 가능성이 매우 높은 것이 장점으로 꼽히고 있습니다. 북한 역시 체제 안전과 단기간 내 경제도약을 위한 불균형 발전 전략을 선호하기 때문에 남북한 모두에게 매력적인 사업이라고 할 수 있으며 당시의 북한의 우호적인 태도를 보았을 때 미래발전 가능한 사업이었다고 볼 수 있습니다. 개성공단 사업 이후 남한 정부는 2005년

2 정태헌, 2015. "1998년 소떼방북, 21세기 한반도 대전『역시비 평년』", 2015.08, pp.314~316

「남북관계발전에 관한 법률」, 2007년 「개성공업지구 지원에 관한 법률」을 제정함으로써 남북경협의 제도화에도 크게 기여했습니다. 또 2007년 남북정상회담을 통해 남북경협의 확대 발전에 합의 하였습니다. 그러나 이명박 정부의 시작과 함께 남북경협은 곧 위기에 놓이게 됩니다. 2008년 7월 11일 금강산을 방문한 남한 관광객이 피격되어 사망하는 사건이 발생했습니다. 이명박 정부는 이에 대한 보복 조치로 7월 12일 금강산 관광 출발을 중단 시켰고, 7월 13일에는 금강산 관광객 전원을 철수시켰습니다. 또 2018년 11월 28일에는 개성 관광마저 중단시킨 후 년 현재까지 복구되지 못 하고 있습니다. 게다가 2010년 3월 26일 천안함 사건이 발생하면서 이명박 정부는 대북 제재의 일환으로 조치를 단행하였습니다. 5·24 조치로 인해 이명박 정부 시기에는 개성공단을 모든 남북경협이 중단되었습니다.[3] 일반물자교역 위탁가공교역 등이 중단되었으며, 금강산, 개성 관광 사업도 중단되었습니다. 이후 2016년 2월 북한의 제4차 핵실험으로 개성공단이 전면 중단되었고 곧바로 모든 영역에서의 남북경협이 중단되었습니다. 특히 북한 핵실험으로 UN 대북제재까지 겹쳐 더욱 경제협력은 어려워진 상태라고 볼 수 있습니다.

3 저명순, "개성공단과 남북경제협력의 안정화 방안 연구", 경기대학교, 2017.

2. 대북경제협력의 중단 이유 및 문제점

이상에서 1988년 노태우 대통령의 「7·7 선언」으로부터 시작된 남북관계 중 경제교류·협력에 대한 주요 내용을 검토하였습니다. 이를 통해 현재 남북 경제협력은 지난 30년간 불안정하게 현재의 상황만을 고려하는 불안정한 경제협력을 해왔다고 볼 수 있습니다. 비록 김대중 정권과 노무현 정권에서도 경제협력을 적극적으로 시작하였지만 이 또한 인도적 지원에 국한되거나 장기적인 사업으로 이어나갈 수 없었습니다. 국제적으로 냉전체제의 붕괴와 함께 남북관계의 개선이 이루어지고, 김영삼 정부 시기 역사적인 남북 정상회담에 대한 합의까지 이루어지면서 통일에 대한 기대감은 고조되었습니다. 김일성의 사망과 북한의 핵개발 문제 등으로 침체기를 겪었을 때에도 김대중 정부와 노무현 정부의 적극적인 대북 포용정책에 따라 경제 분야뿐만 아니라 정치·군사·사회문화·인도적 지원 등 다양한 분야에서의 교류·협력이 활성화되었습니다.

이 당시 적극적인 경제 및 정치 군사 사회문화는 북한에 있어 신뢰를 형성할 수 있었고 대화의 장으로 이끌 수 있는 조치였습니다. 그 과정에서 남북한은 상호 교류·협력을 위한 제도적 장치들을 마련하고 한반도의 평화정착을 위한 노력을 했던 것으로 평가할 수 있습니다. 하지만 얼마 지나지 않아 이명박·박근혜 정부에서 선 비핵화를 통한 적대적 대북정책으로 인해 남북 간의 경제협력은 완전하게 중단을 맞이하게 되었습니다. 북한의 핵 실험 또한 문재인 정부에서의 경제협력 재개 노력에도 불구하고 과거 불안전한 경제협력의 운영을 통해 또 다시 보장되지 않은 채 북한과 재결합 하는데 있어 향후 많은 노력과 비용이 소요될 것으로 예상되고 있습니다. 즉, 정권이 변하면 중단될 수 있는 정치와 긴밀하게 관련된 경제 협력은 오히려 양측에 신뢰를 보장해주지 않고 개성공단 중단 이후 북한의 핵실험이 연이어 이행된 것처럼 양측의 긴장감만을 더욱 고조시켰다고 볼 수 있습니다. 따라서 지난 대북 정책의 문제점을 보았을 때 우리는 정치와 분리되어 끊이지 않고 교류될 수 있는 경제적 방안이 되어야 한다고 생각합니다. 이러한 끊임없는 교류만이 남한과 북한의 신뢰의 첫 걸음이 될 것입니다.

3. 정경 분리의 경제협력 사례 및 시사점

같은 민족이 정치나 경제상의 다른 체제를 유지하며 분단되어 있는 경우 이들 분단지역 또는 분단국가들 사이에서의 경제교류는 상호 간의 정치적 또는 이념적 대결의 정도에 대체로 반비례합니다. 즉 경제교류라고 해서 경제 논리에 의해서만 이루어지는 것이 아니라는 점입니다. 분단지역 간의 대결상태가 완화될 때 경제교류에 필요한 상호 간의 양해나 합의가 쉽게 이루어 지고 여러 가지 규제도 느슨해지기 때문입니다.[4] 따라서 자본주의와 사회주의로 분단된 국가에서, 보다 높은 소득수준의 자본주의 경제가 발전단계가 낮은 사회주의경제와 어떤 방식으로 경제교류를 추진하였는가는 우리에게 매우 중요한 시사점을 줄 수 있습니다. 역사적으로 이

4 김태년, 남북간 경제적 상호의존성이 평화촉진에 미치는 영향, 경희대학교 행정대학원, p.38~43, 2008.02

러한 경제협력사례는 대만과 중국과의 경제협력, 그리고 통일 독일의 과정에서 찾아 볼 수 있습니다. 중국과 대만은 우리와 같은 분단국가이나 통일과 대만의 분리 독립문제를 놓고 양안(兩岸)간 긴장과 갈등이 반복되었습니다. 그럼에도, 양안 관계는 대만의 선거과정에서 두 차례의 정치군사적 위기 국면에도 불구하고 극단적인 전쟁상황으로 악화되지는 않았습니다. 이는 정치군사적 긴장과 갈등을 상쇄시키는 경제적 공동이익의 구조라 할 수 있는 경제적 상호의존성이 형성되어 있었기에 가능했습니다.[5] 이를테면 경제적 유대가 무력충돌을 억제 한 결과입니다.

한편, 통일 독일의 경우 대만-중국보다는 협력의 제도화 수준에 있어서 한 단계 높은 수준을 보여주고 있습니다. 통일독일의 경제 협력은 크게 네 가지 단계로 구분할 수 있는데 1961년 베를린 장벽을 설치하기 전 단계, 설치 후 단계, 1972년 「동서독 기본 조약」 체결 후 단계, 1982년 이후 동서독 관계의 확대단계이다. 첫째, 베를린 장벽설치 이전의 동서독 간 협력은 냉전의 도래와 분단의 고착화 과정을 그대로 반영한 것이었습니다. 따라서 상호 간에 협력의 필요성을 느끼지 못했고 경제관계 및 인도적 차원의 교류도 최소한의 수준만 유지되는 단계였습니다. 그러나 1958년 11월 흐루시초프가 서방 3국에 보낸 소위 '베를린 통첩(Berlin-Ultimatum)'에서 소련은 기존의 점령체제를 종식하고 동베를린을 동독에게 넘겨줄 것을 일방적으로 통첩하였습니다. 서방 측은 이를 거부하고 서베를린에 대한

5 Etik Gartzke and Quan Li, "How Globalization Can Reduce International Conflict," In Globalization and Armed Conflict, edited by Nils Peter Gleditsch, Gerald Schneider, and Katherine Barbieri (New York: Rowman & Littlefield, 2003), pp.123-140

자신들의 보장을 재확인했습니다. 양 측을 갈등을 해소하기 위해 1959년 여름부터 제네바협상이 시작되었지만 결국 협상이 무산되면서 베를린에는 새로운 위기가 형성되었습니다.[6] 둘째, 1960년대는 베를린 장벽이 설치되고 양자 간의 관계가 더욱 위축된 시기였다. 특히 베를린 위기를 빌미로 동독정권이 서독주민의 동독방문에 대해 엄격히 제한하였습니다. 그러나 서독정부는 민간차원의 관계개선을 위해 적극적이었고, 그 결과 1963년부터 협력이 재개될 수 있었습니다. 1965년 4월 서독이 동독회사에 최초로 장기융자를 제공한 이래 60년대 후반기에 접어들면서 동독은 양국관계의 개선을 경제적 혜택의 수단으로 더욱 활용하기 시작하였습니다. 이 사실을 뒤집어 보면 서독의 대 동독 경제지원은 양독 관계의 유지 및 발전을 위한 지렛대로서 자리 잡게 되었다. 셋째, 1969년 출범한 브란트의 사민당 정부는 신 동방정책을 채택함으로써 기존의 정책적 틀을 대폭 수정하였습니다. 브란트 정부는 독일정책의 기조는 1963년 사민당의 이론가인 에곤바(Egon Bahr)가 주창했던 소위 '접근을 통한 변화'로 대변될 수 있습니다. 이에 따라 서독정부는 동독 불인정 정책을 포기하는 대신 '1민족 2국가'원칙 아래 동독을 사실상 인정하는 정책 노선을 채택하고 동독, 소련 및 동유럽국가들과의 포괄적 관계개선을 추진하기 시작했습니다. 그리고 이러한 관계개선을 위한 정책은 1971년부터 가시적인 성과를 보이기 시작했습니다. 이 같은 양독 교류 · 협력의 활성화는 동독에게 경제적 이익을 보장했습니다. 동독은 비단 내독 무역뿐 아니라 비상업적 차원의 교

6 임채완 외, 『분단과 통합: 외국의 경험적 사례와 남북한』(서울: 한울아카데미, 2006), p.54

류·협력을 통해서 서독으로부터 경화(hard currency)를 획득할 수 있었습니다. 예컨대 서독과의 우편 및 전화통화료, 통과도로 및 철도 사용료, 방문객의 비자 신청비, 서 베를린의 폐기물 처리비, 국경지역의 환경보호 관련 비용 등을 비롯한 각 분야의 교류를 통해서 서독으로부터 외화를 확보하였습니다. 더욱이 동독은 교류·협력에 응함으로써 이에 대한 대가의 성격이 강한 서독의 지원을 보장받을 수 있었다는 것도 중요한 점입니다. 넷째, 1970년대 초 이래 점진적으로 확대·발전해 온 내독관계는 1970년 말 미·소 간 중거리 핵미사일 협상의 결렬과 소련의 아프가니스탄 침공으로 야기된 소위 '신냉전'의 난관에 봉착했습니다. 특히 중거리 핵미사일 문제와 관련한 NATO의 '이중결정'과 1980년 초 폴란드 사태는 동·서유럽 간의 군사적 긴장을 고조시켰으며, 이는 양대 블록 대결의 첨병적 위치에 있는 동·서독의 안보에 심각한 위협을 가져다주었습니다. 신냉전으로 인한 내독 관계에도 불구하고 동·서독은 내독 관계를 통해 얻을 수 있는 각자의 안보와 경제적 이익을 도외시하지 않았다. 그 결과 1986년 「문화협정」, 1987년 「과학기술협정」을 성사시키고, 동서독 간의 협력이 확대되었습니다. 물론 여기에는 특히 교류협력을 통해 얻어지는 경제적 이해에 대한 동독 측의 관심이 절대적으로 반영된 결과이다. 다양한 차원에서 이루어진 서독의 대동독 경제원조는 1980년대 초 침체상황에 빠졌던 동독 내 경제에 매우 중요한 것이었고, 동독 정권 역시 교류협력에 내재한 서독의 정치적 의도를 충분히 인식하면서도 양독 관계의 확대를 거부할 수 없었던 것입니다.

이처럼 경제체제가 다르고 정치적으로 대립관계에 있었던 중국과 대만, 서독과 동독은 끊임없는 긴장국면과 외부적 위기 상황 속에서도 협력의 끈을 놓지 않았습니다. 물론 이 같은 협력의 배경에는 자국의 경제적 이익이라는 요인이 깊이 내재되어 있었다는 점을 상기해야 할 것입니다.[7] 위의 사례에서 우리는 경제적 상호의존으로 인한 국가이익을 고려하여 전쟁이나 분쟁을 예방하는 효과가 있었다는 것을 보여주고 있습니다. 이러한 사례들은 한반도에도 매우 중요한 시사점을 안겨주고 있습니다. 만약 남북간의 경제적 상호의존성이 존재한다면 정치적·군사적 긴장관계 속에서도 남북경협이 큰 변화 없이 진행될 수 있을 것이라는 점입니다. 즉 지난 한국의 남북 경협의 문제점은 정치와 경제 협력이 지나치게 관련되어 있다 보니 정치적 관계가 악화될 시에 긴장상태로 전환이 되었고 끝내 남북 경협은 남한에 의해 자의적으로 중단되었습니다. 서울에서 불과 60㎞밖에 안되는 거리에 위치하고 있고 우수 인력을 저렴한 비용으로 고용하면서도 수도권의 소비 시장과 인프라를 활용할 수 있어 성공 가능성이 매우 높은 것이 장점이었던 개성공단은 만약 계속 진행되었다면 북한의 경제적 이익의 큰 부분을 차지했을 것입니다. 하지만 선 비핵화 기조로 제재를 강화하여 당시 반발하였던 북한에게 오랜 기간 동안 진행되어왔던 개성공단을 바로 중단하는 조치와 같은 정경연계 정책은 앞으로 장기적으로 보았을 때 북한과의 상호의존을 할 수 있는 신뢰를 쌓지 못할 것입니다.

7 윤수, 통일독일의 경제통합 정책과 남북한 경제통합 : 생산성연계 임금지급 및 지분배분 등 실효적 통합방안, 경기대학교, 2013

Ⅲ. 개성공단 지난 10년 평가와 미래 방안

1. 개성공단의 지난 10년 과정

남북교역은 1988년 「7·7선언」을 이후 「남북경제개방조치」를 통해 남북 교역을 허용하고, 1989년 6월 「남북교류협력에 관한 지침」을 제정, 남북교류를 지원하면서 시작되었다.[8] 개방조치가 실시된 이후 1989년 187만 남북교역량이 증가할 수 있는 긍정적인 환경으로는 남북교역을 국가 간의 무역으로 여기지 않고 민족내부거래로 규정함으로써 관세가 부가되지 않도록 조치하여 가격경쟁력을 높였습니다. 그리고 남북협력기금을 통해 생산비를 지원하는 등의 적극적인 남북교류지원정책을 제시하는 계기가 되었습니다. 남북교역의 대다수 는 개성공업지구에서 이루어졌습니다. 개성공단은 2000년 6월 남북정상회담 직후 현대그룹 고위 관계자들이 평양을 찾아 김정일 당시 국방위원장 등 북한 최고위층을 만나 개성공단 건설 프로젝트에 구체적으로 협의하면서 첫 삽을 뜨게 됐습니다. 이후 남북은 2002년 9월 경의선·동해선 연결 공사에 착공했으며, 북한은 같은 해 11월 '개성공업지구법'을 제정하였습니다. 개성공단은 2003년 6월 1단계 개발이 시작돼 이듬해 시범단지 생산품이 처음 반출됐습니다. 2005년 1차 기업 분양이 완료됐으며, 2006년 1차 입주기업의 생산품이 반출됐

8 박종근, "개성공단 생산품의 원산지규정에 관한 연구", 경기대학교 정치전문대학 원 석사학위논문, (2007).

습니다. 특히 2006년에는 23개 기업이 입주하면서 본격 가동됐습니다. 2013년 4월에는 북한이 개성공단 폐쇄 결정을 내리면서 최대 위기를 맞게 되었습니다. 북한은 당시에도 한미연합군사훈련 등을 이유로 "우리의 존엄을 조금이라도 훼손하려 든다면 공업지구를 가차 없이 차단, 폐쇄해 버리게 될 것"이라고 위협했습니다. 결국 공단에 체류하던 남측 인력들이 모두 철수했고 공단은 잠정 폐쇄됐습니다. 이후 5개월이 지난 9월에야 극적으로 개성공단 문이 다시 열렸고, 개성공단은 지난해 8월에도 북한군 비무장지대(DMZ) 목함지뢰 도발과 서부전선 포격 도발 등으로 다시 한 번 위기를 겪었습니다. 공단 출입경 인원에 제한을 받으며 정상 가동에 난항을 겪은 것입니다. 출입 제한 조치가 이뤄질 때마다 공장 가동률이 떨어지면서 입주기업들은 살얼음판을 걷는 심정으로 마음을 졸여야만 했습니다. 하지만 남북 관계의 순풍은 오래 가지 않았습니다. 2008년 우리 정부가 금강산 관광 금지 조치를 내리자 북한은 개성공단과 관련된 기존 법규와 계약의 무효를 선언하며 토지임대료와 임금 인상 등의 조치를 취하라고 통보했습니다. 북측은 "이에 불응하는 남측 기업은 공단을 떠나도 좋다"고 선언하기도 했습니다.[9] 이후 공단 폐쇄에 대한 불안감 역시 높아졌습니다. 북한은 2009년 한미연합군사훈련에 대한 항의 차원으로 개성공단의 통행을 3차례 차단하기도 했습니다. 2010년에는 천안함 침몰 사건과 연평도 포격 도발이 잇달아 터졌고 우리 정부는 이에 대한 대응 조치의 일환으로 개성공단 통행을 금지하고 신규투자 제한 조치를 내렸습니다. 정부는 개성공단

•

9 장만성, [개성공단 중단]우여곡절 많았던 16년의 역사, 중앙일보, 2014.02

방북을 일시 금지하기도 했습니다.

2. 개성공단 경제 및 사회적 효과

우리가 개성공단으로 부르는 북한의 개성공업지구는 남한과 해외기업들이 북한지역에 소재한 경제특구에서 자유로이 경제활동을 할 수 있도록 시장경제에 기반을 둔 관련 법령을 최대한 수용한 것입니다. 남북은 이미 2000년 제1차 남 북정상회담을 계기로 2000년 12월 4대 투자보장 합의서 체결했고[10] 2002년 11월 북한이 「개성공업지구법」을 제정하였습니다. 2004년 12월에 첫 제품을 생산한 이후, 북한 근로자 고용자 수와 생산액, 남북교역에서 차지하는 비중 등에서 괄목한 성장을 보였습니다. 2014년 9월말, 북한 5만 3,386명과 남한 788명을 고용하였습니다. 1인당 보수는 2006년 68.1 달러에서 2013년 128.5 달러, 2014년 6월 150.1 달러로 임금에 있어 꾸준한 상승세를 보였습니다. 연간 4.7억 달러를 생산하는 남북 공동의 생산 현장으로 발전하여 2005년 1,491만 달러를 생산한 이후 2007년 1.8억 달러, 2012년 4.7억 달러를 기록하였으며, 2014년 상반기는 2.3억 달러로 가동 중단 이전 상태를 회복하였습니다. 개성공단 개발로 남한은 32.6억 달러, 북한은 3.8억 달러의 직접적 경제적 효과를 얻었으며, 총 3단계의 개발이 완공될 경우에는 남북한은 총 686.7억 달러의

10 제재 해제 대비하는 북한… "국제협약 나선 北, 거래 불확실성↓", 2019-05-13.

효과가 기대되고 있습니다. 남한은 매출액과 건설 및 설비투자 등의 내수 진작 효과를 비롯, 인건비 절감의 기대 효과가 제시되었습니다.[11]

이러한 경제적 측면은 물론, 정치 사회문화 측면에서도 한반도의 긴장 완화와 남북관계 발전, 남북한 생활문화공동체 형성 등에 크게 기여하였습니다. 유무상통 원리에 입각한 남북 상생의 경제협력 모델 제공과 함께, 본격적인 투자 단계로의 남북경협 시대 개막과 남북경제공동체의 실험장 역할을 하였고 북한 주민들의 소득 향상과 북한 경제의 개혁 개방 및 자본주의 학습의 실험장 역할, 노동생산성 향상과 산업 인프라 확충 등에 기여하였습니다. 특히 단순 외화벌이가 아니라 제조업 부문의 시장경제 학습효과를 통해 경제 회복의 자신감과 투자 환경 개선 등으로 북한경제 선순환 구조의 토대 제공, 남한경제는 중소기업의 활로 모색과 해외 진출기업의 U-turn 특구로서의 역할, 내수경기 활성화, 대기업-중소기업 및 민관 합동의 동반 성장 모델을 제공·특히 개성공단 개발 및 사업 운영에는 남한의 대규모 자본과 설비 원부자재가 투입되는 만큼, 내수 진작을 통해 국내 경제 활성화에도 기여했습니다. 안보적 측면에서도 한반도의 긴장 완화와 평화 정착의 계기를 마련하고 당국간 대화 중단 속에서도 공단 유지는 한반도의 안정적 관리를 위한 최소한의 안전판 역할과 정치적 대립의 완충 및 가교 역할을 수행하였습니다. 특히 공단 조성을 계기로 북한은 수도권을 겨냥한 장사정포 부대를 후방으로 약 10km 이동시킴으로써 북방한계선을 북상시킨 효과가 있습니다.

•

11 VIP_개성공단 가동 10년 평가와 발전 방안, 현대경제연구원, 2014.12.08

개성공단 사업을 통해 상호 이질감 해소와 민족 문화공동체 형성에 기여하며 개성공단 사업을 통한 대규모 인적 물적 교류 확대는 남북간 상호간의 이질감과 적대감 해소는 물론, 상호 이해와 협력 증진, 신뢰 형성 등에 기여하였습니다. 또한, 공단 개발 운영 과정에서의 빈번한 접촉과 만남은 동포애적인 공감대 형성과 민족 통합에 기여하였으며, 장기간 고용으로 인해 남북한 근로자들은 자신들이 가족사와 생활사를 함께 공유하는 가족적인 분위기가 조성 되었습니다.

3. 개성공단 문제점 및 중단 원인

가장 첫 번째는 정치적으로 지나치게 연관이 되어 있는 정경연계의 특징입니다. 해외공단에 비해 가장 취약한 부문으로 지적이 됩니다.[12] 특히 남북관계의 불안정성으로 인한 2008년 12월 1일의 통행 제한 조치와 2013년 4~9월의 일시 가동 중단 조치 등은 생산과 수출 감소, 해외 바이어 이탈 등의 부작용으로 나타나고 있습니다. 제1차 개성공단 중단사태는 북한의 핵실험에 대한 우리나라와 국제사회의 비난에 대 북한이 한미연합 군사훈련, UN의 대북 제재안 결의에서의 최고 존엄 비방을 주장하며 중단되었습니다. 제2차 개성공단 중단사태 발사 역시 북한의 제4차 핵

12 해외 공단 대비 개성공단의 취약 부문에 대한 설문조사 결과, '남북간 정치 · 군사적 영향에 민감하다'는 응답 비 율이 입주업체는 100%, 전문가들은 71.4%로 나타났으며, 그 다음은 '3통 문제 등 제도적 장치 미비'로 전문가들 은 28.6%로 나타났다.(한국산업단지공단 · 현대경제연구원, 전개서, 2013. 1. 23.).

실험과 장거리 미사일 가 원인이었으며, 이번에는 우리 정부에서 개성공단의 경제적 수익이 북한 주민들의 생활에 도움이 되기보다 북한의 핵실험과 미사일개발에 활용되는 것을 용납할 수 없다는 입장을 보이며 중단성명을 발표하면서 개성공단은 폐쇄되었습니다. 이렇게 보수 정부 하에서는 '정경분리' 원칙이 더욱 지켜지지 못했고, 북한의 비정상서에 따른 핵개발 등 정치 사건이 발생할 때마다 "남북경협이 일종의 벌칙을 가하는 대응 수단"으로 활용되었습니다. 엄격한 상호주의 원칙에 따라 재개와 지속을 정치적 현안으로 풀어가는 지렛대로 사용했다는 것을 볼 수 있습니다. 하지만 앞서 독일의 사례에서도 보았듯이 우리가 남북경협을 통해 남북간의 신뢰를 쌓고 정치적 군사적 긴장을 완화해줄 수 있으려면 남북경협은 정치적 현안의 지렛대가 되어서는 더 나아가 북한의 징벌의 수단이 되어서는 안됩니다. 개성공단은 10년 넘게 운영이 되어오면서 남한과 북한 모두에게 경제적 이득을 준 사업이지만 이를 정치적 목적 달성을 위해 이용할 경우 이는 또 다시 중단이 되는 사태가 일어날 것입니다. 이것은 단순히 북한과의 문제뿐 아니라 이에 투자한 남한의 중소기업에게도 큰 피해를 안겨주게 되어 남한과 북한의 경제협력은 더욱 어렵게 될 것입니다. 따라서 개성공단은 정치적 문제와 연관되어 있지 않는 고유의 경제적 협력이 되어야 합니다.

두 번째로는 법과 제도적 장치가 미흡하다는 점입니다. 즉 북측의 일방적인 규정을 무시하는 사례나 갑작스런 변경 등의 불안 요인은 충분히 존재합니다. 남북관계는 법과 제도의 안정화 측면에서 매우 취약한 환경에 처해 있는 것이 사실입니다. 특히 북한의 경우 헌법의 지위보다 높은 제도적 장치들의 존재는 남북관계, 특히 경제협력과 관련해서 법률에 근거한 교류협력을 기대하기 어렵다는 것이 가장 큰 지적 사항으로 나타나고 있다. 법률에 근거한 남북관계의 취약성은 북한뿐 아니라 우리 정부에서도 마찬가지다. 「남북 관계 발전에 관한 법률」 제23조는 대통령의 결단에 따라 남북한 합의의 일부 또는 전부를 중단시킬 수 있도록 되어 있기 때문에 남북관계에 따라 개성공단을 포함한 모든 남북 간의 교류는 안정적이지 못한 것입니다.

세 번째 운영 및 대북 제재로 인한 어려움입니다. 현재 개성공단은 재가동 될 시 개성공단 제품의 고관세율이 적용되며 최혜국 대우 및 일반관세특혜 제외 등으로 해외 수출과 외자유치, 개성공단 국제화에 불리하게 작용 됩니다. 또한 국제사회의 대북 제재로 인해 고성능 및 정밀기계 제품의 반출이 제한되어 있어, 이는 개성공단이 고부가 생산기지로 발전하는 데 있어 어려움을 줄 수 있습니다. 이러한 경우 개성공단의 입주하려는 중소기업의 수를 보장받지 못하는 어려움을 겪을 수 있습니다. 또한 정부 보증을 포함한 자금 지원과 경협보험 미흡 등의 현행 금융 및 세제상의 지원제도에 불만을 표현하는 실태입니다.

4. 개성공단 사업의 활성화를 위한 방안

첫째로 경제 외적인 요인을 최소화 시켜 정경분리의 원칙을 지켜나가야 합니다. 특히 개성공단이 실행되고 있는 지역은 정치 중립화를 시켜야 합니다. 개성공단 사업을 안정적으로 지속 가능한 모델로 확대시키기 이해서는 정경분리의 원칙을 갖고 정치적 군사적 사안으로 사업이 중단되어서는 안된다는 것입니다. 개성공단 사업은 경협을 통해 북한 포병부대를 후방으로 이동시킨 '경제와 안보 선순환'의 좋은 사례로, 중장기적으로는 통일비용 절감 효과도 있으므로 '통일비용의 사전적 분산투자'라는 공공재라는 인식의 전환이 필요하다고 생각합니다. 두 번째로는 신규투자를 허용하고 산업 인프라 확충으로 개성공단의 경제력을 제고하여 해외진출 국내 기업의 U-Turn 기지로 활용을 확대하는 것입니다. 현재 가장 주목을 받고 있는 전략은 소프트웨어 산업의 전초기지로 육성한다는 전략입니다. 평양의 IT전문 인력 및 기술과 서울 및 수도권의 ICT인프라를 접목 하면 세계적 수준의 기술력을 구현해 낼 수 있다. 개성공단 또한 지리적 이점을 활용하여 이와 관련된 제품의 생산·실 증 등의 역할을 적극적으로 수행하는 전략입니다. 이뿐 아니라 태양광 발전 사업은 개성공단에 적극 적용하여 기술 개발과 생산의 거점인 동시에 실증할 수 있는 '친환경 탄소 제로 클러스터'로도 추진되고 있습니다. 중장기적으로는 창업과 스타트업의 인큐베이팅(incubating)도 수행할 수 있는 거점으로 육성되고 있다는 점을 시사할 수 있습니다.

정부 차원의 적극적인 투자 조치를 통해 남한의 여러 창업 아이템을 갖고 북한과의 연계를 통해 사업을 시작할 수 있는 장이 될 것입니다. 현재 단순 제조업 위주의 공단에서, 2~3단계로 확장하여 첨단 고부가가치 상품 생산과 관광 상업 물류 등이 추가된 '통합형 개성공업지구'를 구축하여 확대 발전시켜나가야 합니다. 세 번째로 국제적 공단으로 구축되어야 합니다. 개성공단의 질적·양적 성장을 위해 추가적인 개발 사업에 국제자본의 참여를 적극으로 유치해 국제적 공단의 기틀 마련·자본의 국제화하는 조치입니다. 다국적 기업 참여 유도는 투자 자본의 확대 효과는 물론, 개성공

단의 국제적 이미지와 대외 신인도 제고 등에도 크게 기여할 것입니다.[13]

기술의 국제화를 하여 선진 기술을 보유한 기업들의 참여 확대를 유도하여, 개성 공단의 질적 성장을 도모하며, 제품의 고부가가치를 추구해야 합니다. 법 제도와 행정서비스 또한 정비 해야합니다. 3통(통신, 통행, 통관) 확대와 4대 경협합 의서 등 법·제도의 국제화를 통해 북한의 국제규범 준수 계기로 작용하며 해외 판로 확보차원에서 개성공단의 역외가공지역 특례 인정과 공단 제품의 '한국산' 인정을 위해 총력을 기울여야 합니다.

Ⅳ. 남북경협의 한계점

현재 문재인 정부에서 제시한 단계별 남북경협 구상에 가장 크게 고려해야 할 점은 대북 제재를 유지한 채 그 틀 안에서 남북경협을 진행해야 한다는 것입니다. 현재 미국의 트럼프 행정부에서는 개성공단의 재개가 유엔 안보리에 대한 위반이라는 주장으로 반대하고 있습니다. 하지만 지난 6월 11일 개성공단 기업인들이 미국 워싱턴을 방문해 미 하원 아시아태평양소위원회에서 설명회를 개최하여 미국 의원들을 설득하는 등 적극적인 조치를 취하고 있으며 미국 또한 '완화된 비핵화'가 진행될 시 고려할 수 있

13 강병준 "개성공단은 新성장동력의 거점이 될 수 있을 것인가?" 2017. 대한건축학회연합논문집, 19:5, 95-105

는 부분이라는 대답[14]으로 개성공단 재개가 긍정적으로 진행되어 있다고 볼 수 있습니다. 현재 미국은 선 비핵화를 해야 한다는 강한 기조를 바탕으로 개성공단을 비롯한 남북경협을 여전히 반대하고 있습니다. 하지만 개성공단에 입주했던 여러 중소기업의 재 입주에 대한 강력한 의지와 함께 끊임없는 설득 과정을 거치면서 개성공단을 활발히 진행하고 있습니다. 이처럼 당장 시행하는 것이 아닌 장기적인 북한이 비핵화 협상에 나오기 위한 유인책으로 나온다면 충분히 설득 가능합니다.

두 번째로는 국민들의 반발이라고 생각합니다. 현재 개성공단 재가동에 대한 찬성여론은 계속적으로 증가하고 있지만 여전히 개성공단에 대한 국내적 반발이 만연한 실태입니다.[15] 가장 큰 이유는 바로 '퍼주기식' 외교에 대한 국민들의 불만입니다.[16] 북한은 과거 경제협력 와중에도 잦은 도발이나 NPT 탈퇴 등 다양한 형태로 협력을 중단시킨 사례가 있었습니다. 이러한 정치적인 관계에서 경제 협력을 진행 하다보니 결국 개성공단 또한 경제적 효과성 보다는 핵을 만드는 자금이 아니냐는 여론이 많았습니다.

따라서 이를 가장 먼저 해결해야 한다고 생각합니다. 이를 위해서 개성공단 노동자들의 임금을 현금 대신 식량이나 원자재 생활용품 등의 현물로 지급하는 방식이나 에스크로(은행을 비롯한 제3자 대금을 예치한 뒤 일정

•

14 황범준, 미 하원 찾은 개성공단 기업인들 "바라던 정도는 아니지만 소기의 성과", 한겨레, 2019.06.11

15 권오균, 개성공단·금강산관광 찬성 여론 70%…20개월 前보다 20%p 올라, 매일경제, 2019.02

16 권혁철,개성공단이 북한 퍼주기?…"5% 주고 95% 퍼오기", 한겨레, 2019.02

조건을 충족하면 돈을 뺄수 있는 방식)를 이용하는 방안이 필요하다고 생각합니다. 이러한 현물 위주의 지급 수단을 북한과의 합의하여 공공연하게 명시해야 한다고 생각합니다. 또한 단순히 수공업 분야 뿐 만 아니라 현재 남한의 높은 인건비로 인해 해외로 공장을 옮긴 기업들을 적극 유치하여 기업의 경제 발전을 더욱 알려야 한다고 생각합니다. 즉 개성공단은 퍼주기식 외교가 아닌 남한과 북한 모두가 경제적 이득을 볼 수 있는 수단이라는 것을 알려줘야 한다고 생각합니다.

V. 결론

올 해 4월 개성공단 기업인들의 방북이 승인 되었습니다. 정확한 일자에 대해서는 북한과의 협의가 필요한 부분이지만, 지난 3년간 금지되었던 방북이 허용되면서 개성공단의 재개는 더욱 가능성이 높아지고 있는 실정입니다. 현재 미국의 강한 선 비핵화 대북제재로 인해 우리 정부는 현재 지난 2018년 나누었던 남북경제협력을 실행하고 있지 못하고 있습니다. 2017년 이후 미국과 함께 강해진 유엔 안보리 체제 현재 북한의 약 90%를 차지하는 대중 무역을 감소시키는 효과를 내는 등 경제적 효과는 보이고 있다고 생각합니다.[17] 미국은 대북제재가 북한 경제를 어렵하고 나아가 북한이 가장 중요시 하는 체제 유지를 무너트릴 가능성까지 고려하고 있습니다. 즉, 모든 수입수출을 막아 북한의 경제난을 만들어 협상 테이블에 어쩔 수 없게 나오는 전략인 것 입니다.

하지만 이는 경제적 효과성은 있을지 모르지만 과연 북한이 스스로 협상 테이블로 나올 수 있는 즉, 비핵화를 선언할 수 있는 조치가 될 수 없다고 생각합니다. 현재 북한은 현 대북체제가 강화되면서 더욱 제재 국가에 대한 반발을 언론에 노출하고 있으며, 현재 중국 및 러시아를 더욱 더 적극적으로 방문하며 대북 제재에 빠져나갈 수 있는 길을 만들고 있다고 생각합니다. 러시아 또한 6자회담 카드 거론하며 향후 '중재자'로서 적극적인 개입 의사 밝힘과 동시에 북한의 '체제 안전 보장' 강조하며 강한 선비핵화를 요구하는 미국과는 제재의 정도가 다름을 알 수 있습니다. 즉, 현 핵협상에서 미국과 함께 대북 제재를 하고 있는 한국은 한반도 평화의 주체자지만 북한에 안보를 보장하는 국가가 아닙니다. 북한이 정말 핵을 포기할 것인가에 대한 논의도 이뤄질 만큼 북한에게 있어 핵은 체제유지의 필수적인 요소라고 생각합니다. 그러한 북한에게 과연 신뢰가 부족한 상태에서 안보 대 안보 협상은 불가능 하다고 생각합니다. 북한을 외부로부터 고립시켜 적대적 관계를 유지할 것이 아니라 교류와 협력을 통해 북한이 인권과 경제를 중시하고 과도한 군사력에 대한 집착에서 벗어날 수 있도록 해야 합니다. 우리는 그래야 비핵화 협상에 북한을 유도할 수 있다고 생각

17 이상숙, "북한에 대한 경제제재의 효과성 측정:비핵화 협상과 관계를 중심으로", 2018.03, 국립외교원 외교연구소

합니다. 한국은 지난 정권이 바뀌면서 지나치게 불안정한 경제협력을 해왔으며 신뢰를 얻기 위해 시작한 경제협력은 정치의 수단이 되어버렸습니다. 개성공단이 북한 경제에 많은 부분을 차지 하기 전에 우리 정부에 의해 중단되었으며, 이로 인해 북한 노동자 뿐만 아니라 우리 국민들까지도 재산 피해를 얻었습니다. 이렇게 정치상황에 따라서 운영이 되는 경제협력은 앞으로도 신뢰를 얻을 수 없으며, 앞선 독일이나 중국과 대만이 보여줬던 긴장 상태에서도 경제적 이익을 포기할 수 없어 분쟁이 일어나지 않는 상호 신뢰 관계를 쌓을 수 있다고 생각합니다. 이러한 의미에서 2003년부터 10년 넘게 경제적 효과를 볼 수 있었던 개성공단은 서울에서 불과 60㎞밖에 안 되는 거리에 위치와 우수 인력을 저렴한 비용으로 고용하면서도 수도권의 소비 시장과 인프라를 활용할 수 있어 남한과 북한 모두에게 경제적 이득을 주었습니다 하지만 이 또한 북한의 도발이라는 정치적 관계로 인해 우리 정부에 의해 중단되면서 더 이상 진행되고 있지 않습니다. 또한 이로 인해 현 문재인 정부가 다시 재개하는데 있어 더 큰 노력이 들어간다고 생각합니다. 따라서 우리 정부는 30년간 정치와 연계되어 왔던 지속 불가능한 남북 경제협력이 아닌 정치적 상황과 분리되어 끊임없이 지속될 수 있는 경제협력이 되어야 하며, 이는 개성공단의 재개로부터 시작되어야 한다고 생각합니다.

Ⅵ. 참고문헌

강인선, "대북정책에 대한 국민 인식 조사연구", 경기대학교 정치전문대학원, 2017.02

김영덕, 남북경협의 중단 원인과 재개를 위한 조건에 관한 연구, 성공회대학교 NGO대학원, 2019.02

권혁철, 개성공단이 북한 퍼주기?…"5% 주고 95% 퍼오기", 한겨레, 2019.02

김태년, 남북간 경제적 상호의존성이 평화촉진에 미치는 영향, 경희대학교 행정대학원, 2008.02. p.38~43

박종근, "개성공단 생산품의 원산지규정에 관한 연구", 경기대학교 정치전문대학 원 석사학위논문, 2007.01

전명순, "개성공단과 남북경제협력의안정화 방안 연구", 경기대학교 정치전문대학원, 2016.02

정태헌, 2015. "1998년 소떼방북 세기 한반도 대전", 『역시비 평년』, 2015. 08, pp.314~316

양문수, 개성공단 전면중단 1년과 남북관계 : 평가와 과제, 2017., 국회 입법처

이상숙, "북한에 대한 경제제재의 효과성 측정:비핵화 협상과 관계를 중심으로", 2018.03, 국립외교원 외교연구소

임주현," [취재K] 문 대통령 "개성공단, 북한보다 우리가 더 큰 이득"…따져보니, KBS, 2019.02

임채완 외, 『분단과 통합: 외국의 경험적 사례와 남북한』(서울: 한울아카데미, 2006), p.54

윤수, 통일독일의 경제통합 정책과 남북한 경제통합: 생산성연계 임금지급 및 지분배분 등 실효적 통합방안, 경기대학교, 2013

장만성, [개성공단 중단]우여곡절 많았던 16년의 역사, 중앙일보, 2014.02

정유석, "통일경제특구 조성과 개성공단 발전에 관한 실증연구", 2015,

조문정, "개성공단 입주기업 79%, 재입주에 긍정적… 개성공단의 경쟁력은 '저

렴한 인건비", 중앙일보, 2019,

저명순 , "개성공단과 남북경제협력의 안정화 방안 연구", 경기대학교, 2017

제재 해제 대비하는 북한… "국제협약 나선 北, 거래 불확실성↓", 2019.05

현대경제연구원, VIP_개성공단 가동 10년 평가와 발전 방안, 14-44호(통권 595호) 2014.12.08

황범준, 미 하원 찾은 개성공단 기업인들 "바라던 정도는 아니지만 소기의 성과", 한겨레, 2019.06.11

Etik Gartzke and Quan Li, "How Globalization Can Reduce International Conflict," In Globalization and Armed Conflict, edited by Nils Peter Gleditsch, Gerald Schneider, and Katherine Barbieri (New York: Rowman & Littlefield, 2003), pp.123-140

3

한국의 국가 브랜드 향상과 문화외교

정치외교학과
최성민

요약

21세기 정보 사회에 있어 이미지의 중요성은 증대되었다. 지금의 세계는 인공지능, 빅데이터에 의한 산업 생태계의 전면적인 변화와 정치 경제에 있어서는 민족주의, 자국 우선주의가 현실화 되어 이전의 세계질서를 유지해 나가고자 하는 강대국 역할론이 퇴색되어 가는 것이 현실이다. 나아가 국가 간 외교방식이 정보통신기술의 발달로 정부 대 정부(G2G: Government to Government)에서 정부 대 대중(G2P: Government to Public), 대중 대 대중(P2P: Public to Public) 등으로 다각화되고 있다.[1] 외교의 주체가 공식적인 외교관에서 개인과, 시민사회 그리고 전문가 집단으로 확장했다. 이러한 배경에서 본고는 외교를 국가 행위자와 비국가 행위자의 모델로 분류해서 발전방향을 모색하고자 한다. 특히 국가 행위자의 범위에서 공공외교의 필요성을 통해 한국의 공공외교 모델을 고안하고, 그 일환으로 외교 의전을 수단이 아닌, 외교 협상 과정의 일환으로 논의하고, 문화외교를 통한 연성 권력 확대 가능성과 외교부 내 의전 부서 구성이 필요하고 본다. 더불어 비국가적 행위자의 역할이 증대되면서 기존의 기업을 통한 국가 이미지 제고와 더불어 국민의 적극적 외교 활동 참여, 즉 민간 외교의 중요성을 논한다. 대한민국의 하드파워[2] 위상만으로는 국제 외교무대에서 협상력의 우위를 차지하는 것이 역부족이며, 한국의 우수한 문화적 위상을 지속적으로 높여가며 외교적 목표인 매력적인 한국에 도달해야 한다고 주장한다.

---

1 윤기웅, 김병규 (2014). 문화외교의 성과 및 성과에 영향을 미치는 요인 분석. 한국행정논집, 26(4), pp.769-792.

2 군사력, 경제력 따위를 앞세워 상대방의 행동을 바꾸게 하거나 저지할 수 있는 힘.

I. 문제 제기

외교라는 분야는 전문도가 높고, 진입 장벽이 높은 분야로 여겨져 왔다. 외교 공무원의 활동을 외교의 분야로 한정하며, 국제적 협상을 외교의 결실로만 평가했다. 최근의 공공 외교는 세계화의 진전과 민주화의 확산으로 다양한 비국가 행위자가 외교의 주체로 등장하기 시작하면서 피플파워(People power)가 대두되기 시작하였다. Nye(2004)에서 언급하듯이, 하드파워와 소프트파워는 서로 분리해서 생각할 수 없는 관계를 가지고 있을 뿐만 아니라, 소프트파워도 하드파워만큼 국제관계 속에서 영향력을 발휘하는데 중요한 요소로 작용한다.

과거의 공공외교는 냉전구조 아래 하드파워를 추구하는 과정에서 상대방 국가의 정책에 영향을 미치기 위해 해당국의 여론을 움직이려는 정책이었으나 오늘날은 그것에서 벗어나서 문화, 예술과 같은 유·무형의 자산이 지닌 매력을 통해 상대국 대중의 마음을 사로잡는 소프트파워를 추구하는 개념으로 사용된다. 더 이상 국가의 역량을 하드파워만으로 평가할 수 없으며, 소프트파워[3]를 증진하기 위해서, 즉 타 국가 내에서 자국의 국가역량을 확대하기 위해서 다양한 공공외교활동을 수행하고 있다.

3 소프트파워(Soft Power)는 군사적 개입, 강압적 외교, 경제제재 조치 등의 물리적 힘으로 표현되는 하드파워(Hard Power)에 반대되는 개념으로, 강제력 보다는 매력을 통해, 명령이 아니라 상대방이 자발적으로 이끌리게 함으로써 스스로가 바라는 것을 획득하게 하는 힘을 나타내는 용어이며, 21세기는 하드파워에 소프트파워가 결합된 스마트 파워(Smart Power)가 중요하게 대두되고 있음. (대한민국)

또한 미디어에 빈번히 노출되는 사회에서 새롭게 국가의 이미지를 나타내는 용어로 국가브랜드가 등장했다. 국가브랜드란 주로 기업에 적용하던 브랜드의 개념을 국가차원으로 확대한 것이지만 보다 넓은 범위로 보면 국가의 품격 즉, 국격의 다른 표현이라 할 수 있다. 국가브랜드가 중요한 것은 시장에서 소비자가 브랜드를 보고 물건을 선택하는 방식과 마찬가지로 해외에서 '대한민국'이라는 국가브랜드를 보고 우리 국민이나 기업의 제품, 서비스의 가치를 평가하는 기준이 되기 때문이다.[4] 국가브랜드를 국가의 호감도와 신뢰도로 표현할 수 있는데 본 논문을 통해서 이를 국익의 하나로 규정하며, 국가 내 외교부의 활동과 비 국가행위자의 예시로 기업을 선택하여 오프라인과 온라인의 행위를 분류해 이미지를 통한 소프트파워 확대 방안을 알아보는 것이 연구의 목적이다. 매개로 타국가와의 관계 개선 및 국가이미지 제고를 위해 노력하고 있다. 최근 문재인 정부로 들어와서 잇따라 발생하는 의전 실수는 국격을 떨어지게 하는 실수들이며 이는 분명히 바로잡아야 한다. 이의 문제점은 국가 의전 전문가 집단 부재에서 도출된다 현재 존재하는 의복, 음식과 같은 전반적인 행사에 대한 준비를 외교 협상 있을 때마다 전문가 집단의 도움을 받지만 그 일을 어느 정도 연구하면서 꾸준히 업무에 관해서 지속성과 전문성을 갖춘 집단이 존재하는 것과, 일시적으로 존재하는 자문위원과는 차이가 크다.

4 국가브랜드위원회 소개

Ⅱ. 본론

1. 국가적 행위자의 문화 외교

1) 외교부의 공공외교[5]

시대적 흐름에 따라 공공외교의 중요성은 증대되었다. 공공외교의 후발주자인 대한민국에 앞서 공공외교를 실시한 국가들을 살펴보자면 미국은 국무부에 '공공외교 및 공보담당 차관직'을 신설하는 등 공공외교 총괄 조정체제를 구축하고 있다. 2010년 힐러리 클린턴 국무장관은 4개년 외교 개발 검토 보고서(Quadrennial Diplomacy and Development: QDDR)에서 미국 외교의 두 축으로 Military와 Civilian Power을 동격에 놓고 생각하는 등 공공외교의 필요성을 강조했다. 프랑스는 공공외교의 선발주자이자 가장 많은 투자를 했다. 전략방향위원회와 인스티튜트 프랑세[6]를 통해서 통합적인 공공외교를 수행중이다. 두 국가 이외에도 중국, 일본, 독일, 캐나다 등 다양한 국가에서 공공외교에 힘쓰고 있다.

5 공공외교라는 용어는 냉전이 한창이던 1965년 미국의 전직 외교관이자 터프츠대(Tufts University) 플래쳐스쿨(The Fletcher School) 학장인 에드먼드 걸리온(Edmund Gullion)이 "에드워드 머로우 공공외교센터(Edward R. Murrow Center for Public Diplomacy)"를 설립하며 사용되기 시작.

6 '인스티튜트 프랑세'는 각 부처에서 수행하던 프랑스 문화 대외홍보, 언어교육, 개도국에 대한 문화예술 보급 지원, 영화 및 영상매체 해외보급 등의 사업을 통합, 수행하는 외교유럽부 산하의 비영리 특수법인

대한민국 외교부는 2017년부터 시작되어 2021년까지의 제 1차 공공외교 기본계획을 수립해서 진행하고 있다. 비록 한국은 선진국에 비해 공공외교에 비해 늦게 뛰어들었지만 2010년을 '공공외교의 원년'으로 선포하고 기존의 정무외교, 경제외교와 함께 공공외교를 대한민국 외교의 3대 축으로 선정하고 강화를 위해서 노력을 다하고 있다. Public Diplomacy의 핵심을 'To win the hearts and minds of peole'의 슬로건을 내세우며 외국 국민들과의 직접적인 소통을 통해 우리나라의 역사, 전통, 문화, 예술, 가치, 정책, 비전 등에 대한 공감대를 확산하기 위해 외교부를 비롯하여 문체부, 교육부 등 중앙부처, 한국국제교류재단(Korea Foundation, kf), 국립국제교육원 등 정부 소속기관 및 산하기관, 지자체, 민간단체 등 다양한 국내 부처기관들이 공공외교 활동을 수행 중에 있다.

대한민국의 중견국 외교[7]에 있어 이미지의 중요성은 다른 어느 국가에 비해 그 중요성이 높다. 전 세계 유일한 분단 국가로 한국의 통일을 지지 받기 위해서는 한국에 대한 인식 개선이 필수적이다. 경제적, 정치적 의도를 가진 통일에 대한 주장은 타국가에 있어 한국의 이익 사업의 일환으로 생각하게 되어 지지도가 떨어진다. 반면 공공외교를 통한 한국 이미지 개선 및 중재자의 선한 이미지를 지속적으로 심어준다면 통일에 대한 국제적 지지도를 올리는 것에 도움이 될 것이다. 그래서 한국의 경우에도 다

7 지역적 및 국제적 차원의 이슈에 적극 참여 또는 개입(engagement)하려는 의지(willingness)라고 하는 조건을 지닌 국가 외교. '뜻을 같이하는'(like-minded) 여러 국가들과 함께 다자주의 외교를 통해서 주요 지역적, 국제적 사안에 관해 입장을 표명하고 의지를 관철시키려는 노력을 하는 다자주의 중심 외교를 지향하는 국가들을 중견국으로 간주 한다(김우상 2012, 116; Robertson 2008)

른 중견국 과 마찬가지로 외교부가 중심이 되어 다양한 공공외교 활동을 전개하고 있다. 즉, 외교부는 국가이미지의 제고('매력적인 한국')를 핵심목표로 설정하고, 문화외교 중심의 다양한 공공외교활동을 추진하고 있다. 공공외교의 주무 부처인 외교부 내 문화외교를 전담하는 문화외교국에는 공공외교정책과, 문화예술협력과, 문화교류협력과가 있으며, 산하에는 한국국제교류재단, 한국국제협력단, 재외동포재단이 있다. 이 중 한국국제교류재단(KOICA)은 각종 해외문화 예술사업을 수행함으로써 한국의 국가이미지 제고를 위해서 활동하고 있다.

다양한 공공외교의 방법 중 문화외교행사에 대한 연구 결과를 통해 한국의 국가이미지를 향상의 기여도를 알아보았다. 이에 대한 기존 논문[8]에서 각 변수 간 관계를 살펴본 결과 한국의 우호도와 행사품질 모두 산출 및 결과에 영향을 미쳤고, 두 개의 외생 변수를 비교한 결과 한국 우호도에 비해 행사품질의 영향력이 더 큰 것으로 나타났다. 이러한 분석 결과는 비록 비우호적인 감정을 가지고 있는 국가 또는 외국인이라 하더라도, 높은 품질의 문화외교 행사를 통해 향후 우호도를 제고할 수 있음을 시사한다. 따라서 국가 이미지의 제고, 즉 문화외교의 성과를 높이기 위해서는 문화행사 품질을 높이는 노력이 필요하다.

8 윤기웅, 김병규 (2014). 문화외교의 성과 및 성과에 영향을 미치는 요인 분석. 한국행정논집, 26(4), 769-792에서 실시한 "코리아페스티벌 인 아세안' 사업을 중심으로

2) 의전의 정의와 중요성

현재 국제사회의 흐름에 맞추어 공공외교를 통해 소프트파워를 강화하려는 흐름을 다하고 있다. 이러한 노력을 정무외교와 공공외교의 분야를 구분하는 것에 한계를 가지고 있다고 생각한다. 공공외교의 선발주자가 아닌 이상 대한민국의 매력을 강화하기 위해서는 의도적인 분야에서만 모습을 다하는 것은 역부족이다. 따라서 기존에 행해진 정무외교에서도 장점을 강화해야 한다. 현재까지 의전은 협상의 수단으로 여겨져 왔다. 따라서 의전을 강화하는 것이 허례허식으로 비판하는 시각이 존재하지만, 이는 의전의 정의를 정확히 파악하지 않고 있으며, 시대적 흐름을 정확히 파악하지 못하는 의견이다. 의전(儀典, Protocol)의 용어를 살펴보면 영문으로는 '인간사회를 원활하게 하는 윤활유'라는 의미로 사용되며, 그리스어의 '최고 접착제(first glue)'란 뜻에서 유래되었다.

외교부에서 정의하고 있는 의전은 좁은 의미에서는 국가행사, 외교통상, 국가원수 및 고위급 인사의 방문과 영접에서 행해지는 국제적 예의를 의미하고 넓게는 사회구성원으로 개개인이 지켜야 할 건전한 상식에 입각한 예의범절(사교의례)를 포함한다고 한다. 국가의전의 범위에는 국가행사 시 의전, 주권국가간 외교행사에 있어 행해지는 의전, 외교사절의 파견과 접수, 국가원수 및 고위급 인사의 방문과 영접에 따른 의전으로 분류한다. 세부적인 내용으로는 행사의 절차, 명함, 연회, 복장, 메뉴, 좌석배열 등 행사와 고위급 인사들의 모든 것을 포함한다. 이런 점에서 의전은 기본적인 형식이며 약속이다. 지나친 형식에 얽매이는 것이 아니라 국가의 격식과 이미지를 높이는 역할을 한다.

의전이라고 하면 지나친 격식, 과도한 형식 등 불편하고 부정적인 것을 연상하는 인식도 존재한다. 국고 낭비 혹은 허례허식이라는 비난도 존재하지만, 최고 결정권자에게 외교상 큰 비중의 역할이 존재하고 있는 현 시점에서 국가관계와 인간관계에 있어서 가장 기본적인 원칙이자 예의로 의전을 바라보고자 한다. 인간관계에 있어 서로에 대한 배려의 측면에서 이해할 때에는 의전은 관계 유지에 있어 윤활유와 같은 역할을 다하는 핵심 요소다. 최고결정자에게 막대한 결정 권한이 존재하는 외교 협상 과정에서 사람의 심리를 자극하는 요소로 협상을 바로고자 한다. 이에 대해서 하버드 대학교 협상 연구소에 진행한 부정적 감정과 긍정적 감정에 따른 협상 결과 변동 연구 결과를 인용했다.

표1 감정이 협상에 미치는 영향[9]

협상 요소	부정적 감정의 결과	긍정적 감정의 결과
관계	• 불신으로 가득 찬 긴장관계 • 제한적이고 충돌하는 의사소통	• 신뢰하는 협력관계 • 공개적이고 원활한 상호 소통
관심	• 관심 무시, 극단적 요구에 집착, 마지못해 양보	• 상호 관심을 이해

9 하버드 대학교 협상 연구소 다니엘 샤피로. 로저 피셔, 하버드대학교 설득.협상 강의 '원하는 것이 있다면 감정을 흔들어라', 이진원 옮김, 한국경제신문, 2013.05, p.28 협상의 기본 요소에 감정이 미치는 영향

선택	• 모 아니면 도의 선택 • 상호 관심을 일부 수용할 수 있는 많은 선택 가능성	• 상호 이익이 되는 선택이 가능할지 의심 • 열심히 노력하면 상호 이익이 되는 선택을 할 수 있다는 긍정적 기대
합리성	• 우리가 옳고 상대가 틀린 이유를 둘러 싼 기싸움 • 상대에게 당하고 있다는 두려움	• A선택이 B선택보다 공정한 이유를 모두 수긍할 수 있는 기준 마련 • 공정하다는 느낌
협상에 대한 최선의 대안	• 우리가 내놓은 대안이 나빠도 합의를 거부	• 누구의 대안이든 최선의 것을 따름
책임감	• 불확실하거나 실행 불가능한 합의 거부 • 합의(혹은 결렬)에 대해 후회	• 명확하고, 실행 가능하며, 현실적인 의무정리 • 합의에 만족, 지원, 옹호

위의 표에서 나타나듯이 외교적 협상도 사람 사이에서 일어나는 활동이기에 좋은 협상안을 이끌어내려면 분위기를 간과할 수 없다. 외교 의전이 역량을 가장 잘 발휘되는 곳은 국제적인 행사이다. 그 중 하나인 국제회의는 경제적 효과뿐 아니라 개최지로서의 이미지 제고 및 홍보효과 등 활발한 국제회의의 유치 및 개최가 가져오는 파급효과는 여타 관광사업보다 크다. 한국은 2002년 '역동 한국(Dynamic Korea)', 2007년 찬란한 한국(Korea Sparkling)', 2012년 '매력적인 한국(Attractive Korea)', 그리고 2012년 '당신의 한국을 상상하라(Imagine Korea)'를 마지막으로 한국의 국가 브랜드 방향으로 내세웠다. 한국이 당면한 현재의 문제는 2012년 국가브랜드위원회와 삼성경제연구소가 공동으로 실시한 조사 결과로 한국은 과학 및 기술이 가장 우선된 이미지로 나타나며 전통문화 및 자연, 정부효율성, 국민, 사회적 인프라는 실체보다 낮게 평가되었다고 한다(이동훈·김경란·양수진 2013). 즉 본고는 국가가 바라는 한국의 이미지 브랜딩을

위해서는 서구적인 기술적인 측면 강화에서 그치지 않고 한국 고유의 매력 포인트를 마련해야 한다는 것이다. 이를 의전을 통해서 국가 정상들이 모이는 공식적 자리에서 한국을 잘 나타낼 수 있는 한편의 이야기와 같은 행사 진행을 담당한다면 평가에 있어서 긍정적인 변화가 나타날 수 있다. 결론적으로 외교활동의 의전은 절차와 내용이 과학적이어야 하며, 보다 예술적이고 감각적일 필요가 있다.

3) 의복

예로부터 의복은 상황과 장소에 따라 갖춰 입어 상대방에 대한 예의를 드러내는 표식이었다. 신라시대 골품제는 신분을 나타내는 요소로 의복을 활용하기도 했다. 티피오(T.P.O)[10]는 의복을 경우에 알맞게 착용하는 기본 용어로 등장하기도 했다. 이러한 의복은 현대에는 자신의 개성을 드러내는 상징으로 사용되며 공인의 이미지를 나타내는 데 커다란 역할을 하고 있다. 시각 매체의 발달로 인해서 대중들에게 지속적으로 노출되는 정치인은 의복을 통해서 신념을 드러내며, 예의를 표현한다. 정치인에게만 국한 되는 분야가 아니라 국제 정치 분야에서는 '패션 외교'를 통해서 상대국에 대한 예의와 존중을 나타낸다. 역사적으로 정치는 남성의 전유물로 인식 되었으나 21세기에 들어서 여성의 정치 활동이 활발해졌다. 여성의 의복의 범주가 보다 넓어 여성 정치인들이 주로 패션 외교 전략을 사용해왔다.

10 티·피·오는 시간(time), 장소(place), 상황(occasion)에 따라 패션업계가 마케팅 세분화 전략에 의해 강조한 것

대한민국 첫 여성 대통령인 박근혜 대통령 임기 시절 패션외교 행보를 보여줬다. 2016년 5월 이란 국빈 방문을 하면서 이슬람 권의 여성들이 착용하는 히잡의 일종인 '루싸리'를 착용하였다. 더불어 이란의 국기색을 상징하는 의상 선택으로 상대국에 대한 배려와 존중을 보여줬다는 평가를 받고 있다. 이란에 도착한 첫째 날에는 연두색 상의, 둘째 날에는 분홍색 재킷, 셋째 날에는 흰색 재킷을 입고 나타나 초록색, 흰색, 붉은색의 의상을 착용했다. 또한 영국, 스위스, 인도, 미국 등 많은 나라에서 방문 기간 동안 한복을 입고 행사에 참석하며 한국 전통 문화를 알리고 전하는 이른바 '한복 외교'를 전파하며 상대국에 대한 존중과 이해를 통해 외교 성과를 배가했다는 평가를 받았다. 하지만 국정농단 사건[11] 이후에 문제시되었던 박근혜 대통령의 패션으로 인한 국고 낭비 문제는 공식적인 의전 담당의 역할이 아닌 개인 인력을 사용했기 때문이라 생각한다. 따라서 비용적 측면을 완화할 수 있는 기존 연구[12]는 대중의 지지를 기반으로 등장하는 여성정치리더의 선호 이미지 구축을 위한 정무복 패션디자인을 일반유권자들의 요구로부터 기인하여 3D 가상의상으로 제안하였다. 이처럼 일반적인 부분을 도식화해서 나타내고 이후 전문가의 손길을 거친다면 그 절차의 복잡성을 줄이고, 최소 인력을 동원할 수 있을 것이다.

•

11 박근혜-최순실 게이트, 2016년 10월 당시 박근혜 대통령의 비선실세인 최순실 씨가 국정에 개입했다는 의혹이 보도되면서 시작되어 박근혜 전 대통령의 탄핵과 구속으로 이어진 사건

12 신지영, 김숙진 (2016). 유권자 선호이미지 구축을 위한 여성정치리더의 패션디자인 연구. 복식, 66(7), 154-170

4) 음식

나폴레옹 전쟁 이후 비엔나에서 열린 전후 협상회의에서 탈레랑[13]은 패전국의 외교관으로 참석했다. 그의 가장 효과적인 협상 수단은 만찬 테이블이었다. 그는, "내게 훌륭한 요리사들을 보내주시오. 나머지는 내가 알아서 하겠소"라는 말을 남기며 냄비외교 "Diplomatie des casserols"의 주인공이 되었다. 모든 것이 식탁에서 이뤄진다고 믿은 탈레랑은 최고급 만찬을 마련하며 각국 대표들의 마음을 사로잡았다. 프랑수와 드 깔리에르[14]는 좋은 음식을 함께 나눈다는 것은 사람들을 화해시키고, 서로에게 친밀감을 가지게 하며, 마음을 열게 한다. 와인으로 취기가 오른 상대로부터 생각지도 못한 중요한 비밀까지 알아낼 수 있다며 음식과 와인이 효과적인 외교수단이라고 주장했다. 마리 앙투안 카렘[15]은 위대한 외교관은 훌륭한 요리사를 거느려야 하며, 외국 주재 대사로서 조국에 충성하려면 맛있는 식탁을 가지고 있어야 한다고 주장했다. 현재에도 국가 간 교류나 주요 협상 장에 만찬이 필수불가결한 의전 중 하나로 인정되는 이유이다. 기분이 좋아지면 어떤 까다로운 문제라도 기꺼이 서로 논의하고 문제에 대한 해결책을 찾아내거나 합의점을 찾기 위해 적극적으로 노력하게 된다. 2018년 남북정상회담 만찬 중 가장 화제가 되었던 메뉴는 평양냉면이

•

13 프랑스의 정치가이자 외교관.

14 프랑스 외교관

15 페이스트리(pastry)와 케이크(cake) 부분에서 세계 역사상 처음 셰프(chef) 였던 19세기 프랑스의 천재 요리사.

다. 또한 문재인 대통령의 어린 시절의 영감을 통한 달고기 구이와 스위스에서 유년 시절을 보낸 김정은 위원장을 위한 스위스 식 감자전 그리고 마지막으로 '민족의 봄'이라는 메시지를 담은 디저트 망고무스와 같이 메시지가 담긴 요리를 준비했다. 이는 긍정적 여론을 형성하며 협상장의 고무적인 분위기를 유도하는 데에 커다란 의미가 있다.

2. 비국가적 행위자의 문화외교

1) 기업을 통한 국가이미지제고

더 이상 국가적 행위자로 국한되는 외교는 막을 내렸다. 다양한 행위자의 역할이 국가 이미지 향상에 있어서 필수적이며, 혹은 공식적 외교 활동보다 효과적일 수 있다. 비국가적 행위자 사이에서 가장 체계적인 시스템을 지니고 있으면서, 의도적이지 않은 행위자를 선택하고자 기업을 선정했다. 또한 한류를 통해 형성된 한국 국가 브랜드 이미지에 관한 연구 논문[16]에서 다루어진 가설 중 특히 한국기업 대한 영향이 0.90으로 매우 높게 나타났다. 자국의 기업은 글로벌 마케팅을 통해 제품 이미지뿐 아니라 기업 이미지와 국가 이미지에도 영향을 미친다. 또한 한국 국가 브랜드 제고에도 큰 역할을 한다.

16 이창현, 김유경, 이효복(2010). 한류경험의 유형이 국가브랜드 이미지와 기업 및 제품의 인식에 미치는 영 향에 관한 연구. 광고연구(87), 364-391

대한민국의 대표적인 글로벌 기업인 삼성전자의 2013년 기업 실적을 살펴보면, 매출액 2,155억 달라, 영업이익 346억 달러를 기록하고 있다. 이러한 성과는 GGC(Global Growth Companies)[17]기준을 훨씬 초과하는 괄목한 성장으로서 삼성전자의 기업이미지는 물론 대한민국의 위상을 동시에 높이고 있는 것이다. 또한 브랜드파워 차원에서 2014년 삼성전자의 브랜드파워가 전 세계 기업들 중 8위를 차지할 정도로 세계 각국에서 수많은 경쟁자들과 어깨를 나란히 하며 삼성과 대한민국의 위상을 동시에 높이고 있다.[18] 기업이 국가 브랜드를 제고할 수 있는 방법은 다양하다. 먼저 지역 사회 공헌 활동(CSR)[19] 더 나아가 공유 가치 창출(CSV)[20]을 통한 선한 기업 이미지 제고를 통한 방법이 있다. 다음으로는 고품질 제품을 통한 탄탄한 기업 이미지 창출 및 신뢰 형성이 있다. 예시로 샤넬(Chanel), 벤츠(Mercedes Benz)와 같이 자국 이미지를 브랜드화하여 국가와 기업이 상호적으로 높은 브랜드 가치를 이룩한 사례가 있다. 관련 연구로 원산지에 따른 지불기대 가격 차이를 비교하여 국가브랜드가 국가경제와 직접적으로 강력한 관계가 있음을 입증하는 것이다.

다음 표는 국가 이미지에 따른 지불기대 가격을 제시한 것이다.

•

17 세계경제포럼(World Economy Forum)에서 사용된 경제 용어, 세계 경제를 선도할 잠재력을 지닌 기업.

18 진용주, 박창일 (2016). 기업의 소프트파워를 활용한 국가커뮤니케이션이 현지수용자의 관광의향에 미치는 효과. 지역과 커뮤니케이션, 20(2), 31-61

19 Corporate Social Responsibility, 기업의 사회적 책임

20 Creating Shared Value, 공유 가치 창출 활동.

표 2 한국과 비교한 여러 국가 제품들의 지불기대 가격

국가	일본	중국	독일	미국	한국
지불기대가격	148.7	71.2	155.0	148.6	100.0

즉 국가 이미지에 반대로 국가 이미지로부터 기업 이미지의 강화도 이뤄질 수 있는데 이것을 원산국 효과(country-of-origin effect)라 부른다. 이는 정부 대표들이 할 수 있는 것보다 국민들에게 더 큰 효과를 일으킬 수 있다. 일자리 창출로 인한 내수시장 강화 및 나아가서 국내 총생산(GDP)이 높아질 수 있다. 이는 곧 하드파워(Hard power) 강화로까지 이어질 수 있는 가능성을 지닌다.

2) 한국의 대중문화가 국가브랜드 이미지에 미치는 영향

최근 한류(寒流)[21]가 전 세계적으로 한국을 알리는 하나의 요소로 역할을 다하고 있다. 한류는 주로 한국의 드라마에서 촉발된 한국의 다양한 문화에 대한 접촉을 바탕으로 중국, 일본을 비롯하여, 동남아시아, 중앙아시아 지역에 미치는 영향력 있는 문화현상을 일컫는 용어이다(김재은·박길순, 2004; 정상철·안성배·임초정, 2002; 김유경 등, 2008). 한류의 시작은 영화와 드라마와 같은 영상에서 시작해서 K-POP과 같은 음악적 영역까

21 1990년대 말부터 아시아에서 일기 시작한 한국 대중문화의 열풍

지 이어져오고 있다. '겨울연가'[22]는 일본에서 히트를 친 한국 드라마인데, 드라마의 배경이 되었던 강원도 춘천 남이섬을 방문하는 일본인 관광객의 수가 증가했다. 또한 드라마 '대장금'은 또한 큰 인기를 얻어 많은 관광객을 한국으로 유치했다. 2017년 외국인 관광객 실태조사 보고서에 따르면, 2013년 외국인 관광객 중 한국 방문 이유로 한류를 내세웠던 비율은 7.3%였으나 4년 후인 2017년에는 10.7%로 늘어났다. 한류의 창출효과는 단순히 수출입에서 나타나는 가시적인 이익으로 그치는 것이 아니라 '프로도 경제효과'[23]와 같이 잇따른 경제 효과를 불러일으킨다. 2019년 5월 25일 봉준호 감독의 영화 '기생충'은 한국 최초로 칸 국제영화제 황금종려상을 수상했다. 스크린에 오른 이후 개봉 첫 주에 336만 명의 관객을 유치하며 박스오피스 1위를 차지했다. 〈스포츠서울〉에서 전문가 100인에게 실시한 한류 실태 조사에서는 무응답을 제외한 96표 중 86표를 얻어 방탄소년단(BTS)가 차지했다. 방탄소년단은 7개 앨범이 연속 빌보드 200 차트에 올랐고 미국 빌보드 메인 차트인 빌보드 200위에서 1위로 진입하였다. 또한 한류에서 그치는 것이 아니라 2018년 9월 25일, 미국 뉴욕의 UN 본부 신탁통치이사회 회의장에서 열린 유니세프의 새로운 청소년 어젠다 '제너레이션 언리미티드'(Generation Unlimited) 파트너십 출범 행사에 참석하여 연설을 하였다. 이는 한류의 영향력이 단순히 경제·문화적 가치에 머무르지 않는다는 것을 보여준다. 아시아문화산업교류재단이 산업정책연

•

22 대한민국의 KBS 2TV에서 2002년 1월 14일부터 2002년 3월 19일까지 방영된 KBS 월화 미니시리즈이다.

23 영화에 의해 신규 고용 창출 효과 등 부수적으로 얻게 되는 경제적 효과 뉴질랜드가 영화 〈반지의 제왕〉덕분에 막대한 경제적 수익을 얻은 현상을 일컫는다.

구원에 의뢰한 연구에 따르면 한류의 경제 효과가 4조 5000억 원에 이르는 것으로 나타났다(산업정책연구원, 2005). 이와 더불어 한류가 국가 브랜드 이미지에 미치는 영향을 연구한 기존 연구[24]를 살펴보면 연구에서는 영화·드라마와 같은 시청각적 자극에 의한 무형적 한류와 시각적 자극뿐만 아니라 촉각적 자극까지 포함되는 의류디자인(패션)과 미각적, 후각적 자극을 주로 하는 가공 식품(김치 등 음식)과 같은 유형적인 측면의 한류를 구분하고, 이러한 한류 유형에 따라서 국가브랜드 이미지 형성에 있어서 어떠한 차별적인 영향이 있는가를 살펴보고자 하였다(이창현, 김유경, 이효복, 2010). 연구의 결과로 직접 접촉을 통해 획득한 유형적 한류에 대한 경험(tangible experience)이 무형적 한류에 대한 경험(intangible experience)에 비해 태도와 행태에 미치는 영향이 강하다는 결론에 이르렀고, 이는 앞으로 유형적 한류의 영역을 강화할 필요성을 제시해주는 근거가 되었다.

국가 행위자와 비국가 행위자가 한류를 통한 국가 브랜드 가치를 제고하고자 하는 정책을 마련하고 실행하는 과정에서 직접적으로 참여할 수 있는 전략을 마련하는 것이 보다 효과적일 것이다.

24 이창현, 김유경, 이효복 (2010). 한류경험의 유형이 국가브랜드 이미지와 기업 및 제품의 인식에 미치는 영 향에 관한 연구. 광고연구(87), 364-391

Ⅲ. 결론

1. 공공외교 강화 방향

1) 외교부 전문 의전 부서 설립

현재 의전을 담당하고 있는 부서를 구분하기 편하게 대통령 산하와 외교부 담당의 의전 부서로 나누어보았는데, 외교부 홈페이지 참고를 통해서 찾아낸 결과 전문적인 부서는 존재하지 않고, 자문위원을 위촉해서 의견을 듣고 행사를 진행하고 있다. 대통령은 행사 기획 자문 위원과 청와대 의전 비서관을 두어 의전을 하고 있는 것으로 알 수 있었다. 현재 대통령 청와대 의전 비서관은 음주 운전으로 인해 공석이며, 행사 기획 자문 위원은 사회적으로 논란이 되고 있다. 물론 직책의 문제가 아닌 본인의 문제인 것은 사실이지만, 임명직이라는 한계가 가지고 있는 논란일 수 있다. 현재 존재하는 자문위원은 분야별 전문인력의 필요성을 보여주는 예시이기에 전문적인 의전 전담팀을 구성하는 것에 근거가 될 수 있다고 생각한다. 기존 모델의 한계는 대통령 개인의 전담으로 존재하거나 임시직이기에 대통령의 임기가 바뀌면 새롭게 구성된다는 점에서 업무의 연장도가 떨어지며, 비리 혹은 정치적 문제에 휩싸여 역할을 다하지 못한다. 협상에 있어서 상대를 파악하는 것이 가장 중요하듯, 상대 국의 문화와 행동양식 생각을 파악하고 임하는 것과 그렇지 못한 것의 실패와 성공을 가르는 것이기에 의전 기획에 나라와 상황 별로 분석을 통해 협상에 임해야 한다. 따라서 국제 행사 전문 요리사, 국제 행사 담당 코디네이터, 또한 공공외교 마케팅 담당자와 같은 전문적이고 지속적인 인력 양성에 힘써야 한다. 물론 성급하게 구축하는 모델에는 한계가 존재할 수는 있지만 한국의 대외적인 신뢰도 향상을 위한 전문성 구축과 매력 한국으로 브랜딩을 위해 역사와 독창적인 문화를 녹여낼 수 있는 능력을 갖춘 의전 부서의 설립은 장기적으로 필요하다.

2) 미디어 활용

맥클렐란(Micahel McClellan 2004)의 '공공외교 커뮤니케이션 피라미드 모형'에서는 대상국가의 대중들로 주체국가에 대한 호감이나 지지가 증가되어 궁극적을 이를 기초로 대상국가와 주체국가 간의 협력이나 합의를 이끌어낸다는 이론이다. 이의 첫 단계인 인지 단계에서는 주체국가가 대상국의 국민으로부터 인지를 이끌어내야 하는데 매체를 활용해야 한다고 주장한다. 주체국은 적대국으로 우호적인 이미지를 얻기 위해서 자국 내 라디오 방송국 등의 정보수단을 사용해 인식을 변화할 수 있다. 예시로 미국에서는 '미국의 소리'[25]를 활용했다. 하지만 현재는 이 이론이 등장한 지 약 15년이 흘렀기에 라디오 방송국 혹은 뉴스보다 다양한 매체를 활용할 수 있다. 유튜브(Youtube)[26]를 통해서 누구나 전 세계의 사람들에게 영

25 미국 연방정부 산하 독립 기구인 USAGM(옛 BBG)에서 운영하는 국제방송. 원래 국무부 직속이였으나, 그 이후 조직 개편을 거쳐 지금의 USAGM 산하가 됐다

26 구글이 운영하는 동영상 공유 서비스로, 사용자가 동영상을 업로드하고 시청하며 공유할 수 있도록 한다. 당신(You)과 브라운관(Tube, 텔레비전)이라는 단어의 합성어.

상 매체를 전달할 수 있는 시대가 도래했고, 소셜 네트워크 서비스(SNS)[27]는 짧은 글과 사진을 통해서 자신의 생각을 손쉽게 공유할 수 있는 사회가 도래했다. 이외에도 다양한 매체와 초고속 인터넷은 시공간의 제약을 없애고 국경을 모호하게 했다. 대한민국 외교부 홈페이지[28]는 공공외교 홈페이지를 산하에 만들어 유튜브 채널을 운영하고 있다. 또한 대한민국 외교부는 공식적으로 소셜 네트워크 서비스에 계정을 두고 다양한 홍보를 진행하고 있다. 그럼에도 불구하고 보다 활발하게 한국을 나타낼 수 있는 공식적인 미디어의 양과 질이 부족하다. 앞선 피라미드 모형의 두 번째 단계는 관심을 가지게 된 집단에게 지속적으로 관심을 가질 수 있는 환경을 조성하는 것이다. 최근 한류를 통해 한국에 대한 관심도가 높아진 대중들에게 한국의 역사, 사회, 정치, 언어, 음식 등 다양한 방면의 정보를 노출시키면서 관심의 증대를 이끌어내는 것이 중요하다. 각 국에 한국의 언어를 배울 수 있는 어학당과 문화원 그리고 더 나아가 다양한 프로그램을 개설하는 것이다. 세 번째 단계에 이르렀을 때에는 보다 깊이 있는 지식을 습득할 수 있도록 하는 것이다. 이 단계에서는 전문가의 강연, 인터뷰, 비디오와 같은 분야와 영화까지도 포함한다. 미국의 예시로 할리우드(Hollywood)[29]에서 생산되는 영화 중에는 무의식적으로 미국에 대한 긍정적 이미지를 대중에게 주입하는 형태의 영화들도 생산된다. 캡틴 아메리카와 같은 영화는 경찰국가의 미국 이미지를 공고화하는 역할을 했다. 더 나아가 대학 강연이

•

27 특정한 관심이나 활동을 공유하는 사람들 사이의 관계망을 구축해 주는 온라인 서비스

28 대한민국 외교부 http://www.mofa.go.kr/

29 로스앤젤레스에 있는 미국 영화 산업의 중심지

나 세미나 등을 통해서 학문적 영역을 교류할 수 있고, 학술 교류나 교환 프로그램 운영도 이에 속한다. 마지막 단계인 네 번째 단계에서는 언론인, 정치 지도자들이 자국의 이익에 반하지 않는다는 전제를 두고 주체국가의 입장을 지지하는 단계를 뜻한다. 이는 아마도 대한민국의 정치·역사적 과제로 남아 있는 독도, 위안부, 동해 문제 등을 효과적으로 해결하는 데에 있어 가장 효과적인 방법론일 듯하다. 여전히 여론 지도자들의 우호적 태도는 대중들의 호감도를 상승할 수 있는 요소이다. 이 방식은 시간이 오래 걸린다는 단점을 가지고 있다. 장기적으로 목표를 이루기 위해서는 기존 세대에서 끝나지 않도록 지속적인 교육을 통한 인식 개선이 이뤄지는 것이 핵심이다.

2. 연구의 한계점

1) 외교부 전문 의전 부서 설립의 한계

외교부 전문 의전 부서라는 새로운 부서를 창안하는 한계점은 선행 연구가 존재하지 않는다는 점에서 한계점을 가지고 있다. 하지만 국가마다 의전부서는 존재하고 있고 그 방식이 다를 뿐이다. 또한 미국과 프랑스를 비롯한 선진국은 기존부터 문화외교 측면을 강화하는 노력을 다해왔다. 최근 미국의 패권을 위협하는 중국의 경우 소프트파워의 한계를 인지하고 투자를 진행하고 있다. 이러한 흐름은 새로운 부서 모델을 도입하는 두려움을 낮출 수 있다고 생각한다. 다음으로 비용적 측면에서 우려를 드러내는 점은 이미 존재하는 온라인 공공 외교부서의 역할을 새로운 외교 의전 부서에서 담당하는 것을 통해 완화할 수 있다. 더불어 외교부에서 시행하고 있는 다양한 활동들을 총괄해서 진행한다면 보다 완성도 있는 의전을 진행할 수 있다고 예상된다. 마지막으로 국제 회의 의전교육 프로그램 모델을 변형할 필요성이 존재한다. 아마추어에게 맞긴 의전으로 인한 잇따른 실수가 발생하는 주요 원인은 실무에 훈련되지 않은 인력을 투입하기 때문이다. 기존 연구[30] 중 국제회의 의전 교육 프로그램의 현황과 문제점을 분석한 현황은 특강식이 전체 교육의 66.9%를 차지하고 있었으며 진행 방법을 살펴보면 강의중심(77.6%), 실습중심(6.7%), 현장견학중심(6.5%) 등의 방식으로 진행되고 있었다. 이는 실무의 취약성을 드러내는 연구결과이다. 따라서 본고는 호스피탈리티(Hospitality) 모델에서 착안한 해결책을 제언하고자 한다. 호텔 조직도를 살펴보면 다양한 부서를 산하에 두고 총괄적인 관리를 다한다. 심지어 대학교에는 호텔경영학과를 두고 전문 인력을 양성하고 있다. 반면 외교부 의전 교육을 담당하는 전문양성기관도 부족하고 의전 교육에 관한 지침서도 거의 존재하지 않는다. 교육이 이루어진다 하더라도 일시적인 강의의 개념으로 이루어지고 있다. 지속적이고 체계적인 교육을 통한 전문인력 양성이 필요하다.

•

30 황혜진, 김재연 (2006). 국제회의 의전교육 프로그램에 관한 기초연구. 비서사무경영연구, 15(2), 31-49에서 진행한 국제회의 의전 교육 현황에 관한 연구

2) 비국가적 행위자의 공공외교 한계점

비국가적 행위자는 외교를 목적으로 두지 않는다는 점에서 체계적이지 않을 수 있다는 한계를 가지고 있다. 또한 공공외교 총괄과 조정 체계가 부재하여 활동 현황을 파악하기 어렵다는 어려움이 존재한다. 민간의 경우 대상 국가의 상황이나 국민적 특성을 감안하지 못한 채 일방적으로 추진되어 우리나라에 대한 긍정적 인식과 호감도로 효과적으로 이어지지 못하는 경우도 존재한다. 반면 목적으로 하지 않는다는 점에서 오히려 긍정적인 효과를 가지고 올 수 있다는 기대를 할 수 있다. 자국에 직접적인 이익이 되지 않더라도, 의도 없이 선하다고 판단되는 활동을 행할 때 중견국의 입지를 가질 수 있으며, 타인으로부터 호감을 얻을 수 있다. 따라서 앞으로의 비국가적 공공외교에 있어 그 중요성은 확대될 것이고, 따라서 이를 위한 국민들의 인식 개선과 국민 소양을 높일 수 있는 장기적인 교육 방법 모색 및 실행에 목표를 두어야 한다.

Ⅳ. 참고문헌

이성우 (2014) 연성국력(Soft Power)의 변인과 측정의 신뢰도에 대한 경험적 연구. 국제지역연구, 18(4), 29-54

한지은, 정성혜 (2011) 미셸 오바마의 패션 색상 연구 -패션 정치의 관점에서-, 한국패션디자인학회지,11:1, 89-102

전희락 (2010) 정치인 이미지 형성 메커니즘에 관한 연구 - 플라시보 효과와 노시보 효과를 중심으로, 정치커뮤니케이션 연구, 16, 303-344

김성복 (2004) 이미지 시대 패션과 정치, 영상문화, 9, 59-72

윤기웅, 김병규 (2014). 문화외교의 성과 및 성과에 영향을 미치는 요인 분석. 한국행정논집, 26(4), 769-792

최진우(Jinwoo Choi).(2013). 문화이교의 이론과 실천 : 개념의 재구성과 목표의 재설정. 동서연구, 23(2): 1-22

황혜진, 김재연 (2006). 국제회의 의전교육 프로그램에 관한 기초연구. 비서사무경영연구, 15(2), 31-49

신지영, 김숙진 (2016). 유권자 선호이미지 구축을 위한 여성정치리더의 패션디자인 연구. 복식, 66(7), 154-170

최용석, 김효미 (2016). 소셜 미디어를 이용한 공공외교가 국가이미지와 국가 브랜드에 미치는 영향에 관한 연구. 한국콘텐츠학회논문지, 16(3), 426-438

김우상 (2013). 대한민국의 중견국 공공외교. 정치정보연구, 16(1), 331-350

주미영 (2016). 국제적 신뢰를 위한 문화외교와 정부지원에 대한 비교 연구. 국제지역연구, 20(3), 55-87

주미영 (2015). 글로벌 신뢰국가 이미지 형성을 위한 한국의 공공외교 연구. 정치정보연구 , 18(2), 31-58

김우상 (2013). 대한민국의 중견국 공공외교. 정치정보연구, 16(1), 331-350

진용주, 박창일 (2016). 기업의 소프트파워를 활용한 국가커뮤니케이션이 현지 수용자의 관광의향에 미치는 효과. 지역과 커뮤니케이션, 20(2), 31-61

이창현, 김유경, 이효복 (2010). 한류경험의 유형이 국가브랜드 이미지와 기업 및 제품의 인식에 미치는 영 향에 관한 연구. 광고연구(87), 364-391

4

한국의 신남방정책의 의미와 한계

— 대만의 신남향정책에서 교훈 찾기

정치외교학과
유서현

요약 문재인 정부는 출범 이후 신남방정책과 신북방정책 추진을 제시했다. 신남방정책과 신북방정책을 통해 동남아, 동북아를 번영의 축으로 삼아 경제 발전하는 것을 목표로 한다. 여기서 주목하는점은 신남방정책에서 문재인정부가 꿈꾸는 아세안·인도와의 관계 강화를 중심으로 협력체제를 주변 4강국 수준으로 끌어올리고자 하는 점이다. 본 논문에서는 문재인 정부의 신남방정책에 대해 살펴보고 이를 대만의 신남향정책과 비교해 어느 부문에서 더 발전해 나가고 경쟁에서 우위를 차지할 수있는지 분석할 것이다. 그리고 신남방정책이 가지고 있는 한계점을 비판하며 이에 대한 해결책을 제시하여 정책이 어떤 방향으로 나아가야 할 지 의견을 제시함과 동시에 정책의 비전을 살펴볼 것이다.

I. 서론

노태우 정부부터 한국 정부는 아태지역 내 생기는 여러 다자안보협력과 회의에 참여하여 아태지역 내에서 위치를 확보하고자 노력했다. 그리고 박근혜 정부부터 동남아 지역의 경제 잠재성을 확인하고 경제협력을 확대하여 국익 증진을 위해 노력했다.[1] 문재인 정부는 박근혜 정부의 동남아 정책을 계승해 장점을 살리고 단점을 보완하는 방식으로 2017년에 신남방정책을 제시했다.

동남아 지역과 협력체제를 만드는 정책은 한국 정부 이외에도 다른 국가에서 시행되어 왔으며, 거의 시작단계라 볼 수 있는 한국과 달리 중국과 일본은 각 국가의 기업이 동남아에 진출해 자리를 잡고 있다. 또한 중국과 일본은 동아시아 지역에서 강한 힘을 가지고 있으며, 지역 패권을 얻기

---

1 김혜숙, "북한 사람에 대한 고정관념, 감정과 태도," 『한국심리학회 학술대회 자료집』 제(1)호 (2000), pp.19-45, 전우영, 조은경, "북한에 대한 고정관념과 통일에 대한 거리감", 『한국심리학회지: 사회 및 성격』 제14권 (1)호 (2000), pp.167-184, 전우영, "북한에 대한 두 가지 고정관념", 『한국심리학회 학술대회 자료집』 제(1)호 (1998), pp.797-803.

위해 경쟁하고 서로를 견제하는 국가이다. 신남방정책을 발전하고 동남아 지역과 안전한 협력체제를 만들기 위해 중국과 일본의 정책과 비교하고 본받을 점과 본받지 않을 점을 분석하는 것은 큰 도움이 될 수 있다. 그러나 중국과 일본이 동남아 지역에 정착한 사례는 한국의 사례와 맞지 않다고 판단된다. 우선 중국은 미국을 위협하는 패권국이고, 일본은 오래전부터 지역 패권을 갖고 있다. 강대국인 두 국가는 동남아 지역과 협상을 할 때 비교적 우위에 처할 수 있고 다른 국가의 눈치를 보며 정책을 진행하지 않아도 되는 상황에서 정책활동을 할 수 있다. 이러한 강대국의 상황과 한국의 상황은 맞지 않다고 생각되기 때문에 논문에서는 중국과 일본의 사례를 한국과 비교하지 않는다.

대신 대만의 신남향정책과 비교·분석해 신남방정책을 평가할 것이다. 왜 대만이냐 하면, 대만은 지리적으로 인접해 있는 국가인 동시에 주변 강대국으로 인해 힘을 얻거나 발휘하지 못하는 지정학적 위치에 있다. 또한 대만의 차이잉원 정부가 출범한 후 신남향정책을 제시한 시기와 문재인 정부가 신남방정책을 제시한 시기가 비슷하다. 즉 한국과 대만은 동남아 지역과 협력체제를 만들기 위해 비슷한 위치에서 경쟁하는 국가로 볼 수 있으며, 아직 동남아 지역에 정착하지 못한 상황이므로 비교를 통해 한국의 발전 방향과 강점, 약점을 살펴보기 용이하다. 시행되고 있는 두 정책을 비교하는 것은 다소 무리가 있을 수 있으나 경쟁 국가의 정책과 비교를 통해 더 유리한 방향으로 정책을 변화시킬 수 있고 경쟁 국가의 약점을 알아내 우위에 설 수 있다. 따라서 무리를 다소 감소하고서 두 국가의 정책을 비교하는 것은 의미 있다고 본다.

Ⅱ. 본론

1. 동북아플러스책임공동체와 신남방정책 추진 배경

동북아플러스책임공동체는 미-중 간 패권경쟁, 북핵 위협, 다자주의 협력체제 부재 등으로 인해 불안정한 동북아 지역의 안보위기를 극복하기 위해 구상된 외교기조이다.[2] 이 기조는 문재인 정부가 처음 제안한 것이 아니라 노태우 정부를 시작으로 역대 대통령들이 추진해 온 다자외교정책이다. 문재인 정부는 역대 대통령의 정책 기조를 계승하는 것뿐만 아니라 박근혜 정부의 '동북아평화협력구상'도 계승해 정책의 일관성이 없는 한국 정부의 문제점을 보완했다. 문재인 정부는 동북아플러스책임공동체의 실천과제로써 '동북아평화협력플랫폼' 구축과 신남방정책, 신북방정책 수행을 말한다. 이 중에서 플랫폼은 다자협력체제를 만들어 안보·경제·사회·문화 등 다양한 부문에서 협력하는 것을 추구한다. 그리고 이와 함께 따라가는 정책이 신남방정책과, 신북방정책으로 동북아평화협력플랫폼을 뒷받침한다고 볼 수 있다.[3]

---

2 감정을 보는 시각은 크게 신체의 변화를 강조하는 '지각주의' 와 지식에 근거한 판단을 강조하는 '인지주의' 로 구분되는데, 이 글에서는 신뢰 감정의 인지주의적 측면에만 집중한다. 인지적 판단을 통한 신뢰 감정이 그 발현을 위하여 필수적으로 요구되는 지식에 내재된 사회적 특성이 글의 주제인 대북 고정관념과 맞닿아 있고, 신뢰 개념 자체가 정보를 전제하고 있기 때문이다. 황희숙, "감정과 지식",『철학연구』 제100집 (2013), pp.267-307.

3 황희숙 (2013), p.287.

신남방정책은 문재인 정부의 중요한 외교기조인 동북아플러스책임공동체의 일환으로 신북방정책과 함께 제시된 정책이다. 이 정책의 주요 목표는 3P로 People(사람), Prosperity(상생번영), Peace(평화)이다.[4] 그리고 궁극적으로 추구하는 목표는 동북아에 편향된 정책을 뛰어 넘어 남방·북방 지역을 '번영의 축'으로 삼는 것이다.[5] 또한 신남방정책을 통해 동남아 지역과 견고한 경제협력을 이루어 한국의 경제협력 지역을 확대하고 다자안보체제를 형성하여 동아시아의 평화를 이루는 것을 지향한다. 마지막으로 동남아 지역과의 협력을 주변 4강(미국, 중국, 일본, 러시아) 수준으로 격상시키고 중견국으로서 국제역할의 확대를 추구한다.

2. 동남아 지역 경제협력체제의 필요성

한국이 지리적으로 위치해 있는 동북아 지역은 주변 4강의 영향력으로 인해 다른 국가가 힘을 키우거나 영향을 확대하기 힘든 구조에 있다. 이는 한국 또한 포함되는 이야기로 지금까지 한국은 주변에 위치해 있는 강대국의 눈치를 보며 정책을 세우거나 진행하였다. 이런 상황에서 한국이 영향력을 더 갖추고 주변국의 눈치를 덜 보기 위해서는 동남아 지역과 협력할 필요가 있다.

4 박통희, "신뢰의 개념에 대한 비판적 검토와 재구성", 『한국행정학보』 제33권 (2)호 (1999), pp.1-17.

5 박통희 (1999), p.4

그렇다면 왜 동남아 지역과 협력해야 할까? 동남아 지역, 즉 신남방 지역은 빠른 성장세와 인구수, 방대한 내수시장을 가지고 있다. 동남아 지역 인구수와 인도 인구수를 합하면 세계인구의 약 27%가 살고 있는 지역이며, 젊은 인구가 많은 비중을 차지하고 있다. 또한 현재 인프라 사업이 활발히 이루어지고 있다. 이처럼 경제 블루오션인 동남아 지역은 무역의존도가 높은 한국에게 매력적인 시장이다. 이에 따라 한국은 동남아 지역 중 베트남, 홍콩, 인도, 필리핀, 싱가포르와 무역거래를 하고 있으며 중요한 무역 파트너로 자리잡았다.[6]

정리하자면 무역의존도가 높은 한국의 특성상 앞으로 한국의 경제성장은 무역을 통해 이루어질 것이므로 안전하고 견고한 무역 파트너를 만들어야 한다. 그리고 무역을 할 때, 주체적이고 능동적으로 진행해 국익을 향상시켜야 한다. 이를 위해서 동남아 지역과 다자협력체제를 구성해야 한다. 적극적인 자세로 동남아 지역의 협력을 이끌어내 국익을 증진시키고 한국의 위상을 드높여야 한다.

3. 신남방정책의 현황

2017년부터 시작된 신남방정책은 경제협력을 중심으로 활발히 진행되고 있다. 여러 나라와 협력하며 동남아시아 진출에 활력을 불어넣고 있

6 박통희 (1999), p.7

는데 그 중에서도 눈에 띄는 성과를 보이고 있는 나라는 베트남이다. 베트남은 일본을 넘어서는 중요한 무역 파트너로, 중국과 미국 다음으로 베트남이 3위를 차지할 정도이다.[7] 현재 베트남에는 한국 기업이 많이 진출해 있는 상태이며 그 중에서 가장 성공적으로 자리를 잡은 기업은 삼성전자이다. 2019년 3월경에 이해찬 의원이 베트남을 직접 방문하기도 하고, 국내 대기업은 물론 도에서도 관심을 가질 정도로 신남방 국가 중 중요하게 평가되는 국가이다. 또한 베트남은 KB금융의 관심을 전폭 받고 있다. KB손해보험이 베트남 현지 보험사를 인수하면 KB금융은 탄력을 받아 베트남에 진출하기 유리한 환경이 만들어지게 된다.[8] 마지막으로 부산에서 베트남 호치민 전시장에서 '엔텍 베트남(ENTECH Vietnam) 2019'를 개최할 예정이다.[9] 이는 한국의 신남방정책이 경제에만 치우쳐 있지 않고 환경 문제 등 다방면에서 신남방 지역에 진출하려는 것을 알 수 있다.

또 다른 국가는 태국이다. 태국은 경제성장의 잠재력이 매우 큰 국가로 한국 정부는 기술보증기금을 내세워 한국과 태국의 혁신중소기업을 지원하는 정책을 추진하고 있다.[10] 이 정책은 태국을 시작으로 그 효과

7 박통희 (1999), p.4

8 신뢰를 정의하는 이론과 변수들은 매우 다양하지만, 신뢰에 영향을 미치는 변수로 신뢰 대상의 능력, 일관성, 개방성, 배려, 집단적 동질성, 가치이념적 동질성, 신뢰자의 도덕관, 사회자본, 신념 등을 대표적으로 들 수 있다. 박통희, "신뢰의 개념에 대한 비판적 검토와 재구성", 『한국행정학보』 제33권 (2)호 (1999), pp.1-17, 주미영, "글로벌 신뢰 구축을 위한 외교정책 모색", 『정치정보연구』 제17권 (1)호 (2014), pp.49-76, 이상신, "우리는 북한을 신뢰할 수 있는가?", 『한국정치학회보』 제47집 (4)호 (2013), pp.113-133.

9 '역사에 기초한 신뢰 모델'이라고도 표현된다. 이상신 (2013), p.119

10 박통희 (1999), p.8

가 증명되면 다른 신남방 국가와도 추진할 계획이다. 기술보증금은 중소기업을 지원하고 뒷받침하는 정책이므로 중소기업이 많은 신남방 국가에 많은 도움이 될 것이다. 경제 말고도 문화적 교류도 눈에 띈다. 지난 6월 7일 산업·문화 엑스포 '2019 방콕 한류박람회(Korea Brand & Entertainment Expo, Bangkok)'가 열렸다.[11] 이는 한류를 통한 정책도 신남방정책에 많은 도움이 되며, 신남방 국가에 안전하게 진출하는데 도움을 준다는 것을 보여준다.

이 외에도 필리핀과 FTA를 추진하고 있고, 인도에 자동차 산업 진출을 노리고 있다. 또한, 신남방 국가 전체 지역에 금융기업이 진출하고 있으며 효과도 보고 있다. 금융감독원에 따르면 2018년 국내 금융회사 해외점포 당기순이익은 2017년 대비 37% 상승한 12억 8300만 달러로 집계되었다고 한다.[12] 또한 국내 은행들의 해외점포 40%가 동남아 지역에 위치한다. 가장 안정적으로 자리 잡은 은행은 베트남에 있는 신한은행이다. 그리고 인도네시아 하나은행, 국민은행이 자리 잡고 있고, 캄보디아에는 국민은행이 있다.[13] 이를 봤을 때, 문재인 정부가 목표하는 경제협력지역 확대는 순조롭게 흘러가고 있다. 이런 방식으로 경제적 협력하는 국가를 늘려가는 것은 어렵지 않아 보인다

11 "연대감, 동일체 의식, 가치와 이념적 동질성의 정도가 높은 사람에 대한 정보를 긍정적으로 해석하는 경향은 경험적 연구를 통해서도 밝혀지고 있다." 박통희 (1999), p.7

12 주미영 (2014), p.54

13 이상신 (2013), p.119

4. 문재인 정부의 신남방정책이 갖는 한계

1) 정책의 비연속성

정책의 비연속성은 신남방정책의 한계이기 보다 우려되는 점이라고 표현하는 것이 맞다. 문재인 정부 이전까지 신남방정책 같은 동남아 지역을 대상으로 하는 정책은 연속성을 갖지 못했다. 이는 한국의 정부형태와 연관이 있다. 한국은 5년 단임 대통령제를 채택한 국가로 한 정부가 끝나고 다음 정부가 들어오면 전 정부에서 진행하던 정책이 끊기고 새로 시작되는 단점을 가지고 있다. 동남아 지역과 협력체제를 만들기 위해 전 정부가 정책을 세우고 노력해도 정부가 바뀌면서 정책이 변화하며 이어지지 않는 문제점이 있었다. 또한 새로운 정부가 들어서면서 처음에는 동남아 지역에 관심을 가졌으나 시간이 흐르면서 동남아 지역에 대한 관심이 줄어들어 적극적으로 정책이 진행되지 않았다는 분석이 있다.[14] 문재인 정부가 박근혜 정부의 '동북아평화협력구상'을 계승함을 표방하고 장기적 계획을 세웠다 하더라도 임기 말에 가서도 동남아 지역에 대한 관심이 계속 유지될지는 의문이다. 이런 이유 때문에 신남방정책의 한계가 아니라 우려라고 말하는 것이다.

동남아 지역에 대한 관심이 대통령의 임기 말로 갈수록 줄어드는 이

14 신뢰는 집합체의 속성이기도 하다. 신뢰 감정은 집단과 집단 간에도 '사회적으로' 발현될 수 있는 것이다. 그러나 집단의 모든 구성원이 특정 대상에 대해 동일한 정도의 신뢰도를 가지고 있다는 것을 의미하지는 않으며, 이 글에서는 신뢰 여부를 측정할 때 사용하는 기준, 인식론적 틀을 공유한다는 정도로 이해한다.

유는 정부와 국민이 주변 4강에 비해 아세안에 대한 인식이 부족하기 때문이다. 물론 현 정부는 동남아 지역에 대해 중요하게 인식하고 있으나 국민의 인식이 그에 미치지 못하는 것이 문제이다. 국민의 인식이 현 정부의 인식을 따라가지 못하는 이유는 국민들이 신남방정책에 대해 오해를 가지고 있기 때문이다.[15] 신남방정책을 단순히 동남아에 진출하기 위한 전략으로 이해하고 동남아 지역을 한국보다 낮게 보는 인식 때문이다. 즉 동남아 지역이 한국의 경제영토를 확장시키고 안보협력체제를 구축할 중요한 지역으로 보는 것이 아니라 단순히 한국의 국익 향상을 위한 지역으로 보는 것이다. 이러한 오해는 정부의 신남방정책 홍보가 부족했기 때문이라고 생각한다. 문재인 정부가 말하는 3P에 대한 홍보가 국민들에게 적절히 이루어졌다면 동남아 지역을 도구적으로 이해하는 것이 아니라 함께 미래공동체를 만들어 나가는 지역으로 이해할 수 있었을 것이다. 즉 정부가 국민에게 적극적이고 적절한 신남방정책 홍보를 하고 국민적 인식이 개선된다면 신남방정책의 연속성에 대한 우려는 줄어들 수 있다고 본다. 그리고 국민의 지지와 민간협의체와 함께 정책을 진행하는 것도 도움이 된다.

15 "고정관념은 대상집단에 대한 기존의 지식으로서, 이 기존의 틀에 의거하여 정보를 단순화시키므로 대상의 행동에 대해 자동화된 사고들을 불러일으키며, 빠르게 주의를 기울이게 하고, 이해하도록 하며 또한 해석을 돕는다. 한편으로 고정관념은 고정관념을 확인하는 방식으로 대상의 행동을 변화시키는 기대실현효과를 일으킨다. 이러한 자기확인적 정보처리 편파의 결과 고정관념은 재확인되어 유지, 지속 강화된다." 김혜숙, "집단범주에 대한 고정관념, 감정과 편견," 『한국심리학회지: 사회 및 성격』 제13권 (1)호 (1999), pp.1-33

2) 신남방정책 추진을 위한 제도와 인재 미비

신남방정책은 신북방정책과 달리 신남방정책을 추진하는 체계가 완전하지 못하다. 신북방정책은 대통령 직속 기구인 북방경제협력위원회가 있어 대내외적으로 컨트롤타워 역할을 충실히 수행하고 있다.[16] 반면 신남방정책은 신남방정책특별위원회를 두고 있지만 대내외적으로 컨트롤타워 역할을 수행하기엔 부족한 부분이 많다. 특히 금융정책을 진행하기 위한 컨트롤타워가 없어 금융기업들이 신남방 지역 진출에 어려움을 겪고 있다. 주형철 신남방특위 위원장의 말에 의하면 신남방 지역에 진출한 국내 기업들이 금융 인프라 부족 등으로 자금조달이 어려운 상황에 처해 있다고 한다.[17] 금융 뿐만 아니라 다른 부문에서도 정책추진기구가 완벽히 준비된 상태가 아니므로 신속히 신남방특위에 더 많은 인력을 쏟거나 원활한 진행을 위한 제도를 마련해야 한다.

문재인 대통령이 처음으로 신남방정책을 추진하겠다는 계획을 발표했을 때, 처음으로 신남방특위 위원장과 경제보좌관을 맡게 된 사람은 김현철 전 보좌관이다. 김 전 보좌관은 지난 1월 28일 신남방정책에 대해 알아보기 위해 연 간담회에서 50대, 60대에게 할 일이 없다면 산이 아니라 아세안에 가라고 말하거나 젊은이들에게 아세안에 가면 '헬조선'이 아니라 '해피조선'임을 느낄 것이라고 말하는 등 부적절한 발언을 해 논란을 샀

16 전우영 (1998), p.799, 김혜숙 (1999), p.129.

17 이현주, "북한의 집단정체성과 한반도 미래세대 사회통합정체성," 『아태연구』 제23권 (2)호 (2016), pp.277-310.

다.[18] 신남방정책 전체를 총괄하고 문재인 대통령의 경제보좌관을 맡은 사람이 한국 국민과 아세안 국가에 대한 실언을 내뱉은 것은 한 자리의 長으로서 해서는 안되는 행동이었다. 이와 같이 정책을 책임지고 이끌어야 하는 위원장이 한 잘못된 발언은 국민들에게 신남방정책에 대한 이미지를 악화시키고 심화되면 정부에 대한 불신으로 이어질 수 있다. 김 전 보좌관 이외에도 남아시아태평양국장은 지난해 11월 문재인 대통령 순방에 동행했다가 뇌출혈로 쓰러져 업무에 복귀하지 못해 외교부의 아세안 담당국은 약 3개월 가량 국장이 공석인 상태를 겪었다. 그리고 당시 아세안 협력과장은 육아휴직으로 인해 자리를 비우고 있어 외교부 업무는 중단된 상태와 마찬가지였다. 불가피한 사정이 있었으나 긴 시간동안 자리가 비워져 있어 신남방정책 업무의 효율이 떨어진 것은 큰 문제이다. 아직 준비가 제대로 되어 있지 않아 있음이 여실히 드러난 것이므로 제대로 된 준비와 조정을 끝마쳐야 한다.

3) 중상주의 국가 이미지

신남방정책이 국익 중심적인 '중상주의 국가' 이미지를 넘어서지 못하고 있다는 비판이 있다. 신남방정책이 출현하게 된 계기는 경제안보 측면에서 찾을 수 있다. 그런데 신남방정책의 목표는 3P로 윤리적 성격을 보이는데, 신남방정책의 계기는 경제적 성격을 보인다. 이렇게 충돌되는 지점

18 황태희, 최영준, 최우선, 주형민, "누가 북한을 이해하고 오해하는가?", 『국제정치논총』 제57집 (2)호 (2017), pp.243-289.

은 정부와 민간단체가 함께 고민하고 토론하는 과정을 통해 완화될 수 있는데 그런 과정이 부족하기 때문에 한국은 중상주의 국가 이미지를 벗을 수 없다는 것이다.[19] 이러한 이미지가 동남아 지역에서 부정적인 방향으로 굳혀지게 되면 국가 간 관계 악화나 최악의 경우 반한시위가 발생할 수 있다. 70년대에 일본이 동남아 지역에 중상주의 정책을 펼치다가 반일시위를 겪은 사례가 있기 때문에 더욱 주의해야 한다.

문재인 정부가 3P를 신남방정책 철학의 근간으로 두고 있으므로 경제적 관점에서 벗어나 사람과 평화를 추구해야 한다. 물론 국익을 위해 경제 정책에 힘을 쏟는 것은 각 국가에게 경제성장이라는 결과를 가져다 주기 때문에 이득이 된다. 다만 문화 교류나 동아시아 평화를 위한 공동안보체제를 만들기 위해 노력하는 것 또한 중요하게 다뤄져야 한다. 오로지 경제적 이익을 목적으로 동남아 지역과 협력하는 것은 신남방정책 본래의 목적인 평화번영의 공동체제를 만들기 어려워진다. 또한 주변 4강 수준으로 동남아 국가와의 관계를 격상시키고자 하는 목표에 도달하기 힘들다. 이런 문제점에 유의하여 중상주의적 정책에서 일정 부분 벗어나야 한다.

19 남한 주민 상당수는 배급제와 같은 최근의 북한 변화를 거의 인식하지 못하고, '고난의 행군' 이전의 전통적 북한사회에 대한 고정관념에 머물러 있으며 남한 주민의 절반 정도는 북한 뉴스에 무관심한 것을 보여주었다. 더불어 이념성향, 지지정당 변수는 최근 북한현실을 이해하는데 큰 차이를 만들지 못하고 있다는 것을 알 수 있다. 황태희, 최영준, 최우선, 주형민 (2017) p.254, 267.

4) 대만의 신남향정책과 비교

대만의 신남향정책과 비교했을 때 한국의 신남방정책은 그 속도가 느리고 준비가 제대로 되어 있지 않다. 대만의 차이잉원 정부는 출범 후 석 달 만에 신남향정책의 기본 틀과 계획을 세웠지만 신남방정책특별위원회는 문재인 정부 출범 후 일 년 만에 구성되었다. 신남방정책에서 '사람 공동체'를 내세운 만큼 많은 동남아 여행객을 한국으로 유도해야 하나 아직 동남아시아 국민이 한국 방문 비자를 얻는 것이 어려워 한국으로 여행을 오기 어려운 현실이다. 반면 대만은 동남아시아 국가 국민에 대한 관광비자를 면제하거나 발급요건을 완화해서 자국으로 많은 동남아 여행객을 끌어들이고 있다.

위에서 제시했던 신남방정책의 한계인 제도와 인재 미비 문제를 대만은 계획을 세우는 단계부터 빠짐없이 준비해 그런 문제를 겪지 않았다. 신남향정책의 구체적 활동을 위해 총통부와 행정부에 컨트롤타워를 준비하고 실무를 위한 인력 배치를 이루었다. 또한 신남향정책 전문 웹사이트를 개설하여 언제든 질문을 받고 홍보할 수 있게 만들었다.[20] 그리고 한국에는 마련되어 있지 않은 동남아 민간협의체도 대만에는 있어 정부와 함께 신남향정책의 목표를 설정했다. 마지막으로 각 정책에 쏟는 예산에서도 차이가 있다. 한국과 아세안 국가의 협력을 증진시키기 위해 2009년 설립된

20 이현주, (2016) p.279.

한·아세안센터의 예산은 60억에서 2018년에 10억원을 증가하였다.[21] 동남아 국가에 대해 펼치고 있는 많은 정책과 사업의 규모에 비해 맞지 않으며 부족하다. 이와 달리 대만은 신남향정책을 계획하는 단계에서 체계적으로 예산을 책정했으며 2018년에 대만 기업의 동남아 진출을 지원하기 위해 4620만 달러(약 530억 원)을 책정했다.[22]

이렇게 대만과 비교했을 때 한국의 신남방정책이 가지는 가장 큰 문제점은 정책을 진행할 준비가 완성되지 않은 것이다. 동남아 여행객 유치, 비자 문제, 예산 책정 문제 등 정책이 시행된 지 3년 정도가 되었음에도 여러 곳에서 문제점이 발견되고 있다. 이 문제점들을 빨리 보완하고 해결하지 않으면 대만의 신남향정책과의 대결에서 우위를 차지하기 힘들다.

•

21 주재원, "매개된 북한이탈주민과 타자화의 문화정치: KBS와 TV조선의 뉴스 보도를 중심으로", 『지역과 세계(구 사회과학연구)』 제42권 (1)호 (2018), pp.5-40.

22 언론의 정치적 지식이 전반적으로 통일 해석틀에 유의한 예측변수가 아니라는 연구이다. 다만 지식과 같은 인지적 요인과 북한에 대한 기존 경험, 개인적 고정관념, 거리감과 같은 감성적인 요인을 분리하였는데 후자가 더 대북정책에 대한 태도에 영향을 많이 미친다고 보았다.
이준웅, "언론 매체 이용 및 해석적 틀이 통일 및 대북 정책에 대한 의견에 미치는 효과," 『한국언론학보』 제48권 (1)호 (2004), pp.28-56.

Ⅲ. 결론

지금까지 살펴본 한계에 따르면 신남방정책이 나아가야 할 방향은 명확히 보인다. 우선 정책적 측면에서 제도 개선이 절실히 필요하다. 효율적으로 정책을 집행하고 결과를 만들어 내기 위해서는 각 부문에 전문 인력 배치와 신남방특위의 권한 확대나 다른 기구가 필요하다. 또한 정책을 추진하는데 있어 동남아 국가에 전문적인 지식을 가진 인력을 배치해야 하며 중요한 자리가 공석일 경우를 대비해 예비 인력도 마련해야 한다. 마지막으로 예산 책정을 다시 해야 한다. 현 정부는 아세안 국가를 중요하게 생각하고 미래공동체를 함께 만들어갈 국가로 생각하고 있는 만큼 신남방정책에 많은 예산을 쏟아야 한다. 이는 동남아 지역에 안전하게 진출하고 안정적으로 자리를 잡기 위한 필수조건이다. 비록 아세안 국가에 대한 관심과 협력체제를 구성하기 위한 정책의 출발 시기가 늦었을지라도 효율적으로 확립된 제도와 전문 인력, 충분한 예산이 있다면 아세안 국가에게 긍정적 호응을 얻을 수 있다.

다음으로 인식적 측면에서 한국의 중상주의 이미지를 타파해야 한다. 신남방정책이 경제 부문을 중심으로 진행되고 있는 점은 사실이며, 본 논문에서도 경제정책을 집중해서 보고 있다. 다만 오직 경제적 이득만을 위해 아세안 국가와 교류하고 있는 것은 아니므로 경제정책 이외에 문화정책 같은 정책을 균형 있게 추진해야 한다. 이렇게 함으로써 한국이 동남아 지역을 도구주의적 관점에서 바라본다는 국민과 주변국 그리고 당사국의 오해에서 벗어날 수 있다. 그리고 신남방정책에 대한 국민의 관심과 인지도를 높이기 위해 상시 운영되는 정책홍보 웹페이지를 만들어야 한다. 이 웹페이지는 쉽고 정책의 핵심이 되는 내용을 담아야 한다. 이를 통해 국민은 신남방정책에 대해 더 많은 이해를 얻게 되고 왜 필요한지, 어떤 이로움이 있으며 본인이 이를 위해 할 수 있는 역할은 무엇인지 스스로 고찰할 수 있게 된다.

이런 방식으로 현재 가지고 있는 문제점들을 고쳐 나간다면 대만의 신남향정책과 비교했을 때 우위에 설 수 있다. 또한 의도했던 바인 동남아 지역에서 영향력을 확보해 주변 4강의 입김에 휘둘리지 않는 힘의 확보가 가능해진다. 이렇게 동아시아 지역에서 얻은 영향력과 힘은 국제무대에서 중견국으로서 더 적극적인 역할을 맡아 행동할 수 있도록 도와준다. 그리고 아세안 국가와 공동안보체제를 결성하게 된다면 북핵의 위협에 대응하기 용이해지고, 동아시아의 평화와 안정을 가져다 준다. 이러한 신남방정책은 단기적으로 진행되는 것이 아니라 장기적 목표를 가지고 진행되어야 함을 유의하고 다음 정부에게도 정책이 이어지도록 노력해야 한다. 이로써 한국을 포함한 동북아, 더 크게 보면 동아시아는 안정된 평화체제를 갖출 수 있게 된다.

Ⅲ. 참고문헌

박창건. "동북아플러스책임공동체: 제도화된 형돕을 위한 조건과 노력." 대한일어일문학회 학술대회 발표논문 요지집 (2018).

이권호. "대만 차이잉원 정부 신남향정책의 추진 현황과 평가." 한중사회과학연구 (2019).

이정훈. "국가전략으로서의 신남방정책 평가." 한국정책학회 춘계학술발표논문집 (2019).

한인택. "지속가능한 신남방정책: 필요성과 방안." JPI Research Series, 43 (2018).

강기헌. "김현철 靑경제보좌관 '젊은이들 헬조선 탓 말고 아세안 가라'." https://news.joins.com/article/23328780 (검색일: 2019.6.12).

김옥빈. "부산시, 환경·에너지기업 신남방시장 진출 지원 나서." http://www.gukjenews.com/news/articleView.html?idxno=1130440 (검색일: 2019.6.11).

문재연. "文정부, 朴정부 '동북아평화구상' 계승…'동북아플러스책임공동체' 추진." http://news.heraldcorp.com/view.php?ud=20170719000710 (검색일: 2019.6.11).

박관훈. "국내 은행 해외점포 40%가 동남아국가…신남방정책으로 현지 진출 탄력." http://www.consumernews.co.kr/?mod=news&act=articleView&idxno=531872 (검색일: 2019.6.11).

박번순. "新남방정책 어떻게 추진할 것인가." http://www.dt.co.kr/contents.html?article_no=2019053102102369061001&ref=naver (검색일: 2019.6.12).

배근미. "작년 금융회사 해외진출 실적 '고공행진'…당기순익 1.5조원 돌파." http://www.dailian.co.kr/news/view/797652/?sc=naver (검색일: 2019.6.11).

배상은. "신남방정책, 경제·국익 중심 '중상주의' 이미지 넘지 못해." http://news1.kr/articles/?3616397 (검색일: 2019.6.12).

백종민. "'신남방' 시작은 창대, 현실은 아마추어." http://view.asiae.co.kr/news/view.htm?idxno=2019013011184813942 (검색일:2019.6.12).

신남방정책특별위원회. http://www.nsp.go.kr/policy/policy02Page.do (검색일: 2019.6.11).

윤완준. "대만기업 1만여곳 아세안서 돌파구 찾아…정부도 '新남향정책' 지원." http://news.donga.com/3/all/20170318/83381743/1 (검색일: 2019.6.12).

이광표. "금융권, 정부 신남방 '마이웨이'에 '조연' 전략 우려 목소리." http://www.m-i.kr/news/articleView.html?idxno=605093 (검색일: 2019.6.12).

외교부. http://www.mofa.go.kr/www/wpge/m_20373/contents.do (검색일: 2019.6.11).

전창관. "'신남방 경제·문화 관문' 태국서 한류 종합엑스포 개최." http://www.asiatoday.co.kr/view.php?key=20190608010004079 (검색일: 2019.6.11).

정종진. "KB손보, 베트남 보험사 지분 인수…KB금융 '신남방정책' 탄력." http://www.asiatime.co.kr/news/articleView.html?idxno=202149 (검색일: 2019.6.11).

최학봉. "기술보증기금, 신남방정책 본격 추진." http://www.wikitree.co.kr/main/news_view.php?id=434939 (검색일: 2019.6.11).

5

한국사회의 대북 고정관념 해체하기

사학과
권나영

요약 본 논문은 국제관계와 현재의 한국 외교에서 가장 주목받고 있는 가치가 신뢰라는 점에 착안하여, 한국의 북한 관련 고정관념으로부터 신뢰의 제약 요소와 발전 가능성을 알아보고자 했다. 한국 사회 내부의 이분법적이고 가부장적인 대북 고정관념이 남북관계와 장기적 사회통합을 방해한다는 것이다. 먼저 이론적으로 신뢰는 인지주의적 감정 개념이며 본디 사회적 맥락 속에서만 발현된다는 것을 논증하여 신뢰와 사회 수준의 연관성, 고정관념이 타국에 대한 신뢰 형성에 미치는 영향력을 강조한다. 이어 이러한 인식론적 틀이 가장 큰 무대인 미디어를 통해 사회에 드러나는 양상을 간략히 보인다. 단일 인식으로부터의 '해방'이 외교적 이익뿐 아니라 서로 공감과 이해를 통해 자유롭고 다원적인 사회를 만들 첫걸음이고 그를 위해 성찰하는 태도가 필요하다고 주장하며 글을 끝맺는다.

I. 주제 선정 이유 및 문제의식

외교정책의 방향성과 방법, 국제사회 속 국가들의 미래 관계에 대해 논할 때 신뢰는 늘 제약요소이자 궁극적 지향점으로 거론되는 가치이다. 그러나 현재 신뢰 부족으로 인한 문제가 가장 뚜렷이 드러나는 사안은 비핵화 문제를 둘러싼 북미간의 협상일 것이다. 하노이 회담이 합의 없이 마무리된 이후 대화 국면이 소강상태로 접어들면서 북미간의 입장 차가 부각되었는데, 그 간극을 좁히기 위해서는 상호 신뢰에 기반한 대화 혹은 양보가 필수적이라는 일반적 시각이 존재한다. 하지만 미국과 북한은 신뢰를 조성할 수 있을 만한 지속적 대화의 경험이나 서로에 대한 인식을 개선할 기회가 많지 않았다. 북미간의 신뢰 부족, 나아가 국제사회의 북한에 대한 신뢰 부족이 협상의 진척을 야기하는 근본적 요인으로 꾸준히 지적되고 있는 만큼 대북 신뢰도에 대해 더 알아보고자 하였다. 더불어 중견국으로서의 다자외교 추진, 동북아에서의 지정학적 위치로 인한 세력 조정의 필요성, 북한과의 통일 등 향후 한국이 추진해야 할 외교 과제들은 타국과의 협력을 통해 이루어져야 하는 측면이 많기에 협력에 필수적인 신뢰를 국가 간의 관계, 특히 남북관계에서 도모할 수 있는 방안이 심층적으로 공부될 필요가 있다고 생각했다. 북한과의 신뢰도를 생각하며 북한에 대해 가지고 있는 마음가짐, 인식 등을 떠올려보니 북한에 대한 한국 사회의 고정관념이 존재하고 있는 것 같다고 여겨졌다. 주지하듯 한국 사회의 대북 고정관념의 존재는 많은 연구를 통해 입증되었기에,[1] 이 고정관념과 대북 신뢰도의 연관성을 탐구하고 고정관념의 무대 중 하나인 미디어에서 그 흔적을 간략히 찾아보고자 하였다. 미디어는 북한 정보의 주요 공급처이자 주류 담론을 반영하는 역할을 하며 사회와 상호작용하기 때문이다.

Ⅱ. 신뢰의 중요성

불확실성이 증대되고 있는 21세기 국제사회에서 신뢰의 가치는 점점 더 높아지고 있다. 세계화와 정보화로 인한 국경의 약화, 비국가 행위자의 외교무대 영향력 증가, 각국의 높아지는 상호의존성, 강대국만의 힘으로

1 김혜숙, "북한 사람에 대한 고정관념, 감정과 태도," 『한국심리학회 학술대회 자료집』 제(1)호 (2000), pp.19-45, 전우영, 조은경, "북한에 대한 고정관념과 통일에 대한 거리감", 『한국심리학회지: 사회 및 성격』 제14권 (1)호 (2000), pp.167-184, 전우영, "북한에 대한 두 가지 고정관념", 『한국심리학회 학술대회 자료집』 제(1)호 (1998), pp.797-803. 등.

는 해결하지 못하는 기후변화, 사이버 안보 등의 지구적 문제들은 국제사회의 불확실성을 높이고 있다. 이처럼 다양하고 복잡해질 국가 관계에서 협력의 중요성이 더욱 강조되고 있고, 협력의 전제인 신뢰를 외교 영역에서 개발하는 것이 필수적이다. 모든 국가가 자신의 이익을 극대화하길 희망하는 국제 무대에서 신뢰의 역할과 가능성이 회의적 혹은 수사적으로 보일 수 있으나 신뢰 개념은 기본적으로 상대와의 관계 속에서 발생할 수 있는 여러 맥락에서의 득실, 즉 상호 호혜성을 인지하고 있어야 함이 전제된다. 이에 대한 판단을 기반으로 신뢰라는 감정이 발현될 수 있는 것이다. 따라서 외교 관계에서 상호 이익이라는 특정 목적을 위해 신뢰한다는 문장은 가능하다. 나아가 신뢰 개념은 예견되는 손실의 가능성에도 불구하고 믿어보는, 위험을 감수하는 모험적 측면도 가지고 있다. 현실주의적 국제관계에서 이익만을 위해 단기적 신뢰에 기반한 협력을 진행한다고 하여도 궁극적으로 상대에 대한 불완전한 정보로 인해 합리적 절차에 공백이 생기고 이 때는 상대를 '믿어보아야' 하는 마음가짐이 요구된다. 나아가 복합적, 다원적인 국제사회에서 보편적, 공통의 가치에 기초한 신뢰는 낯선 행위자들끼리의 협력을 수월하게 해줄 것이다. 따라서 그를 가능케 하는 신뢰의 중요성이 강조되는 것은 자연스러운 것이다.

국제관계에서의 복합적 문제 해결을 위한 수단으로서의 신뢰도 북한과의 관계에서 필요하지만, 남북간의 관계에서는 일반적 신뢰 구축 자체가 매우 중요하다. 남과 북은 일반 국가간의 관계와는 다른 특수한 경우로, 장기적인 상생과 공통된 목표를 추구해야 하는 당위성을 가지고 있다. 궁극적으로 신뢰 자체가 목표가 될 필요가 있는 것이다. 통합된 사회로 나아간다고 생각하면 사회 내의 자본인 신뢰를 향상해야 하는 필요성과 같다. 그러나 북한과의 교류를 심화하고자 하는 움직임은 신뢰도 부족과 경계심으로 인해 격렬한 남남갈등을 불러오며 이는 북한과의 외교를 가로막는 가장 큰 제약 요소라고 생각된다. 물론 북한의 변화는 필요하고 신뢰도에 가장 큰 영향을 주는 것이 북한의 적대적 외교 정책(행동)이라고 볼 수 있겠으나, 북한의 외교정책의 기조가 달라진다 하여도 현재와 같은 수준의 대북 인식과 그에 기반한 낮은 신뢰도를 유지한 채로 남한이 북한을 바라보면 왜곡된 해석을 불러올 가능성이 높다. 더불어 상대의 변화만을 기다리는 것 보다는 성찰을 통한 발전을 도모하는 것이 열린 태도를 통한 문제 해결과 궁극적으로 상생하는 관계를 도모하고 건강한 사회를 만들기 위해서도 합당한 태도일 것이다.

Ⅲ. 신뢰의 사회적 속성

신뢰는 상대에 대한 정보가 불확실한 상황에서 그로 인한 예측 불가능성, 취약성을 수용하는 현상이자 그 기반이 되는 믿음으로, 본질적으로 사회적 맥락에서 발현되는 감정 개념이다. 정의로 미루어 보았을 때 신뢰라는 감정에는 관계로 인한 손실을 사전에 판단할 수 있는 알맞은 정보가 주어져야 함이 전제된다. 정보를 토대로 취약성을 인지하고, 그럼에도 상대가 '믿을 만한 상대인지'에 대한 판단이 수행되면 신뢰라는 감정이 발생하는 것이다. 이는 감정[2]이 명제적 지식을 기반으로 한 세상에 대한 판단이라고 보는 인지주의 감정론(cognitive theories of emotion)과 상통한다. 인지주의 감정론은 "감정은 올바르든 그릇되든 합리적이든 비합리적이든 특정한 판단들을 전제하는 것이며, 자기의 상황에 대한 지식이나 자기와 관련자에 대한 어떤 믿음에 기반한다. 감정의 원인에 대한 지식이 바뀌면 감정도 같이 변화한다"[3]라고 주장하는데, 이 지식은 상대에 대한 정보에서부터 판단에 영향을 미치는 개인 및 사회의 다양한 요소들을 포함하는 개념이다. 그러나 현실에서 상대방에 대한 정보를 완벽히 파악하는 것은 불가능하기에 늘 '합리적'이고 정확한 판단에 기반한 신뢰 감정이 발현되긴 어려워 보인다. "사회적 관계를 맥락으로 한 거래관계 또는 상호작용에서는 근본적인 불확실성과 통제불가능성으로 인한 잠재적 손실 부담이 문제"[4]로 존재하기 때문이다. 필연적인 정보의 한계로 인한 위험 부담은 사회 속의 모든 관계에 내재되어 있다. 따라서 관계 속에서 발생하는 신뢰는 사회관계의 이와 같은 특징으로 인해 "손해의 개연성이 있음에도 불구하고 상대방에 대한 통제 가능성에 관계없이 상대방의 선의지에 의존하여 기꺼

•

2 감정을 보는 시각은 크게 신체의 변화를 강조하는 '지각주의'와 지식에 근거한 판단을 강조하는 '인지주의'로 구분되는데, 이 글에서는 신뢰 감정의 인지주의적 측면에만 집중한다. 인지적 판단을 통한 신뢰 감정이 그 발현을 위하여 필수적으로 요구되는 지식에 내재된 사회적 특성이 글의 주제인 대북 고정관념과 맞닿아 있고, 신뢰 개념 자체가 정보를 전제하고 있기 때문이다. 황희숙, "감정과 지식", 『철학연구』 제100집 (2013), pp.267-307.

3 황희숙 (2013), p.287.

4 박통희, "신뢰의 개념에 대한 비판적 검토와 재구성", 『한국행정학보』 제33권 (2)호 (1999), pp.1-17.

이 위험을 감수하기로 하는 것"[5]이다. 즉 누군가를 신뢰한다는 것은 상대를 완전히 파악할 수 없음에도 불구하고 상대가 내게 손해가 되는 방향으로 행동하지 않을 것이라 믿는, 관계에서 발생하는 위험에 믿음으로 대하는 태도를 취하는 것이다.

중요한 점은 이 태도가 '사회적으로' 형성된다는 것이다. 신뢰는 기본적으로 사회 관계 속에서 발생하는 감정이기도 하지만, 정보를 판단하고 해석하고 위험을 감수하기로 결정하는 과정, 즉 세상에 대한 '명제적 판단' 과정에 개인적 특성 외에도 주변 사회의 영향을 깊이 받는다는 점에서 본질적으로 사회적이다. 상대를 믿을 것인가 말 것인가를 결정하기 위해 신뢰자는 우선 완전하지 못해도 '필요하다고 여겨지는 만큼'의 정보를 필요로 한다. 이를 크게 피신뢰자에 대한 정보와 관계에 대한 정보로 나눌 수 있는데, 피신뢰자에 대한 정보는 신뢰의 계산적 특성과 관련되고 관계에 대한 정보는 신뢰의 상호주관적 특성과 관련된다.

먼저 신뢰에는 "미래 상호작용의 잠재적인 비용과 혜택을 주관적 확률에 의거하여 계산한 결과 이득이 되기 때문에 손실의 개연성을 감수하는 측면이 있다."[6] 상대가 나의 손익에 어떠한 영향을 미칠지, 관계에서 비롯되는 취약성은 어느 정도인지를 파악하기 위해서 신뢰자는 상대에 대한 정보를 요하는데, 이 정보들을 계산(판단)하는 과정에서 부지불식간에 사회적 기준을 사용한다. 한정된 정보와 사안의 복잡성 등으로 인해 상대에 대한 불확실성은 늘 남아 있는데, 이 불확실성을 해결하는 과정에서 사회

5 박통희 (1999), p.4

6 박통희 (1999), p.7

기준이 작용한다. 어느 정도의 불확실성을 용인할 것인지(어느 정도의 정보량이 필요하다고 '여겨지는지' 등)는 개인의 심리적 특성뿐 아니라 사회적 요인에 의하여 결정되는 것이다. 이를 만족 수준(Satisficing Level)이라 하는데, 만족수준은 냉정하고 합리적인 계산보다는 개인의 성격, 경험, 성장과정 그리고 사회적 여건, 주변 사회의 기대와 압력, 사회 정서 등이 복합적으로 작용하여 결정된다. 이와 같이 신뢰는 이성이나 경험에 의해 형성되는 기대를 넘어서 사회적 관계를 바탕으로 한 '인지적 도약(cognitive leap)'에 의해 영향을 받는다.[7] 사회가 정보를 해석하는 방식에 근거하여 신뢰 여부가 판단되는 것이다. 예를 들어 신뢰 대상의 '능력'[8]에 대한 정보를 토대로 신뢰 관계가 형성될 수 있을 때, 상대의 능력을 판단하는 데에는 개인의 기준도 영향을 미치겠으나 사회가 어떤 능력을 선호하는지, 어느 수준의 능력이면 합리적이라고 기대하는지 등의 사회의 기준도 고려된다. '가치/이념의 동질성'을 토대로 상호 이익(경제적 이익보다는 더 광의적인 맥락)을 판단할 때에도, 개인의 가치관, 정체성 등이 기준으로 기능할 수 있겠으나 개인의 특성이 사회화되었을 가능성과 가치와 이념이라는 개념 자체가 사회성을 띠고 있다는 것을 고려해 보았을 때 '가치/이념의 동질성'에 대한 정보에 기초한 판단과 그로 인한 신뢰 감정 역시 사회 기저의 인식에 영향을 받는

---

7 박통희 (1999), p.4

8 신뢰를 정의하는 이론과 변수들은 매우 다양하지만, 신뢰에 영향을 미치는 변수로 신뢰 대상의 능력, 일관성, 개방성, 배려, 집단적 동질성, 가치이념적 동질성, 신뢰자의 도덕관, 사회자본, 신념 등을 대표적으로 들 수 있다. 박통희, "신뢰의 개념에 대한 비판적 검토와 재구성", 『한국행정학보』 제33권 (2)호 (1999), pp.1-17, 주미영, "글로벌 신뢰 구축을 위한 외교정책 모색", 『정치정보연구』 제17권 (1)호 (2014), pp.49-76, 이상신, "우리는 북한을 신뢰할 수 있는가?", 『한국정치학회보』 제47집 (4)호 (2013), pp.113-133.

다는 것을 추론할 수 있다.

신뢰자와 피신뢰자의 '관계'에 대한 경험적 지식이 신뢰 유발에 영향을 미치는 상황에서도 사회 기준의 영향력은 유효하다. '관계'에 대한 정보/지식이란 피신뢰자의 과거 행적이나 행동[9], 상호 관계 속에서의 연대감 혹은 집단적 동일체 의식, 그리고 가치와 이념의 동질성 정도를 말한다.[10] '상대의 행동을 어떻게 인지하는가'에는 개인의 심리적 특성과 함께 '사회가 그것을 어떻게 받아들이는가'가 복합적으로 함께 영향을 미친다. 즉 상대의 과거 행위를 해석하는 데에는 개인의 특성(가치관, 취향, 신념 등)도 반영되나 사회에서 그 행위가 어떻게 인식되고 있는지도 중요한 것이다. '관계'에서 피어나는 연대감과 동일체 의식이라는 감정을 기반으로 정보를 긍정적으로 해석하고[11] 신뢰를 형성하는 측면에서도 개인이 가지고 있는 사회 정체성 등 사회적 요소의 역할을 고려해야 한다. 더불어 인류, 타인에 대한 보편적 선의를 바탕으로 일반적 수준의 신뢰를 보여주는 '도덕적 차원'의 신뢰 역시 개인의 특정 가치관으로만 설명될 수 없다. 이 유형의 신뢰는 "타인이 보여주는 선의에 대한 신념을 기초로 다른 사람들이 나를 이용하려고 하지 않을 것이라고 믿는 데 있다."[12] 도덕적 신뢰의 차이에는 개인의 특성, 가치관에 따른 차이도 영향을 미치겠으나 사회화된 정도를 분석하는 것은 매우 어려울지라도 개인의 가치관에 사회의 영향력이 존재한다는 것

9 '역사에 기초한 신뢰 모델'이라고도 표현된다. 이상신 (2013), p.119

10 박통희 (1999), p.8

11 "연대감, 동일체 의식, 가치와 이념적 동질성의 정도가 높은 사람에 대한 정보를 긍정적으로 해석하는 경향은 경험적 연구를 통해서도 밝혀지고 있다." 박통희 (1999), p.7

12 주미영 (2014), p.54

은 부정할 수 없다. 더불어 그 사회의 특성에 따라서도 일반적 도덕관에 기초한 신뢰 감정 양상이 달라질 수 있다. 사회자본(social capital)으로서의 신뢰가 그 예이다. "사회자본(social capital)이 잘 발달된 사회에서는 사람들이 잘 모르는 타인에게도 높은 수준의 신뢰를 유지하는 것이 가능해진다.[13]" 역시 신뢰라는 감정의 발현 양상에 사회의 특성이 정보 판단 기준으로서 작용하는 것이다. 결론적으로, 어떤 맥락에서의 신뢰이든 선험적 정보와 그 정보를 대하는 사회의 태도(정보에 대한 사회의 해석)가 개인 혹은 집단의 신뢰 형성 과정에 지대한 영향을 미친다는 것을 알 수 있다. 오로지 '개인적인' 신뢰 감정은 인간 인지의 필연적 불확실성 때문에 존재할 수 없다. 신뢰는 개인의 특성에 따라 그 정도가 달라지긴 하지만 본질적으로 사회적 맥락에서 형성되는 사회적 감정인 것이다.

(인지주의적 관점의) 신뢰 발현 매커니즘에서 사회의 영향력이 뚜렷하다는 것을 고려한다면 개인 또는 집단[14]의 신뢰 감정을 연구하기 위해서는 그 사회의 신뢰 대상에 대한 '지식'을 먼저 살펴볼 필요가 있다는 것을 알게 된다. 이 '지식'은 사회가 어떤 정보를 선택하는지, 어떤 정보들이 있을 수 있는지, 정보를 어떻게 인식하는지, 그것들이 어떻게 전파되고 받아들여 지는지 등을 규율하는 담론을 말한다. 사회 전반적으로 신뢰 대상과 그 관계에 대한 정보가 선택되고 합의되어 지식으로서의 속성을 가지면 그

13 이상신 (2013), p.119

14 신뢰는 집합체의 속성이기도 하다. 신뢰 감정은 집단과 집단 간에도 '사회적으로' 발현될 수 있는 것이다. 그러나 집단의 모든 구성원이 특정 대상에 대해 동일한 정도의 신뢰도를 가지고 있다는 것을 의미하지는 않으며, 이 글에서는 신뢰 여부를 측정할 때 사용하는 기준, 인식론적 틀을 공유한다는 정도로 이해한다.

지식은 신뢰 대상을 판단하기 위한 주요 기준으로서 개인의 판단에서 개인의 특수성을 보완하는 힘을 가진다. 개인은 인지적 도약(cognitive leap)을 통해 사회의 기존 판단을 본인의 것으로 치환하고, 사회가 용인하는 정도에서 정보를 판단하고 그를 기반으로 상대를 신뢰 대상으로 인지하여 신뢰를 갖게 된다. 이때 이 모든 과정을 관통하는 사회 기저의 보이지 않는 지적 틀을 담론이라 부른다. 세상에 대한 접근과 해석에 깊이 관여하는 담론들은 서로 경쟁하며 다양하게 존재하고, 그 다양성을 인식할수록 세상을 보는 새로운 시각에 대한 가능성이 높아진다. 주류 담론은 늘 존재한다. 그러나 문제는 이 주류 담론이 고정적, 절대적 지식으로 뿌리내려 대상에 대한 고정관념[15] 및 편견으로 변모할 때 발생한다. 담론의 안과 밖에 경계를 만들고 안에서는 대상에 대한 일방향적 정보 선택과 해석만을 공유하며, 경계 밖의 언어 및 지식은 배척되는 것이다. 이는 세상을 한 가지 방식으로만 인식하게 함으로써 자유를 (의도적이든 아니든) 억압할 뿐 아니라 신뢰 감정의 맥락에서도 부정적 영향을 미친다. 판단이 하나로만 귀결되고 고착되어 변화 가능성을 차단하기 때문이다. 지식과 그에 대한 개인의 판단력에 사회가 미치는 영향력이 크다는 것을 고려해 보았을 때 사회 기저에 보편적으로 흐르는 합의된 고정 인식이 있다면 사회의 전반적인 신뢰도 역시 고정된 판단에 의거한 단일한 모습일 것임을 추론해볼 수 있다. 따라

•

15 "고정관념은 대상집단에 대한 기존의 지식으로서, 이 기존의 틀에 의거하여 정보를 단순화시키므로 대상의 행동에 대해 자동화된 사고들을 불러일으키며, 빠르게 주의를 기울이게 하고, 이해하도록 하며 또한 해석을 돕는다. 한편으로 고정관념은 고정관념을 확인하는 방식으로 대상의 행동을 변화시키는 기대실현효과를 일으킨다. 이러한 자기확인적 정보처리 편파의 결과 고정관념은 재확인되어 유지, 지속 강화된다." 김혜숙, "집단범주에 대한 고정관념, 감정과 편견," 『한국심리학회지: 사회 및 성격』 제13권 (1)호 (1999), pp.1-33

서 사회 내에서 보편적 담론으로서 당위성을 가지고 있는 고정관념을 분석하고 그 해결 방안을 모색하는 것이 신뢰도에 변화를 주기 위해 중요한 과제라고 할 수 있다.

타국에 대한 정보를 판단하고 신뢰 대상으로 인지하는 과정에서는 사회에 퍼져 있는 주류 인식의 영향력이 더욱 크다고 여겨진다. 타국의 행위 및 타국과의 관계에 대한 정보를 해석할 때 사회의 고정 인식에 기댈 확률이 높은 것이다. 정보에 대한 개인적 의견(역시 사회화된 측면이 있으나)이 사회의 주류 의견에 경도되는 측면, 즉 '집단적' 사고를 할 확률이 높다. 타국의 행태와 상호 관계에 대한 정보를 개인의 특수성에 기반하여 독특하게 해석하는 것은 예외적이다. 한 국가에 대한 사회의 인식은 매개된 이미지와 그에 주어진 기존 해석에 주로 기반하여 구성될 것이다. 예를 들어 피신뢰국과의 '가치/이념적 동질성'을 찾아내어 그를 기반으로 신뢰를 형성할 때, 개인적 정체성(취향, 외모, 성격 등)보다는 사회 정체성(국적, 인종, 이데올로기, 성별 등)이 판단에 우선적, 지배적으로 고려될 것이다. 북한에 대한 신뢰를 위해 판단할 때에는 '우리 사회가 북한과의 관계를 어떻게 해석하는지, 북한의 특정 행동이 사회적으로 어떤 의미를 갖는지, 북한을 어떤 실체로 파악하고 있는지, 우리 사회에서 중요하게 여겨지는 덕목은 무엇이고 그것이 북한과 공유되고 있다고 여겨지는지' 등의 인식론에 기반하여 북한의 앞으로의 행동을 예측하고 신뢰 여부 및 그 정도를 판단한다고 할 수 있다. 또한 개인의 신뢰도에 사회의 평가가 중요한 것처럼, 국가를 국제사회 속 하나의 행위자로 볼 때 '(국제)사회의 타국들이 특정국을 어떻게 인식하고 있는가'가 그 국가에 대한 타국들의 신뢰도 형성에 중요하게 여겨지고 있다. 국제사회에서 그 국가를 얼마나 수용하고 있는가에 빗대어 신뢰 여부와 그 정도가 달라지는 것이다. 따라서 한 국가가 타국에 대해 가지게 되는 신뢰도의 양상은 국내사회와 국제사회에 퍼져 있는 주류 인식에 따라 달라진다고 할 수 있다.

그러나 '사회적 기준'에서의 사회의 범주가 어느 정도인지에 대한 의문이 제기된다. 한 사회 내에는 다양한 집단이 존재하고(정당, 종교, 이해집단 등) 각 집단이 가지고 있는 가치관은 저마다 다르다. 이 집단의 기준들도 사회적으로 용인된 지식들이기에 이에 따라 정보에 대한 신뢰 여부를 판단하게 된다면 집단마다 타국에 대한 신뢰도는 다양해질 수 있다. 즉 타국에 대한 신뢰도는 공유된 판단 기준에 근거할 개연성이 매우 높다는 점에서 개인의 영향력을 차치하고 사회성을 획득할 수 있으나, 그 기준이 집단마다 다양하다면 그 사회의 전반적 신뢰도의 양상은 얼마든지 다원적 양상을 띨 수 있는 것이다. 이는 사회 내부의 다양한 가치관을 아우르는 '보편적' 담론, 전체의 인식론적 틀이 존재하는가에 관한 물음과 연관된다. 게다가 주된 고정인식이 존재한다고 하더라도 그 기준을 신뢰 판단의 근거로 받아들이는 정도는 역시 집단마다 다를 수 있다. 이에 대한 답은 각 사회의 특수성에 따라 다르겠으나, 북한에 대한 한국 사회의 고정인식이 신뢰도에 미치는 영향을 주제로 하는 이 글에서는 사회 내부의 다양한 시선들이 모두 포함되는 대북 고정인식이 한국 사회에 보편적으로 존재함을 말하고자 한다. 북한에 대한 신뢰도는 집단마다 다르게 나타나나 보편적인 고정 인식 위에서의 다양성이라는 것이다. 또한 그 고정 인식이 집단에 미치는 영향력 정도의 차이보다는 대부분의 사회 구성원에게 영향을 미친다는 사실 자체에 집중하고자 한다.

전술했듯 신뢰라는 감정은 본디 사회적으로 구성되며, 타국에 대한 신뢰도는 특히 그러하다. 이에 더하여 한국의 대북 외교정책에 사회 수준이 갖는 중요성을 고려하면 사회의 주된 인식을 분석해야 할 필요성이 더욱 강조된다. 한국의 대북 외교정책의 경우 특히 여론 및 사회수준에서의 갈등에 큰 영향을 받기 때문이다.

Ⅳ. 한국 사회가 가지고 있는 북한에 대한 고정관념과 신뢰의 연관성

북한에 대한 한국 사회의 고정관념은 많은 연구들을 통해 지적되고 있다. 한 예로, 국내 대학생 및 일반인들은 1980년대부터 약간의 변동을 제외하고 줄곧 북한의 지배층에 대하여 "폐쇄적, 배타적, 공격적, 공산주의, 이기적, 전쟁, 간첩, 핵' 등의 이념, 체제적 개념과 연관지어 생각하는 반면 북한의 피지배층에 대해서는 '여성적, 경제적 궁핍, 소녀, 희생적인, 가정적인' 등의 이미지로 인식한다는 것이 드러났다.[16] 더불어 국내 청소년들은 북한 청소년이 남한 청소년에 비해 집단주의적이고, 엄격하고, 타율적이고, 몰개성적이고, 폐쇄적이라는 부정적인 고정관념을 가지고 있는 동시

16 전우영 (1998), p.799, 김혜숙 (1999), p.129.

에 성실하고 근면하다는 긍정적인 고정관념도 가지고 있었다.[17] 현재까지도 남한주민의 상당수는 최근 북한사회 변화를 인식하지 못한 채, '고난의 행군' 이전의 전통적 북한사회에 대한 고정관념에서 벗어나지 못하는 인식을 보여준다는 연구[18]는 이 고정관념이 현재진행형이라는 것을 보여준다. 즉 북한에 대하여 한국 사람들은 전반적으로 전통적인 이념적 대립의 존재, 전근대적이고 여성적인 존재로 인식하고 이의 기저에는 그와 반대되는 우리 사회의 가치에 대한 우월 관념이 포함되어 있다고 할 수 있다.

이러한 사회의 고정관념이 대북 신뢰도에 영향을 미치는 양상은 부정적이라고 할 수 있을 것이다. 먼저 단일한 인식이 사회에 퍼져 있다는 것 자체가 신뢰 대상에 대한 일방향적 판단만을 가능하게 할 것이다. 사람들은 보편성을 가진 사회의 고정관념을 인지적 도약(cognitive leap)을 위한 발돋움으로 사용하여 북한에 대한 정보를 해석하기 때문에, 특정 맥락이 달라져도 고정 인식이 존재한다면 북한의 속성과 외교활동, 남북관계 등의 정보에 대해 늘 비슷한 판단을 하게 된다. 예를 들어 북한 지배층의 특정 행동에 대한 해석이 필요할 때 지배층이 '야심적'이고 '언제든지 배신 가능한', '경쟁적', '공격적' 속성을 가지고 있다는 배경지식을 가지고 있다면 정보 자체의 내용에 관계없이 낮은 신뢰도를 유발하는 판단을 하게 되는 것이다. 이는 오해의 가능성을 높이고 궁극적인 신뢰 도모를 어렵게 한다. 나아가 고정관념이 존재하면 상대를 새로이 '알아야' 할 필요성, 즉 불확실성이 줄

•

17 이현주, "북한의 집단정체성과 한반도 미래세대 사회통합정체성," 『아태연구』 제23권 (2)호 (2016), pp.277-310.

18 황태희, 최영준, 최우선, 주형민, "누가 북한을 이해하고 오해하는가?", 『국제정치논총』 제57집 (2)호 (2017), pp.243-289.

어들기에 신뢰도 발전 가능성과 다각적인 지식 추구를 저해한다. 포괄적 접근을 통한 심층적 이해를 막는 것이다. 사회 내의 다양한 이념, 정치성향 등에 관계없이 북한에 대한 무관심과 이해도 부족은 비슷하다.[19] 이는 사회 내의 다양한 가치관의 영향력을 모두 넘어서는 '태도'가 존재한다는 것이고, 이 원인은 부지불식간에 모두의 인식 및 판단 과정에서 작동하는 고정관념으로 인해 생성되었다고 추론해볼 수 있다. 나아가 고정관념의 존재 자체가 신뢰 감정에 부정적 영향을 줄 뿐 아니라, 고정관념의 성격이 신뢰 과정에 영향을 미칠 것이다. 우리 사회의 대북 고정관념 안에는 남한의 '근대성', '남성적', '자유', '민주주의', '평화' 등의 가치와 북한의 속성(이라 인식되는) '전근대성', '여성성', '폐쇄성', '공산주의', '전쟁' 등의 가치 간 위계질서가 내포되어 있다. 이러한 인식론적 틀의 맥락에서는 북한을 늘 (정도의 차이는 있으나) 우리보다 열등한 존재로 여기게 된다. 이것이 신뢰에 긍정적인 영향을 줄 수 없음은 자명하고, 남북관계와 사회의 발전을 저해하는 요인이라 여겨진다. 마지막으로 향후 통일을 고려한다면 북한을 거시적 관점에서의 사회 구성원으로 바라보고 통합을 도모해야 하는데, 상호간의 고정관념, 심리적 갈등이 이를 저해할 가능성이 높다. "심리적 갈등은 사고, 가치, 생활습관에서의 차이로 인한 것이지만 가장 핵심적인 것은 편견으로 인한 것"이고, 사회통합은 "사회의 불평등과 차별, 이질화를 전제로 한 상호 간의 유

19 남한 주민 상당수는 배급제와 같은 최근의 북한 변화를 거의 인식하지 못하고, '고난의 행군' 이전의 전통적 북한사회에 대한 고정관념에 머물러 있으며 남한 주민의 절반 정도는 북한 뉴스에 무관심한 것을 보여주었다. 더불어 이념성향, 지지정당 변수는 최근 북한현실을 이해하는 데 큰 차이를 만들지 못하고 있다는 것을 알 수 있다. 황태희, 최영준, 최우선, 주형민 (2017) p.254, 267.

대감과 의존도를 강화해 나아가는 통합 과정"[20]임을 고려했을 때 다름을 틀림으로 인지하게 하는 고정관념(편견)에 대한 진지한 성찰이 요구된다.

V. 미디어에서 나타나는 대북 고정관념

북한에 대한 고정관념의 존재는 미디어에서 크게 드러난다. 미디어는 사회의 주류 인식을 반영하여 현실을 재현하기 때문이다. 더불어 미디어는 사회에 지식을 전파하고 심화하는 역할, 즉 세상을 보는 창구로서의 역할을 하며 사회 주류 담론과 인식의 답습을 넘어 그에 변화를 가져올 수 있는 힘을 가지고 있기에 중요하게 살펴볼 필요가 있다. 현대사회에서 미디어가 가지는 파급력은 일반적으로 인정되고 있다. 미디어는 "객관적 상황에 대한 간접적 체험과 인식의 특정한 틀을 제공하고 이를 위한 일련의 정보 등을 생산하고 유통함으로써 일종의 진리 효과를 갖는다."[21] 대북 관련

20 이현주, (2016) p.279.

21 주재원, "매개된 북한이탈주민과 타자화의 문화정치: KBS와 TV조선의 뉴스 보도를 중심으로", 『지역과 세계(구 사회과학연구)』 제42권 (1)호 (2018), pp.5-40.

언론보도가 수용자에 대해 차별적 영향력을 가진다는 연구가 있으나[22] 접하는 언론보도의 관점에 따라 대북 관련 의견이 달라진다는 연구 역시 충분히 존재한다. 사회 내 다양한 집단의 존재에도 불구하고 그들을 관통하는 주된 인식이 있듯이, 언론사간의 이념적 차이(정도)에도 불구하고 대부분의 매체에 반영되는 기본적인 인식이 있다는 것이 중요하다. 기존의 고정관념이 미디어를 통해 사회에서 지속적으로 표현되며 주류 담론으로서의 영향력을 강화할 것이기 때문이다. 그리고 주지하듯 이는 사회의 대표판단 명제로 기능하며 신뢰감정의 형성 과정을 규율한다.

미디어가 생산하는 북한 보도의 문제점은 포괄적인 연구를 통해 지적되어온 바 있다. 대체로 이념대립적 구도와 정부의 대북정책, 사회의 정서에 편승하고 정확한 정보원을 남용하는 경향이 크다고 지적된다. 더불어 북한 실상에 대한 감성적 경향, 지엽적 사안에 대한 가십성 보도, 오보, 추측 및 왜곡보도, 선정성, 미확인 보도 및 부정확한 보도[23]가 문제로 지적된다. 이러한 문제점의 원인으로는 '북한에 대한 국민의 정서, 핵실험과 같은 국지적 정세, 미국에 의존할 수밖에 없는 정보의 의존성 및 서방언론에 대한 과도한 편향성'[24] 등이 지적되고 있다. 이 중 정보의 객관성과 투명성을 담보하여 신빙성을 높여주는 정보원의 경우 북한과 관련해서는 그 중요

•

22 언론의 정치적 지식이 전반적으로 통일 해석틀에 유의한 예측변수가 아니라는 연구이다. 다만 지식과 같은 인지적 요인과 북한에 대한 기존 경험, 개인적 고정관념, 거리감과 같은 감성적인 요인을 분리하였는데 후자가 더 대북정책에 대한 태도에 영향을 많이 미친다고 보았다. 이준웅, "언론 매체 이용 및 해석적 틀이 통일 및 대북 정책에 대한 의견에 미치는 효과," 『한국언론학보』 제48권 (1)호 (2004), pp.28-56.

23 김민경, 김성해, "실재하는 적과 만들어진 악마," 『언론과학연구』 제17권 (2)호 (2017), pp.5-50.

24 김민경, 김성해 (2017), p.15

성이 매우 희석되는 것을 알 수 있는데, 이는 사회 기저의 인식이 반영된다는 반증이다. 북한 관련 뉴스에서 등장하는 북한 정보원들은 대개 '연락통', '소식통', '정보원' 등 익명의 누군가가 중요한 소스를 제공해주는 경우가 많다. 국내외 언론과 실명의 탈북자, 학자들의 정보도 주요한 출처가 되나 그들의 독립성에 대하여 비판적인 검토가 필요하다는 지적이 나오고 있다.[25] 사회에서 안전하게 합의된 지식이 언론에 반영되고 있다는 것을 드러내고 고정관념이 이미 주어진 렌즈가 되어 정보 조달과 그 해석에 깊숙이 관여하고 있는 측면을 나타낸다. 국내 언론보도는 과학적이고 합리적인 분석을 통해 정보를 제공한다기보다는 사회의 인식에 맞게 정보를 재구성하는 측면이 큰 것이다. 다만 고정관념의 반영 정도는 언론사간 이념 차이, 국내 정세 변화, 정보원, 경제적 요인 등의 변수에 따라 달라진다. 미디어의 왜곡된 북한 보도와 부정확하고 감상적인 보도 관행은 사회의 오랜 고정 인식에서 비롯된 것이므로 이를 먼저 비판적으로 점검하여야 한다.

한국 사회는 북한의 지배층을 대체적으로 '공산주의, 전쟁, 핵, 공격적, 폐쇄적' 등의 키워드로 이해하는데, 이와 같은 묘사는 언론 보도에서 뚜렷이 드러난다. 특히 현재까지도 보수 언론으로 분류되는 매체에서 북한 지도층을 노골적으로 적대시하는 표현을 사용하고 있다. 진보 언론에서도 남북관계의 변화에 맞추어 중립적으로 조절하긴 하지만 북한 지도층에 대

25 북한의 주요 정보원인 탈북자들은 국내 정부기관의 통제에서 자유롭지 않으며, 자유아시아방송, 미국 싱크탱크 등의 매체 역시 객관적이지 않음을 지적했다. 실명을 활용하는 것만으로 언론의 원칙을 제대로 지키고 있다고 할 수 없다고 지적. 정아름, 김성해, "'공공의 적' 북한은 만들어진다," 『문화와 정치』 제4권 (4)호 (2017), pp.111-143.

해 적대적 인식을 기반으로 보도해왔다.[26] 특히 김정은에 대한 보도의 경우 북한 지도층에 대한 사회의 인식이 극대화되는 경향이 있었다. 사용된 표현을 중점으로, 1990년부터 2016년까지 보수언론으로 분류되는 언론사를 제외한 중도, 진보 진영의 국내 보도에서 북한 지도자들이 '악마'적으로 재현되었다는 것을 밝힌 연구에서는[27] 지도자 중 특히 김정은에 대해서 '비타협성', '피의 숙청', '고혈압과 당뇨가 딱 기생하기 좋은 체질' 등 북한 내부 정세와 관련하여 공포정치, 폭력적 면모를 강조하는 표현과 신체 비하적 표현이 잦았다는 것이 나타났다. 진보 진영으로 분류되는 경향신문, 한겨레신문 역시 '폭력성과 야만성', '후계자 지위를 앉아서 거저 주워먹은', '잔혹한 정적 제거' 등의 표현을 사용했던 것을 알 수 있었다. 이와 같은 자극적, 비하적 언어의 반복적인 사용은 심층적 정책 분석을 토대로 한 정당한 비판이 아니라는 점에서 기존 고정관념의 반영일 뿐 아니라 이를 더욱 활성화시키고, 상대에 대한 의도적 비난으로 반감과 신뢰도 하락을 유발하여 대북외교를 험난하게 한다는 점에서도 문제가 있다고 보인다.

또한 한국 사회는 북한의 피지배층을 주로 '여성적, 경제적 궁핍, 소녀, 희생적인, 가정적인' 등의 단어와 결부시켜 인식하는 경향이 있다. 이는 미디어에서도 잘 나타나는데, 가령 진보 언론은 북한 사람들과 관련한 보도에서 경제적 어려움을 강조하기 위해 '식량난', '의약품이나 생필품 부

26 김민경, 김성해 (2017), p.21

27 김민경, 김성해 (2017), p.15

족' 등의 프레임을 사용하고 있으며[28] 1990년대부터 2000년대까지 KBS의 북한 관련 프로그램이 정치분야 다음으로 경제, 특히 식량난 문제에 집중하고 감정적 언어를 사용하며 보도하였다는 연구 결과[29] 등이 존재한다. 역시 북한 '실태'에 대한 분석보다는 알고 있던 익숙한 모습을 더 보여주는 방식이다. 탈북자들은 지상파와 케이블을 막론하고 북한의 비참한 현실, 인권, 가십성/감성적 소식을 전해주는 매개채로 재현되어 왔으며 최근 상당수 북한이탈주민들이 한국 언론에 등장함에 따라 경쟁적, 선정적으로 활용되는 경향이 있다.[30] 북한 사람을 가부장제 기반의 여성성에 빗대어 인식하는 경향 역시 다방면적인 보도를 통해 미디어에 반영되고 있는데, 이는 특히 탈북 여성들이 등장하는 종편의 프로그램에서 노골적으로 드러난다. '미모의', 20대의 탈북 여성은 북한의 열악한 생활을 대표하는 전근대적이고 미성숙한, 열등한 존재로 재현되고 도움을 건네는 주체인 40~50대의 남한 남성은 세련된 취향과 경제적 여유를 가진 효율적이고 우월한 존재로 그려진다. "북한의 여성성, 비문명, 불통과 열등함 등은 남한의 남성성, 문명, 성숙, 진보, 우월함 등을 말해주"는 도구로서 재현된다.[31] 자기우월성을 기반으로 한 한국 사회의 이분법적이고 위계적인 대북 고정관념이 명확히 반영되는 부분이다. 북한인에 대한 이 단일한 편견은 존재

•

28 하승희, 이민규, "북한주민 생활 실태에 관한 국내 신문보도 프레임연구: 조선일보, 동아일보, 한겨레, 경향신문을 중심으로,"『한국언론정보학보』 제58권 (2)호 (2012), pp.222-241.

29 이우승, 영선, "국내방송의 북한관련 보도태도에 관한 연구: KBS의 9시 종합뉴스와 남북의 창을 중심으로,"『북한연구학회보』 제10권 (1)호 (2006), pp.258-288.

30 주재원 (2018), p.38.

31 방희경, 이경미, "종편채널의 북한이미지 생산방식,"『한국언론학보』 제60권 (2)호 (2016), pp.338-365.

만으로 인식의 전환을 막아 신뢰 판단 과정에 부정적 영향을 미치지만, 가부장제 안의 '여성성'을 가진 '열등'한 존재는 동등한 주체로서의 신뢰 대상이라기보다는 가르치고 보호해야 할 존재라는 점에서 문제가 크다. 장기적 교류와 공존을 위해 신뢰 구축이 필요한 파트너에게 적합하지 않은 인식인 것이다. 또한 '북한'을 다루는 종편이라는 채널에 한정되어 있음에도 불구하고 이 포맷이 낯설지 않게 느껴지는 이유는 타국/타국 사람에 대한 고정관념이 '여성성'을 정의하는 한국 사회 내부의 시선과 맞닿아 있기 때문이다. 이는 북한 사람에 대한 고정관념이 다른 의미로도 깊이 보편적이며, 외부를 향한 인식 변화가 사회 안에서부터 시작될 수 있음을 보여주는 지점이다. 우리 사회는 '여성성'을 어떻게 생각하며 그로 인해 발생하는 폐단은 무엇인가? 우리 사회가 숭상하는 가치는 절대적인 것일까? 그 기반이 되는 '남성성'과 사회 주류 문화의 개선 여지는 없을까? 등의 사회 발전을 위한 고민이 동일한 맥락에서 북한에 대한 인식 전환을 야기하고 궁극적으로 신뢰를 창출할 수 있는 시작점이 될 수 있는 것이다.

지금까지의 논의를 종합해보면 결론은 다음과 같다. 신뢰는 지식을 근거로 발생하는 감정이며, 타국에 대한 개인 및 집단의 신뢰 감정 발현 과정에는 사회의 주류 인식이 정도의 차이는 있으나 해석 틀로서 대체로 큰 영향을 미친다. 직접 경험의 부족, 사안의 복잡성, 타국과의 공통적인 정체성은 개인적이기 어려움 등의 이유로 기존의 인식이 정보 해석에 있어서 더 큰 힘을 가지기 때문이다. 따라서 주로 미디어에서 찾아볼 수 있는 한 사회의 주류 인식이 고정적이라면 그 사회의 신뢰 감정은 단일한 색채를 가질 것이라고 추론할 수 있다. 한국 사회의 대북 고정관념은 북한을 더 '알지' 못하게 하여 신뢰 감정, 합리적 대북 외교정책에 전반적으로 부정적인 영향을 미치고 있으며 이는 현재 남북간의 외교에서 관계를 경직되게 만드는 가장 큰 제약 요소로 기능하고 있다. 상대에 대해 다각적이고 심층적으로 이해할 수 없게 하여 외교정책의 범위를 한정시키고 신뢰의 발전과 그것이 다층적 차원에서 존재할 수 있는 가능성을 차단하는 것이다. 뿐만 아니라 단일한 고정관념의 존재는 사회 내적으로 타자를 향한 시선을 비판적으로 검토하고 이해하고 공감하려는 태도를 갖춘 사회로 나아가는 것을 막는다. 따라서 대북 신뢰도를 향상하고 외교정책의 자원인 사회 수준에서의 지지와 신뢰를 도모하기 위해서, 또 건강하고 민주적인 사회를 위해서 북한에 대한 고정관념이 가지는 의미와 그 성질에 대하여 스스로 성찰하고 예방하기 위해 우리 사회에 필요한 덕목이 무엇인지 고민하는 태도가 요구된다. 주류 인식은 필연적으로 존재하고 지식은 본질적으로 객관적이지 않을 수 있다 하여도 그것에 대한 성찰은 적극적으로 이루어질 수 있어야 할 것이다. 이와 같은 선행적 태도를 바탕으로 미디어의 북한 보도 관행에도 변화를 불러오고, 외교정책에도 다양한 가능성을 꽃피울 수 있는 자유로운 사회의 일원이 되길 희망한다.

Ⅵ. 참고문헌

김민경, 김성해. "실재하는 적과 만들어진 악마." 『언론과학연구』 제17권 (2)호 (2017).

김성해, 정아름. "'공공의 적' 북한은 만들어진다." 『문화와 정치』 제4권 (4)호 (2017).

김혜숙. "북한 사람에 대한 고정관념, 감정과 태도." 『한국심리학회 학술대회 자료집』 2000년 제(1)호 (2000).

김혜숙. "집단범주에 대한 고정관념, 감정과 편견." 『한국심리학회지: 사회 및 성격』 제13권 (1)호 (1999).

박통희. "신뢰의 개념에 대한 비판적 검토와 재구성." 『한국행정학보』 제33권 (2)호 (1999).

전우영, 조은경. "북한에 대한 고정관념과 통일에 대한 거리감." 『한국심리학회지: 사회 및 성격』 제14권 (1)호 (2000).

이경미, 방희경. "종편채널의 북한이미지 생산방식." 『한국언론학보』 제60권 (2)호 (2016).

이민규, 하승희. "북한주민 생활 실태에 관한 국내 신문보도 프레임연구: 조선일보, 동아일보, 한겨레, 경향신문을 중심으로." 『한국언론정보학보』 제58권 (2)호 (2012).

이상신. "우리는 북한을 신뢰할 수 있는가?" 『한국정치학회보』 제47집 (4)호 (2013).

이우승, 영선. "국내방송의 북한관련 보도태도에 관한 연구: KBS의 9시 종합뉴스와 남북의 창을 중심으로." 『북한연구학회보』 제10권 (1)호 (2006).

이준웅. "언론 매체 이용 및 해석적 틀이 통일 및 대북 정책에 대한 의견에 미치는 효과." 『한국언론학보』 제48권 (1)호 (2004).

이현주. "북한의 집단정체성과 한반도 미래세대 사회통합정체성." 『아태연구』 제23권 (2)호 (2016).

전우영. "북한에 대한 두 가지 고정관념." 『한국심리학회 학술대회 자료집』 제(1)

호 (1998).

주미영. "글로벌 신뢰 구축을 위한 외교정책 모색." 『정치정보연구』 제17권 (1)호 (2014).

주재원. "매개된 북한이탈주민과 타자화의 문화정치: KBS와 TV조선의 뉴스 보도를 중심으로." 『지역과 세계(구 사회과학연구)』 제42권 (1)호 (2018).

황태희, 최영준, 최우선, 주형민. "누가 북한을 이해하고 오해하는가?" 『국제정치논총』 제57집 (2)호 (2017).

황희숙. "감정과 지식." 『철학연구』 제100집 (2013).

6

한국의 비전통 안보 강화 방안

— 러시아와의 경제 협력을 중심으로

정치외교학과
홍태호

요약 본 논문은 한-러 수교 30주년을 앞둔 시점에서 대한민국이 러시아와의 경제협력을 통해서 경제적 상호의존도 증대뿐 아니라 최근 더욱 중요시되고 있는 비전통 안보를 확충하는 방안을 제시하는 논문이다. 지금까지의 대한민국과 러시아의 경제협력을 분석하며 도출한 문제점을 보완하며 대한민국과 지근거리에 위치한 러시아 극동 지역을 중심으로 한 경제협력 방안에 대해 분석해 보았다. 본고에서는 에너지, 천연자원, 문화 세가지 영역에서의 협력을 통해서 대한민국의 에너지, 식량, 연성 안보 강화를 모색하고자 한다.

I. 서론

1. 주제 선정 배경

본 논문의 배경은 급변하는 동북아시아의 국제 정세 속에서 대한민국에게 있어서 러시아의 의미를 환기하려는 데에서 시작되었다. 최근 북핵 문제나 대한민국 외교에 있어서 러시아는 미국과 중국, 일본 등에 비해 중요한 행위자로 부각되지 않았다. 이는 외교뿐 아니라 대한민국의 정치, 경제적인 면에서도 비슷한 양상을 보였다. 하지만 대한민국에게 있어 러시아는 앞으로 그 어떤 나라보다도 긴밀한 관계를 맺어야 할 필요성이 있다는 점을 강조하기 위해 본 논문을 작성하게 되었다.

현재 정치적, 외교적, 지경학적으로 북한이라는 존재가 대한민국과 러시아 사이에 위치하고 있다. 하지만 본고는 다음과 같은 두 가지 이유로 북한이라는 행위자에 대한 언급을 최소화하였다. 첫째로는 여러 분석을 통해서 북한이라는 변수가 한×러 관계에 큰 영향력을 끼치지 않는다고 판단하였다. 두 번째로는 북한이 어느 정도의 영향력을 미친다고 하더라도 남북 관계가 급변하고 있으며 기존에 북한에만 너무 얽매여 한국과 러시아 간의 관계의 잠재성을 충분히 발현시키지 못했다는 한계를 보였다는 판단이었다.

대한민국과 러시아는 2020년 수교 30주년을 맞이한다. 지속적으로 양국 간의 교역은 증가추세를 보이고 있지만 그 잠재력을 충분히 발휘하지 못했다는 판단 하에 대한민국과 러시아의 경제협력을 제고할 수 있는 방안을 구상해보았다. 기존 협상을 분석해보면 정권 별로 그 명칭만 다를 뿐 비슷한 내용이라는 점을 알 수 있다. 모두 철도 및 에너지와 관련된 교역에 편중되어 있으며 이마저도 뚜렷한 성과를 보이지 못하고 있다. 따라서 이 분야에서의 실패 요인은 무엇인지 분석해보고 농, 수산업과 문화 등 다른 분야에서 협력을 할 수 있는 방안 등에 대해서 논의해보고자 한다.

마지막으로 이러한 경제적 교류가 단순히 양국 간의 경제적 상호의존도 증진뿐 아니라 대한민국에 있어서 비전통 안보를 강화할 수 있는 방안이라는 것을 강조하려고 한다. 최근 정치적, 군사적 개념의 전통적 안보에서 나아가 환경, 경제, 평화 연구 등 비전통 개념으로 안보 대상의 폭이 넓어졌다. 따라서 러시아와의 경제적 협력을 통해 대한민국의 비전통 안보를 확충할 수 있다는 점을 밝히고자 한다.

2. 한국과 러시아 극동

대한민국과 러시아는 지리적으로 가깝다는 점에서 경제협력을 수월하게 할 수 있다. 러시아는 유라시아의 가장 오른쪽에 위치한 한반도를 비롯한 14개 국가와 국경을 맞대고 있을 정도로 광활한 영토를 가지고 있다. 러시아의 영토 중에서 가장 가까운 곳이 바로 극동지역이다. 러시아 극동지역은 연해주, 아무르주 등을 포함하며 최근 블라디보스토크를 중심으로 하여 급부상하고 있는 지역이다.

대한민국에 있어 러시아 극동지역의 중요성은 거듭 강조해도 지나치지 않는다. 극동지역은 러시아 영토의 1/3을 차지한다는 점과 더불어 아시아태평양 지역과의 지리적 접근성으로 인근 동북아 국가들과 양자 및 다자협력의 장이 될 수 있는 지정학적 성장 잠재력을 지니고 있다. 또한 대한민국이 필요로 하는 자원들을 많이 지니고 있는 지역이다. 후술하겠지만 극동지역은 밀, 콩과 같은 농산물, 어족자원이 풍부하며 어종이 대한민국과 유사하고 향후 대한민국 에너지 정책에 있어 가장 중요할 천연가스 등이 많이 매장되어 있는 지역이다.

러시아에게도 극동지역은 매우 중요하며 앞서 언급한 바와 같이 극동지역을 향한 정부 프로그램이 진행 중이다. 소련 붕괴 이후 극동지역은 인구의 자연 감소와 낮은 접근성이나 기술 개발력으로 인한 인구 유출로 인적 자본이 더욱 약화되었다. 이러한 상황 속에서 엄청난 인력을 지니고 있는 중국의 위협과 한반도, 일본 등 전반적으로 연약한 지역 체제 속 국경포비아를 겪고있다. 이러한 상황 속에서 러시아 정부는 극동지역의 무궁무진한 자원 매장량에 비해 이를 생산하고 가공하는 시스템의 부족에서 탈피하여 산업을 증진시키려는 노력을 하고 있으며 교통 입지가 높은 지역임에도 철도, 항만, 공항 등의 낙후로 장점을 발휘하지 못하고 있는 상황 또한 타개하고자 하고 있다. 따라서 공업과 농업을 필두로 낙후되어 있는 사회, 경제적 상황을 타개하려는 러시아 정부의 정부적 지원과 함께 외국인 직접투자도 점차적으로 확대되고 있는 상황이다.

러시아는 2012년 극동개발부를 신설하고 2014년 극동, 바이칼 지역 사회 경제발전 국가 프로그램을 채택하여 교통 인프라 정비, 각종 플랜트 및 발전소 건설, 제조업 육성 등 극동 개발에 박차를 가하고 있다. 또한 투자 유치 및 산업 다각화를 위해 선도개발구역을 지정해 부문별로 특화된 산업기지를 조성하고 연해주 남부 지역에 자유항을 지정하여 외국 투자 및 화물 유치에 나서고 있다. 선도개발구역은 투자 기업들에게 인프라 세제 혜택, 행정지원 등을 제공하는 특별경제구역으로 2015년부터 현재까지 18개 지역이 지정되었으며 한국 기업 3개사가 입주해 있고 연해주의 자유항은 통관 간소화, 관세 면제, 각종 세금 및 임대료 감면, 무비자 제도 등의 혜택을 제공하며 현재 블라디보스톡을 비롯해 21개 시군이 지정됐으며 한국 기업은 5개사가 입주해 있다.[1]

종합해보자면, 러시아 극동지역은 대한민국이 필요로 하는 자원이 매우 많은 지역이면서 동시에 이를 개발할 수 있는 인프라와 기술, 인력의 부족으로 러시아 연방정부가 해외 투자 및 기술 발전을 꾀하고자 하는 지역이다. 이런 양국 간의 입장은 극동 지역을 중심으로 한 경제협력 가능성을 높이는 요인이다.

•

1 김정란, 2008, 『대북포용정책의 변화와 지속성 -김대중 정부와 노무현 정부의 대북정책 비교연구-』, p.42, 숙명여자대학교 석사학위 논문.

Ⅱ. 본론

1. 비전통 안보

안보는 안전보장을 줄여 이르는 말로 외부의 위협이나 침략으로부터 국가와 국민의 안전을 지키는 일이라고 정의할 수 있다. 비의도적인 실수 및 자연 재난의 위험에 대응하는 것을 안전이라고 한다면 안보는 정치, 군사, 사회, 심리적 차원의 위협으로부터의 대응이다. 안보는 고정적이지 않고 수시로 변하는 개념으로 국제정치학에서도 모호한 개념이며 학자마다 다양한 정의를 보이고 있다. 아놀드 울퍼스(Arnold Wolfers) 또한 국가안보란 정확한 의미가 없으며 사용하는 사람에 따라 다른 의미를 나타내는 모호한 개념이라고 이야기한 바 있다. 하지만 보다 구체적으로 보았을 때 객관적 의미에서는 취득한 가치에 대한 위협의 부재를, 주관적 의미에서는 그러한 가치가 공격 받을 것이라는 두려움의 부재라고 정의하였다.

이러한 안보는 전통적으로 국가의 정치적 독립 및 영토의 통합성을 핵심 가치로 하였다. 전통적 안보 하에서는 위협은 국경 밖에서부터 가해지며 본질적으로 군사적인 것이기에 군사적 대응의 필요성을 강조한다. 대외적, 군사적 차원의 국가안보에 초점을 두며 냉전 질서 아래 미국을 중심으로 현실주의 입장에서 발전하였다. 하지만 1970년대 데탕트, 석유위기, 경제적 상호의존 등의 영향으로 비군사적 차원의 안보 문제에 대한 관심이 증가하였다. 일본을 중심으로 포괄적 안보에 대한 논의로 발전 되었으며 경제적 생존력, 정치적 안정성 등을 국가안보를 유지하기 위해 지켜야 할 중요 가치로 상정하기 시작하였다. 1980년대 들어 배리 부잔(Barry Buzan)과 코펜하겐 학파를 중심으로 하여 안보 개념 확대 문제에 대한 연구 기반을 조성하게 된다. 이러한 배경 속에서 탈냉전은 비전통 안보에 대한 연구를 확장하게 하는 추동력이 되었다.

핵무기와 미, 소 양극체제에 의해 유지되었던 국제 질서가 와해되면서 과거와 같이 확실하고 분명한 위협세력을 구분하는 것이 어려워졌고 무엇보다도 기존 안보연구가 냉전의 종식을 예측하지 못한 데에 대한 반대급부로 비전통 안보에 이목이 집중되었다. 더불어 세계화와 정보 혁명 등 환경의 변화는 국가, 군사적 차원에 집중된 안보개념에 대한 재검토의 필요성을 환기하였다. 이러한 배경 속에서 제시된 새로운 안보 개념에 대해 리차드 울먼(Richard Ullman)은 안보에 대한 위협은 어떤 행동 또는 일련의 사태로 국민의 삶의 질을 급격히 그리고 비교적 짧은 기간에 저하시키거나 그 국가의 정부 혹은 국내의 사적, 비정부 단위 (개인, 집단, 기업 등)가 취할 수 있는 정책적 선택의 폭을 심각하게 제한할 위협이 있는 것이다라고 정의하였다.

직접적이고 명시적이며 의도성이 강했던 국가에 대한 군사적 위협과 달리 초국가적, 비군사적 위협은 점진적으로 촉진되어 단기적으로 감지되지 않을 수 있으며 위협의 주체가 불분명하고 의도되지 않은 것일 수도 있다는 맹점이 존재한다. 또한 안보의 개념을 너무 넓게 정의할 경우 외교, 경제, 환경 정책 등 다른 분야와 많은 부분이 중복될 수 있는 안보 연구의 응집성 약화 문제가 제시될 수 있다. 하지만 안보 행위자의 대상과 그 주체가 국가에서 나아가 개인, 국가, 초국가로 확장되고 안보 위협이 단순히 대외적, 군사적 성격만을 띠는 것이 아니라 대내외, 군사, 비군사까지 그 대상의 폭이 넓어진 비전통 안보의 중요성은 더욱 확대되고 있다.

2. 천연자원과 에너지 안보

대한민국과 러시아 간의 교역 및 경제협력의 현황을 먼저 살펴보자면 1992년부터 양국 무역액은 연평균 24.9%씩 증가하여 2014년에는 134배의 증가를 보였고 수출에서도 22.4%의 연평균 증가율을 보이며 27년 간 86배의 성장률을 보였다.[2] 하지만 교역의 품목을 보면 특정 품목에 의존도가 높은 것을 볼 수 있다. 한국의 대러 수출 품목은 물론 다양해지기는 했지만 자동차, IT 등에 편중한 2차산업 제품이 주를 이룬다. 반면 러시아의 대한국 수출품은 원료와 천연자원 등 일부 1차산업 제품에 한정되어 있다. 또 다른 문제점은 교역 형태에 존재한다. 대한민국은 현재 자동차, 승용차, IT, 전자제품 등 제조업이 전체 대러 수출의 절반을 차지 하고 있으며 이는 대규모 투자를 필요로 하기에 중소기업보다는 대기업 위주로 대러 교역 및 투자를 주도하고 있다. 이는 단순히 중소기업의 입지 축소라는 문제뿐 아니라 대한민국의 러시아 시장 점유율 전반에 악영향을 끼치고 있다.

이러한 문제를 타개하기 위해서는 우선 현재까지 지속적으로 논의해왔으나 눈에 띄는 발전이 없었던 에너지 자원에 있어 개선이 필요하다. 중

2 조성렬, 2017, 『문재인 정부 대북정책의 과제와 전망 : 한반도 비핵화와 평화체제의 비전을 중심으로』, 통일정책연구, 26(1), p.18.

동으로부터의 에너지 의존도가 매우 높은 한국에게 에너지 안보는 중요한 현안이다. 이미 아시아 프리미엄을 통해 높은 가격으로 에너지를 수입하고 있으며 중동에서 동북아로 이어지는 에너지 공급선이 미×중 간의 패권 경쟁을 통해 더 많은 비용을 지불해야 할 가능성이 커진 상황에서 안정적인 에너지 공급선을 확보하는 것이 그 무엇보다 중요하다. 에너지 안보 측면에서 보면 세계 추정 석유 매장량 2000억 배럴, 천연 가스는 대한민국 연간 사용량의 1100배를 보유하고 있는 러시아는 대한민국 안보에 있어 필수적인 국가라고 할 수 있다. 대한민국 정부는 현재 미세먼지 절감과 원전 안전 문제 등으로 노후화된 원전과 석탄 화력 발전소를 단계적으로 폐쇄하려는 모습을 보이고 있다. 더불어 청정 에너지 사용 비중은 파리기후변화협약을 준수하기 위해서도 필수적이다. 대한민국은 원자력 발전 5위 국가로 단시간에 이를 줄일 수는 없겠지만 단계적으로 줄여가면서 탄화수소 배출 규모가 상대적으로 적은 천연가스를 발전시킴으로써 이를 보완해야 할 것이다. 실제로 에너지 전환 정책을 추진하고 있는 정부는 2017년 러시아로부터의 천연가스 수입을 기존 150만톤에서 200만톤으로 늘려 부족한 발전원을 확보한 사례도 있다. 또한 러시아가 기존의 PNG뿐 아니라 LNG 형태의 천연가스 수출을 늘리고자 하는 모습을 보이는 점과 북극의 야말 LNG 수출을 늘리려는 모습을 보이는 점도 대한민국으로서는 호재라고 할 수 있다.[3]

유럽 수출에 치중하는 모습을 보였던 러시아의 에너지 수출은

3 민정훈, 2017, 『트럼프의 미국우선주의와 한미 안보 관계의 쟁점』, 세계지역연구논총, 35(4), p.22.

2000년대 후반에 이르러 아시아로 방향을 선회하기 시작했다. 2009년 9월 중국 정부의 동북 진흥과 러시아 극동 개발의 상호이익 극대화를 위해서 러시아의 대아시아 에너지 수출이 본격적으로 시작되었다. 더불어 동북아 국가들 중 극동지역에 대한 투자는 1990년대 이후 일본이 대표적이라 할 수 있으며 특히 사할린을 중심으로 원유 및 가스 개발에 적극적으로 참여하였다. 반면 대한민국과 러시아는 1990년 후반 상호 협력을 위해 많은 노력을 했으나 2008년 9월에 이르러서야 2015년 이후 30년 동안 블라디보스토크로부터 천연가스를 도입한다는 내용을 담은 MOU를 체결했다. 하지만 러시아의 크림반도 강제합병으로 인한 서방의 대러제재로 현재까지도 실현되지 못하고 있다. 정리해보자면 대한민국과 러시아는 사할린 1 가스전을 통한 개발 사업 외에는 실질적인 에너지 협력 사업을 진행하지 못하고 협력방안 모색에만 시간을 허비하고 있는 상황이다.[4]

가격대비 성능에서 획기적인 발전을 보이고 있는 중국에게 점유율을 많이 빼앗기고 있는 상황인 대한민국으로서는 중소기업의 성장이 필요하다. 또한 중소기업은 부품 및 중간재를 공급하는 역할을 하기에 양국 간 교역구조를 산업 간 무역에서 산업 내 무역으로 바꾸어주는 역할을 할 수 있다. 이로써 러시아 경제의 등락과 주요 수출상품의 경쟁 정도에 따라 교역이 급격하게 증감하는 문제점을 부분적으로 타개할 수 있을 것이다. 더불어 단순히 양의 증대에만 집중하는 것이 아니라 방식에서의 발전 또한 필요하다. 특히 산업 내 연계성이 확대될 수 있도록 현지 진출 거점과 국내

4 통일부, 2017, 『문재인의 한반도정책』, p.25.

생산 거점의 연계 등 한×러 산업 내 노동 분업이 발생을 유도해야 한다. 또한 이러한 협력관계를 지탱하기 위해 한국기업의 기술 및 중간재 수출을 촉진시킨다면 한×러 무역을 안정적으로 증대시킬 수 있다

3. 농·수산업과 식량 안보

세계식량농업기구(FAO)는 식량안보를 모든 사람이 활동적이고 건강한 삶을 영위하기 위해 충분한 식량에 대한 항시적으로 접근할 수 있는 상태로 정의하였다.[5] 다시 말해 식량은 충분히 보장되어야 하며 이 식량을 구매할 수 있는 개인의 능력까지 안정적으로 보장된다는 신뢰성이 확보되어야 한 국가의 식량안보가 확립되었다는 의미이다. 이러한 관점에서 대한민국의 식량안보는 잦은 이상기후와 급변하는 국제사회 속에서 보장되는지에 대해 재고해봐야 한다. 한국 농업의 현실은 내부적으로 농업 인구의 급격한 감소와 고령화, 식량자급률 저조, 농산물 유통 구조의 복잡성, 생산가능 토지의 감소 등의 문제를 겪고 있으며 외부적으로도 세계 식량 생산의 불안정, 국제 곡물가격의 변동, 국제질서의 불안정 등의 어려움이 산재해 있다. 이러한 상황을 고려해보았을 때 곡물자급률과 식량자급률리 저조한 한국의 식량 안보 확립을 위해선 곡물의 생산과 공급기반을 안정화하고 식량자주율을 높이는 해외농업개발은 큰 의미를 지니고 있다.

•

5 김정란, 2008,『대북포용정책의 변화와 지속성 -김대중 정부와 노무현 정부의 대북정책 비교연구-』, p.64, 숙명여자대학교 석사학위 논문.

지금까지 대한민국의 해외농업개발사업 관련 직접투자는 중국과 동남아시아 및 러시아 극동지역을 중심으로 진행되었다. 법인의 수는 중국이 전체의 35.5%로 가장 높은 비율을 차지했으며 금액은 인도네시아가 전체 19.1%로 가장 많았다. 하지만 주목해야 할 점은 대러 교역의 성장률이다. 2001년에 11만 달러에 불과했으나 이에 비해 2010년에는 173.9배의 성장률을 보였으며 호주와 뉴질랜드의 비중을 대신하고 있다.

이러한 식량 안보 상황은 러시아와의 협력 필요성을 높이고 있다. 현재 대한민국의 식량자급수준은 매우 낮은 상황이며 러시아 극동지역은 대한민국의 식량안보와 장기적으로 향후 통일 한반도의 식량공급처로 최적이라고 할 수 있다. 러시아의 극동지역은 한국과의 지리적, 교통적 접근성이 매우 좋으며 경작 가능한 농경지가 풍부하다. 특히 극동지역 중에서도 연해주와 아무르주는 대표적인 농산물 생산 지역이며 이 지역의 대한민국 해외농업투자는 점진적으로 확대되고 있기에 미래 대한민국의 식량기지로 급부상하고 있다. 예를 들어 연해주는 쌀, 아무르주는 밀, 콩 생산에서 우위를 지니고 있다. 현재 러시아 정부는 극동지역의 유휴 농경지를 러시아 거주민뿐 아니라 해외에 거주하고 있는 러시아인들에게 1인당 1ha까지 제공하는 정책을 펼치고 있다. 분석에 따르면 극동의 유휴농지 17만ha를 경작하게 되면 약 200만톤 규모의 생산물을 얻을 수 있다고 한다. 현재 대한민국은 러시아로부터 지방종자, 밀 등을 수입하고 있다. 하지만 생산 및 수확된 상품을 수입하고 있어 대한민국의 기업이 러시아 내의 해당분야에서 가치사슬을 갖고 있지 않을 뿐 아니라 러시아 기업 역시 대한민국에서 후방통합으로 자신들의 경제활동을 확장하지 않고 있는 상황이다.

수산업에서도 농업과 비슷한 양상이다. 현재 한국 수산업은 연근해

어족자원이 고갈되고 있는 상황에 처해 있어 이에 대한 대응방안을 적극 마련해야 할 시점이다. 대한민국은 주로 난류성 어종이 증가하고 한류성 어종이 감소하고 있는 상황인 반면 극동 지역은 어족자원이 풍부하며 어종이 한국과 유사하고 지리적으로도 지근거리에 위치해 있어 한국과의 수산업 협력에 시사하는 바가 매우 크다. 특히 극동 지역은 다양한 발전 프로젝트뿐만 아니라 간선 철도가 지나며 주요 항만들과 연결되어 있는 장점들이 있어 한국과의 다양한 수산 분야 협력에 최적지이다.

러시아 해역 내 어획량은 2017년 기준 약 477만 톤으로 최근 지속적으로 증가하고 있는 추세이며 특히 지난 20년간 최고 수준을 기록해 러시아 수산업 발전과 시장 확대에 매우 긍정적으로 평가하고 있다. 1인당 수산물 소비량 세계 1위인 한국은 2017년 러시아로부터 3억 1044만 3천 톤, 금액으로는 8억 6422만 3천 달러 어치의 수산물을 수입했으며, 러시아로부터 수입 규모를 증가하고 있다. 그 중에서 러시아 극동지역 해역에서의 어획량은 러시아 전체 어획량의 약 60%인 311만 톤 규모로 러시아 수산업에 매우 중요한 지역이다.

러시아 정부는 러시아 연방 전략 계획에 따라 2030년 러시아 수산업 발전 전략을 계획해 시행 중이다. 전략의 주요 목표는 러시아 연방 수산물 수요에 대한 식량 안보 확보, 경쟁력 강화, 수산업 GDP 기여도 증대, 인적자원 개발 및 환경에 대한 부정적 영향 최소화를 통해 세계 시장에서 러시아 수산업의 선도적 지위를 강화하는 것이다. 더불어 러시아 정부는 수산업 발전을 위해 다양한 전략들을 실행하고 있으며 이의 일환으로 극동 러시아 수산 클러스터 조성을 계획하고 있다. 수산 클러스터는 수산물 가공 및 인프라 분야의 다양한 투자 프로젝트들로 구성된 대규모 프로그램으로 일반적으로 어획 및 양식부터 최종 제품 생산까지의 전 과정을 포함한 개념이다. 이 프로젝트는 2015년 10월 처음 푸틴 대통령이 지시한 것으로 효율적인 국내 시장 상품 유통 인프라를 조성하고 극동지역의 풍부한 수산 자원을 비가공 상태보다는 부가가치가 높은 가공품을 생산, 판매하는 것을 가장 큰 목적으로 하고 있다. 인프라 시설이 완공되면 연간 10만 톤 규모의 극동 지역 수산물 생산량 증가 효과를 가져올 뿐만 아니라 약 10% 가량의 가격이 인하되는 효과가 있을 것으로 전망하고 있다.

러시아 지역의 사업 방식 등 여러 상황을 고려해보았을 때 농업과 수산업의 교역은 정부 주도 사업의 필요성이 보인다. 현재 해외농업개발에 목적을 두고 러시아 극동지역에 진출해 있는 기업의 수는 10개이며 이 중 4개의 기업이 정부의 융자 지원을 받고 있다. 이 기업들에게 리스크를 줄여주고 융자 지원 등을 통해서 돕는다면 이 기업들이 현지 수익성을 고려하여 곡물 외에도 채소, 축산 등 사업을 확장하는 루트가 바람직할 것이라 생각한다. 한국 정부는 최근 '나인브릿지 전략', 대통령 직속 '북방경제협력위원회' 설립으로 러시아와 긴밀한 협력을 위한 교두보를 마련하고 있다. 특히 문재인 대통령이 언급했듯이 한국의 신북방정책과 러시아의 신동방정책이 만나는 지점이 수산, 목재, 광물 등 풍부한 자원을 보유하고 있는 극동지역이다. 2017년 11월 해양수산부는 러시아 극동개발부와 "러시아 극동지역 내 양국 투자 협력에 관한 양해각서"를 체결해, 앞으로 양국은 한국 기업의 러시아 극동지역으로의 수산분야 투자 및 기반시설 조성에 공동으로 지원할 계획이며 투자를 원하는 기업이나 기관에 정책 및 법률 자문을 제공하고 투자 환경 개선에도 함께 나서기로 했다. 2018년도에는 문재인 대통령이 러시아를 국빈 방문하고 푸틴 대통령과 정상회담을 갖고 TSR, TKR 연결사업, 나진-하산 물류사업, FTA 협상 등 양국 경협 사안과 한반도 정세에 대해서 논의하였다. 구체적인 실현을 위한 후속조치로서 제1차 한×러 협의회 및 제2차 한국 투자자의 날 행사도 개최된 바 있다. 한국의 신북방정책과 러시아의 신동방정책 간 상호 이익을 낳을 수 있는 접점을 찾아 노력해 나가고 있는 중이다.

따라서 위에서 언급한 이러한 문제를 해결하는 데 있어 대한민국이 좋은 역할을 할 수 있을 것이라 생각한다. 러시아의 경제협력을 유인할 수 있는 요인이기도 한 러시아 극동지역의 기술적, 재정적 후진성이 그 이유다. 농업을 보면 소련 붕괴 이후 러시아 농업생산량은 급격하게 감소하였고 극동지역 역시 비슷한 추세를 보였다. 요인에 대한 분석을 해보면 경제체제이행과정에서 발생한 정책의 혼란과 농기계 및 농자재 공급의 불충분성, 농업지원금의 부족으로 볼 수 있다. 따라서 대한민국의 현대화된 농작물 재배법이라는 기술 및 기계와 러시아의 농업은 상호 이익적인 측면에서 매우 부합한다고 할 수 있다.

또한 한국은 러시아와 어업협정을 통해 주요 어종인 명태, 대구 등에 대한 어획 쿼터를 할당 받고 있다. 10대 수입 품목을 보면 에너지 분야를 제외하고 가장 많은 양을 보이고 있는 것이 바로 수산물 자원이다. 하지만 러시아는 외국기업들의 진입을 규제하는 전략 산업에 수산업을 포함시켜 합작 사업에 많은 제약이 있고 어획 쿼터를 늘려주는 조건으로 수산물 가공 및 유통 분야에 대한 투자를 요구하고 있는 실정이다. 예를 들어 투자 인센티브의 전체 조업 쿼터의 20%를 어업용 선박조선소, 수산물 가공공장, 냉동 창고 등 수산업 관련 인프라에 투자하는 기업에게 배분하겠다는 것이다. 더불어 이에 러시아의 수산물 생산 시장은 정부의 수산업 발전 정책들과 더불어 그 규모가 확대되고 있다. 또한 현재 수산물 가공 공장 및 냉동 창고가 캄차트카, 사할린, 연해주에 설립될 계획이어서 한국의 수산물 가공 업체들의 진출 및 협력 가능성이 매우 높아지고 있는 상황이다. 이러한 흐름에서 인프라에 투자하여 수산물 쿼터 증가뿐 아니라 전반적인 경제 교류를 늘린다면 일거양득의 효과를 볼 수 있을 것이라 생각한다.

극동지역에서 경제협력을 할 수 있는 곳은 대표적으로 아무르주와 연해주가 있다. 아무르 주는 지경학적으로 많은 장점들을 지니고 있다. 대외경제협력이 용이한 지역에 위치해 있으며 교통인프라 구축으로 높은 접근성과 무엇보다 천연자원 매장량과 에너지 생산량 면에서 밝은 전망을 지니고 있는 지역이다. 여러 사회, 경제적 지표를 살펴보았을 때도 아무르 주는 지난 10년간 지역총생산액, 경제활동 인구 등 긍정적인 변화를 보이고 있다. 무엇보다도 외국인투자가 2003년 대비 2012년 37배나 증가하였다. 또한 앞서 언급한 '2025 발전전략'을 통해 러시아 연방정부는 아무르 주에 3개의 경제발전 특화 지역을 조성해 경제 발전을 활성화하려는 목표를 갖고 있다. 농업생산량을 보아도 아무르주는 러시아 극동지역에서 가장 많은 수치를 보이고 있다.

연해주 역시 러시아와 아×태 지역의 교두보에 위치해 있으면서 시베리아횡단철도 등 아무르주 못지 않게 교통 인프라가 잘 발전되어 있는 지역이다. 풍부한 천연, 에너지자원을 바탕으로 러시아 연방정부는 연해주 지역의 블라디보스토크를 아×태 지역의 국제협력센터이자 극동지역의 거점도시로 적극 개발하고 있다. 농업 생산액 또한 최근 10년간 평균 10% 이상 증가하고 있으며 아무르 주 다음으로 많은 생산량과 생산 면적을 보이고 있다. 결론적으로 봤을 때 러시아 극동지역의 식량 안보를 위한 식량기지로서의 적합성은 다음과 같이 파악할 수 있다. 우선 인접한 지리적 특성으로 인해 신속한 수급 안정이 가능할 것이다. 또한 최근 많은 성장과 개발을 진행하고 있지만 아직도 농업 가능한 경작지가 많이 남아 있다는 것이다. 러시아 극동지역의 면적은 한반도 전체를 두고 비교해봐도 28배나 크며 연해주와 같은 경우에는 현재 20% 정도만을 개발한 것이라고 한다.

더불어 식량 안보에서 사업을 자연스럽게 확장할 수도 있을 것이다. 예를 들어 대한민국이 다룰 수 있는 분야를 살펴보면 러시아는 대부분 선박들의 선령이 오래되어 이를 개선하기 위해 선박 건조 분야에 강점을 보이고 잇는 한국과 협력을 원하고 있다. 또한 선박 건조와 더불어 중요한 것이 수리 및 유지, 보수인데 어선 수리 해상 터널 개발 계획 수립은 한국 기업들이 적극 협력할 수 있는 분야라고 생각합니다. 실제로 대러 수출 품목을 보면 선박해양구조물 및 부품의 비중이 상당히 높아졌음을 알 수 있습니다. 선박 분야에서는 수산업뿐 아니라 이를 더 확장할 수도 있는 상황이다. 최근 러시아의 북극 자원개발 본격화로 인해 조선 수주량이 증가하고 있는 지금 이 시점을 대한민국은 십분 이용해야 한다. 실제로 대우조선해양은 쇄빙 LNG선 15척과 114K 유조선을, 삼성중공업은 41K 원유 셔틀 6척을 그리고 현대 삼호는 114K 유조선을 수주하였다. 선박과 함께 북극 자원개발에 관련한 엔지니어링 기술을 공동을 개발한다면 인적 자원까지도 교류, 협력을 할 수 있을 것이다. 이처럼 지금까지 러시아 시장에서 점유율이 비교적 높지 않았던 엔지니어링을 비롯한 의료, 항공, 제약 등 새로운 협력 모형들을 개발한다면 양국 간 교역 수준을 한 단계 높일 수 있을 것이다.

또한 한국 정부와 지자체는 극동지방의 지자체들과 자매결연을 맺고

자신들의 정책 수행 경험을 공유하면서 그들의 정책 수행에 직간접적으로 도움을 줄 수 있다. 러시아 연방정부가 직접 예산을 대거 투입하는 프로젝트들에 대해서는 특히 한국 지자체의 추진 경험과 모델 사례들을 제시하고 그 사업들에 참여했던 한국 기업들이 현지의 공공사업에 참여할 수 있는 길을 모색할 수도 있다. 예를 들어 강원도는 임업, 고랭지 농업과 함께 수산업이 발달해 있으므로 연해주, 아무르주, 사하 공화국 등 극동지방의 여러 지자체들과 각 분야별로 협력할 수 있는 장점을 갖고 있다.

자매결연 이외에도 정부의 ODA 사업의 일환으로 대한민국의 '새마을 운동'을 장려하는 것도 바람직할 것이라 생각한다. 실제로 러시아의 농업발전프로그램 중 새로운 마을이라는 사업이 존재한다. 농촌의 사회발전과 지속가능성을 위해 농촌 지역에 자원을 공급하고 인프라를 확충하는 연방특별프로그램이다. 이러한 사업과 연계하여 대한민국이 좋은 선례가 되어 해외농업개발사업을 추진한다면 대한민국의 이미지 향상뿐 아니라 지역 주민들과 지방정부 나아가 연방정부와도 좋은 관계를 유지하며 해외농업개발사업을 성공적으로 진행할 수 있을 것이다. 자조, 근면, 협동이 새마을 운동의 주요 정신인만큼 러시아 주민 스스로 이러한 정신과 선진화된 기술력을 통해 더불어 잘 사는 농촌 공동체를 이루어나간다면 러시아의 농업 발전과 더불어 한×러 간의 신뢰 및 협력에 크게 기여할 것이다.

하지만 앞서도 언급한 것과 같이 러시아 극동지방은 광활한 영토, 적은 인구, 산지와 시장 간의 먼 거리, 혹독한 자연환경, 인프라 시설 부족, 복잡한 민족 구성, 러시아어와 토착어 이중언어 구조 등 특수한 여건들을 갖고 있으므로 한국에서 성공한 방식을 현지 사정에 맞게 전환시켜야 하고 이를 위해서는 현지 사정에 매우 밝고 신뢰할 만한 협력자를 찾는 것과 충분한 지식, 정보를 확보하는 것이 매우 중요할 것이다. 특히 1차 산업은 자연 및 기후조건의 영향을 직접적으로 받고 또한 현지에서 기후변화 등으로 인해 자연의 비결정성이 심화되고 있기 때문에 관산학 협력체는 현지의 자연 및 환경에 대한 주민들의 지식과 경험을 기후변화 등 자연의 비결정성에 대한 과학자들의 실증적인 지식과 예측, 전망을 결합하여 현지의 사업환경을 세밀하게 파악해야 한다. 그리고 한국의 관산학 협력체는 현지 지자체와 기업의 문화도 충분히 고려해야 할 것이다.

4. 문화와 연성 안보

최근 양국 간의 외교에 있어서 문화는 빠질 수 없는 필요조건이 되었다. 정치, 경제적 관계에 기반한 경성 권력 위주의 전통적인 외교에서 나아가 국가 간 관계를 이어나가는 연성 권력의 중요성이 높아지고 있는 상황이다. 이러한 상황에서 상대국과의 우호적 관계 유지를 통해 다른 방면에서의 발전까지 도모하고자 하는 모습은 국가별로 문화외교, 공공외교, 문화교류 등의 형태로 나타나고 있다. 본고에서는 이러한 문화를 통해서 소프트 파워를 제고하고자하는 것을 비전통 안보 개념과 연결하여 연성 안보라고 칭하고자 한다. 혹자는 남북관계에 있어 종전선언, 평화협정, 관계정상화 등을 연성 안보 문제로 이야기하고 불가침조약, 평화협정 등 외교와 국제 제도를 연성 안보의 예시로 제시하기도 한다. 하지만 본고에서는 연성 안보를 군사적, 정치적 영역에만 한정 짓는 것이 아니라 양국과의 관계에 있어서 영향력을 줄 수 있는 소프트파워 요소들을 통칭하고자 한다.

이러한 개념 하에서 대한민국과 러시아의 관계를 살펴보겠다. 지금까지 러시아와의 문화적 교류를 위한 노력이 부재했던 것은 아니다. 2014년 한국관광공사에서는 '한국 러시아 상호 방문의 해'를 맞아 러시아 여러 도시를 다니며 대한민국의 멋을 알리는 프로그램을 진행했다. 또한 2015년 7월에는 외교부와 코레일이 합작하여 '유라시아 친선 특급' 사업을 추진하기도 하였다. 이러한 노력이 존재했으나 아직까지도 양국 간의 인식 차원에서의 한계를 드러내고 있다.

러시아의 경우 2016년 채택한 대외정책개념을 통해서 대한민국의 우선순위가 다른 지역보다 밀려 있음을 알 수 있다. CIS를 필두로 한 옛 소련 국가들, EU, NATO, 미국, 남북극에 이어 아시아태평양 지역의 한 국가로 보고 있다. 이마저도 중국과 인도에 밀린 한반도의 한 국가라고 칭하고 있다. 대한민국 또한 외교 백서를 통해서 파악할 수 있으며 본고의 작성 배경에서도 언급했듯이 러시아를 경제적, 정치적, 그리고 북핵 문제 해결 등 모든 외교적 상황에서 미국·중국·일본보다 후순위로 상정하고 있다. 이는 정부의 인식뿐 아니라 국민 또한 유사한 상황을 보이고 있다. 러시아의 '전러시아여론조사센터'와 한국외국어대학교 러시아 연구소와 2017년 공동으로 조사한 인식 조사에서 상대 국가에 대해 많이 알고 있다고 응답한 수는 러시아 국문 중 총 3%, 한국 국민은 1%에 불가했다. 잘 모르지만 더 많이 알고 싶다의 항목으로 확대해보아도 러시아 국민은 38%, 대한민국 국민은 51%의 수치만을 보였다. 정리해보자면 제1, 2차 북핵 문제 해결과정에서 러시아가 보여준 태도, 현재 서방 세력과 대립하고 있으며 정치, 경제적 개방성과 투명성은 대한민국 국민의 의식 속 여전히 냉전과 공산주의 이미지를 더욱 각인시키게 되었다. 러시아 국민들에게 역시도 대한민국은 다른 아시아 국가들에 비해서 긍정적 인식이 높지 않은 국가이며 나아가 잘 알지 못하고 별로 관심 없는 국가에 지나지 않는다. 따라서 문화적 협력은 양국 간 인식 제고에 큰 도움이 될 것이다.

2013년 11월 서울 을지로 사거리에 있는 롯데호텔 부지에 러시아의 대문호 푸쉬킨의 동상이 세워졌고 이에 대한 화답의 의미로 2018년 6월 상트페테르부르크대학에서 토지로 유명한 박경리 동상의 제막식이 거행되었다. 이는 대한민국과 러시아를 대표하는 두 작가라는 의미에서 한국과 러시아의 문화 교류 역사에 새로운 이정표가 되었다. 단순히 동상 설립에 의미가 있는 것이 아니라 러시아 독자들에게 박경리의 문학을 알리기 위해 동상 건립 이전부터 상트페테르부르크에서 세미나를 개최하였으며 러시아의 여러 도서관에 토지 전집과 e-book을 배치하였다. 이 밖에도 푸틴, 메드베데프 총리 등 현재 큰 정치적 영향력을 행사하고 있는 인사들이 나온 상트페테르부르크 대학 동양학부는 1897년 유럽 최초로 한국어 강의를 개설하였고 개설 120년을 맞이하여 행사를 치루기도 하였다.

위 사례는 극동 지역이 아닌 상트페테르부르크 지역이다. 극동지역은 최근 급부상하고 있는 블라디보스토크가 존재하긴 하지만 모스크바, 상트페테르부르크 등 유럽과 인접한 러시아의 중심과는 멀리 떨어져 있는 지역이다. 문화적 발전을 언급하기에 앞서 기본적인 사회적, 경제적 기반이 부족한 지역이기에 문화적 교류를 직접적으로 언급하는 것은 어려움이 따를 수 있다. 하지만 어느 지역보다 대한민국과 가까이 있기에 발전 가능성이 높은 지역이다. 최근 블라디보스토크에 방문하는 한국인 관광객이 괄목할 정도로 증가하고 있는 상황이며 지근거리에 위치해 있기에 관광과 접목하는 방안도 좋은 시작점이다.

가장 대표적인 예시가 바로 한류이다. 한류는 대한민국의 국가 이미지를 긍정적으로 만들어나가는데 큰 영향을 끼쳤다고 할 수 있다. 실제로 지식경제부와 국가브랜드위원회가 지원하고 KOTRA가 실시한 "문화 한류를 통한 국가브랜드맵 2011" 조사에서 대한민국 문화를 경험한 외국인들은 국가이미지뿐 아니라 제품, 평가, 서비스에서도 매우 호의적으로 나타났다. 물론 현재 "러시아에서 한류란 사실상 존재하지 않는다"라는 이야기가 나올 정도로 대한민국 대중문화는 일부 소수 매니아층에게만 인기 있는 상황이다. 하지만 앞서 언급한 상트페테르부르크와 같이 대도시를 중심으로 대한민국문화축제나 한국주간 행사가 실시되기도 하였다. 언어와 문화라는 이질성을 줄일 수 있는 좋은 기회가 될 한류가 자리 잡는 다면 대한민국과 항공이나 크루즈 관광과 결합한 또 하나의 패키지 상품이 만들어 질 수 있을 것이다.

현재까지의 단발적이고 일회성의 교류에서 그치지 않고 지속적으로 진행하기 위해서 정부가 구심점이 되어야 할 것이다. 우선 정기적인 대화 채널을 구축해야 할 것이다. 소련 붕괴 이후 2013년까지 26차례의 정상회담이 개최되었지만 지속적으로 이루어지지는 않았다. 2008년을 기점으로 단순히 포괄적 동반자관계가 아닌 전략적 협력 동반자관계로 양국간의 관계를 격상시킨만큼 확실한 신뢰를 바탕으로 상호 협력과 이해를 개선해 나갈 수 있는 방안을 장기적으로 모색해야 하는 시점이다. 그렇기 위해서는 정기적인 대화 채널이 필수라고 할 수 있다. 최근 문재인 대통령이 대한민국 대통령으로 러시아 하원 본회의장에서 처음 연설한 것은 이러한 변화의 첫걸음이 될 수 있을 것이다.

더불어 정부 차원에서 구체적이고 전문적인 문화협력 단체를 조직하는 것도 필요할 것이다. 1992년 체결한 한×러 문화협정을 통해 양국 간 문화공동위가 설치되었으나 2003년을 끝으로 활동이 없으며 양국 간 문화협력을 증진시키려는 목표 또한 달성하지 못하였다. 이는 다른 동아시아권 국가인 중국(7개), 일본(5개)과 비교해보더라도 문화협의체의 활동이 미미하고 경제, 정치적 분야에만 치중한 관계라는 것을 알 수 있다. 이 점을 장기적으로 확대해본다면 교육과 연관시킬 수 있을 것이다. 한×러 간 청소년 교류 확대와 교환학생 등 교육에서의 연계를 통해서 양국에 대한 우호적인 인식을 형성하는 계기를 만들어준다면 문화 교류의 연속성을 추구하는 데 좋은 방안이 될 것이다.

Ⅲ. 결론

1. 경협을 통한 안보 강화

본고는 러시아 극동지역을 중심으로 한 한×러 협력을 통해 경제적 상호의존도 증대와 함께 대한민국의 비전통 안보 확충 방안을 모색해보았다. 이를 정리해보자면 우선 현재 교역은 특정 품목에 의존도가 높은 것을 볼 수 있으며 경제협력 분야 역시 철도 및 에너지에 편중된 모습을 보인다. 따라서 이를 타개하고자 기존 에너지 협력에 치중되었던 문제점을 개선하고 보다 다양한 분야에서의 협력이 필요하다고 할 수 있다.

러시아는 산업발전 및 에너지에 필요한 원료를 제공할 수 있는 국가라는 점에서 한국의 경제 안보에 중요한 협력 국가이다. 양국은 2008년 명시적으로 '전략적 협력 동반자 관계'를 맺었으나 이에 상응하는 산업협력의 질적인 발전이 필요하다. 질적인 발전으로는 앞서 언급한 3가지의 변화가 있어야 할 것이다.

첫 번째로는 한×러 경제협력에서 중소기업의 역할이다. 앞서 언급한 바와 같이 러시아의 사업적 사고와 분위기 그리고 러시아는 여러 전략산업에 있어서 정부의 제어 하에 두려는 경제적 민족주의 성향 등을 고려해보았을 때 정부 주도의 방안이 필요하다. 이러한 상황 하에서 기존 대기업 중심의 한계를 보완하기 위해 중소기업의 활발한 참여와 이를 위한 정부의 지원이 필요할 것이다. 이를 통해 한국 기업의 기술 및 중간재 수출을 촉진하여 산업 내 연계성을 높인다면 안정적인 한×러 경제협력을 이룰 수 있을 것이다.

두 번째로는 대한민국의 좋은 기술력과 선례를 러시아에 보급하는 것이다. 이 부분은 현재 러시아가 가장 원하고 있는 점이기도 하다. 본론에서 서술한 바와 같이 강원도라는 현재 러시아 극동지역과 유사한 지역에서의 성공 사례 혹은 대한민국에서 이러한 사업을 성공시켰던 기업 중심으로 양국 간 교류의 물꼬를 튼다면 보다 쉽고 자연스럽게 경제협력을 이끌어낼 수 있을 것이다. 더불어 대한민국 경제 발전에서 논외로 할 수 없는 '새마을운동'의 보급 등은 지역 정부, 연방 정부와 좋은 관계를 유지하며 해외개발사업을 성공적으로 진행하는 데 촉진제 역할을 할 수 있을 것이다.

마지막으로 문화를 중심으로 한 다양한 교류를 통한 양국의 인식 개선이다. 본론에서 제시한 인식 조사를 비롯하여 실생활에서도 체감하듯이 대한민국은 러시아에 대해서 미국, 중국 등에 비해 가깝게 느끼지 않고 있으며 왜곡된 인식도 존재한다. 러시아 정부 및 일반 대중이 바라보는 시선도 크게 다르지 않다. 하지만 양국 간에는 현재에도 많은 공감대를 형성할 수 있는 점들이 존재하며 잠재력 또한 무궁무진하다. 현재에는 한×러 대화(KRD)를 비롯해 일부 단체나 기업들이 단발적으로 진행하고 있는 이러한 교류를 보다 전문적이고 체계적으로 진행한다면 양국 간 관계 발전에 큰 도움이 될 것이다.

한국과 러시아는 1990년 수교 이후 지금까지 외교관 맞추방 등 위기도 있었지만 2014년 비자면제협정을 체결하는 등 도약의 전기도 마련한 바 있다. 양국 관계는 부침을 겪으면서도 2008년 전략적 협력 동반자관계를 형성하는 등 전반적으로 잘 발전시켜 왔다고 평가되기도 한다. 하지만 실질 내용에 있어서는 외교적 수사와 말로만의 성찬이 무성하고 잠재력을 충분히 발현시키지 못하였다는 비판도 있다. 현재 양국의 대통령이 펼치고 있는 신북방정책과 신동방정책의 결합을 통해 기존의 에너지, 철도 분야 외에 수산업 분야에서도 적극적이고 지속적인 협력은 경제적 이익뿐 아니라 대한민국의 비전통 안보 문제까지도 해결할 수 있는 발판이 될 것이다. 'за всё браться-ничего не сдепатв'라는 러시아 속담이 있다. 이는 한꺼번에 모든 것을 다해내려다가 하나도 실행하지 못한다는 의미를 갖고 있다. 대한민국은 생각보다는 양국 간의 접점을 늘려가며 단기, 중기, 장기적 계획 하에 다양한 분야에서의 점진적인 교류가 바람직할 것이다.

2. 향후 연구 과제

앞서 언급한 바와 같이 안보는 군사적, 정치적 의미의 전통적 개념에서 나아가 경제, 에너지, 식량, 인간 등 논의의 대상과 폭이 넓어졌다. 현대사회에서 이러한 비전통 안보 확충은 전통적 개념의 안보만큼 혹은 그 이상으로 중요성이 커졌다. 그런 점에서 대한민국 안보의 확충을 위한 전략적 동반자로 그렇게 중요하게 고려되지 않았던 행위자인 러시아 특히 인접한 극동을 통해 분석해본 점은 충분히 의미가 있다. 하지만 제시한 정부 주도형 경제협력, 지자체와 기업 간의 자매결연 및 러시아식 새마을 운동에는 각각 한계점이 존재하는 것 역시 사실이다. 더불어 한류를 비롯해 대한민국과 러시아 간 공감할 수 있는 분야를 중심으로 문화 교류를 통한 연성안보 확충이라는 점도 이행, 발전에 있어서 취지만큼의 폭발력을 보이지 못할 가능성 또한 존재한다. 따라서 이러한 해결책이 현실에 반영되었을 때 어떠한 변화를 보이는 지를 잘 살펴볼 필요가 있다.

또한 본고는 에너지, 식량, 연성 안보라는 대내적, 비전통 안보에 치중하여 글을작성했지만 대한민국 안보에 있어 북한을 언급하지 않을 수 없다. 특히 지경학적으로 보았을 때 러시아와 대한민국 사이에 북한이 존재하고 있으며 국제정치적으로 보았을 때도 북한의 존재는 큰 영향력을 행사한다. 본고는 러시아와의 경제협력에 있어서 북한이라는 이유 외에도 다른 여러 문제점이 존재하였으며 대한민국과 러시아 양자 간의 논의를 통해 충분히 경제적 상호 의존도와 안보 강화를 논의할 수 있다는 판단 하에 북한에 대한 언급을 최소화하였다. 하지만 남×북×러가 함께 경제협력 혹은 경제 공동체를 구성하게 된다면 나아가 중국, 러시아 등 유라시아 대륙으로까지 연계가 되어 한반도가 동북아지역에서 경제협력 허브로서 작동할 수 있을 것이다. 철도, 파이프라인, 러시아 극동의 노동력 부족 문제 등 남×북×러가 함께 논의할 수 있는 사안이 무궁무진하다. 따라서 이 글에서 논의한 대한민국과 러시아의 경제협력에 북한이라는 또 하나의 행위자를 고려한 유도 방안 및 협력 방안은 향후 연구해야 할 과제일 것이다.

Ⅳ. 참고문헌

강평기, "한국의 식량안보 확립을 위한 러시아의 극동지역 농업개발," 『슬라브연구』 Vol. 30 (3)호 (2014) p.2, p.25-29

권경복 외 12인, 『한러관계의 새 지평』 (KRD, 2018), p.97-126, p.162-167, p.258-260

김현수, "최근 러시아 경제동향 및 한×러 경제협력 확대 방안," ,『IIT TRADE FOCUS』 22호 (2018) p.26

원석범, "러시아 연해주 수산업 발전 전망 및 한국과의 협력 방안 모색" ,『한국시베리아연구』 제22집 (2)호 (2019), p.111

이경완, "러시아 극동지방의 임업, 수산업, 농업 발전프로그램과 시사점" ,『한림대학교 러시아연구소 Issue Paper』 41호 (2014), p.4-5

이재범, "해외농업개발사업에 대한 투자 방향," 『2012년 해외농업개발 국제심포지엄』 (2012) p.79~80

최벼리, "러시아에서 한국의 국가이미지와 문화외교의 역할," 『중앙대학원』 (2016) p.9-10, p.53, p.55-57

7

진보정부의 대북정책 역사적 비교
— 한반도 평화는 어떻게 달성할 수 있을까?

구민재

요약 1945년 한반도가 남과 북으로 분단된 이후 74년 동안 한국의 외교정책의 대부분은 대북정책이 차지했다고 봐도 과언이 아니다. 필자는 우선 병행론, 출구론, 전략적 견인의 입장에서 김대중, 노무현, 그리고 현 문재인 정부의 대북정책을 분석해 그 성과와 문제점을 평가한다. 이 평가들을 바탕으로 향후 한국의 대북정책이 한반도의 비핵화와 평화를 위해 나아가야 할 구체적인 방향을 5단계론을 통해 제시할 것이다. 이 5단계론을 따른다면 한반도의 비핵화와 영구적인 한반도의 평화 구축에 한 발 다가설 수 있을 것이다.

I. 서론

1. 연구목적

세계적인 탈냉전이 일어났음에도 한반도 내에서는 아직도 냉전의 잔재가 사라지지 않은 채 남아 분단국가체제가 지속되고 있는 상황이다. 한국은 현재 지구상에 존재하는 국가 중 유일한 분단국가로 이러한 한국 외교의 경우 일반적인 다른 나라들과 가장 차이점을 보이는 것은 분단국가로서의 특징이다. 따라서, 남북 간 특수 관계와 북한을 둘러싼 국제관계가 한국의 외교에 상당한 영향을 미치는 것은 불가피하고 당연한 사실이다. 그렇기에 한국의 외교정책 중 북한을 향하는 외교정책 즉, 대북정책을 연구하는 것은 큰 의미가 있다고 볼 수 있다.

뒤에서 밝히겠지만, 필자가 적절하다고 생각하는 병행론, 출구론, 전략적 견인의 입장은 김대중과 노무현 정부의 대북정책의 바탕이 되었다. 따라서 김대중 정부의 '대북화해협력정책'과 노무현 정부의 '평화번영정책'을 분석하는 것은 필자에게 큰 의미를 지닌다. 김대중, 노무현 정부의 대북정책에 대해서는 사람들마다 다양한 평가가 내려지고 있다. 동일한 대북정책을 갖고도 평가가 상반되기도 한다. 그러나, 한가지 확실한 것은 정도의 차이가 있을 뿐 어느 대북정책도 성과만을 또는 한계만을 갖고 있지는 않다는 사실이다. 김대중과 노무현 정부의 대북포용정책은 남북정상회담, 남북교류와 대화 등의 성과를 이루었지만 북핵문제의 미해결, 남북관계의 불안정과 갈등 지속 등의 한계를 보였다. 그렇기에 두 정부의 대북정책이 보여준 성과와 한계에 초점을 맞추어 장점을 극대화하고 단점을 줄이는 대북정책을 재정립할 필요가 있다. 이를 통하여 한반도 비핵화-평화체제를 위한 유용성 있고 현실성 있는 대북정책이 고안될 수 있을 것이다.

2. 한반도 평화와 비핵화의 필요성

2019년 5월 4과 5월 9일 두차례에 걸친 북한의 단거리 미사일과 발사체 발사는 한반도 비핵화-평화체제에 큰 걸림돌이 되고 있다. 또한 하노이 북미 정상회담이 결렬된 이후 북한은 비우호적인 태도를 보이며 한반도 비핵화 협상은 교착상태에 빠져 있는 상황이다. 그렇다면 한반도 평화체제란 무엇일까? 무엇이 중요하기에 대한민국 정부는 한반도 비핵화-평화체제를 위한 노력을 계속하는 것일까?

한반도 평화체제는 남북한을 비롯한 관련국 상호간에 공식적으로 전쟁상태를 종식시킴으로써 법적 제도적 및 실질적으로 한반도에 공고한 평화가 보장되어 있는 상태를 의미한다. 1953년 7월 27일 〈한국 군사정전에 관한 협정〉의 체결로 한반도에서 정전체제가 수립된 이후 평화체제로 전환되기 위한 노력이 계속해서 전개되어 왔다. 1954년 제네바 정치회의를 시작으로 2000년대에 들어서는 본격적으로 한반도 평화체제 수립 문제를 북핵 문제와 병행하여 논의를 시작하였다. 이에 따라 북핵문제 해결을 위한 6자회담이 개최되었고 2005년 9.19 공동성명과 2007년 2.13합의에서 '직접 관련 당사국들은 적절한 별도 포럼에서 한반도의 항구적 평화체제에 관한 협상을 가질 것'에 합의하였다. 또한, 2007년 남북정상회담에서 채택된 〈남북관계 발전과 평화번영을 위한 선언〉에서 '남과 북은 현 정전체제를 종식시키고 항구적인 평화체제를 구축해 나가야 한다는 데 인식을 같이하고 관련국 정상들의 종전선언 추진과 핵문제 해결을 위해 협력해 나갈 것'에 합의하였다. 결과적으로 2018년 4월 27일 제 1차 남북정상회담 결과 〈한반도의 평화와 번영, 통일을 위한 판문점선언〉에서 '남과 북은 정전협정 체결 65년이 되는 올해에 종전을 선언하고 정전협정을 평화협정으로 전환하며 항구적이고 공고한 평화체제 구축을 위한 남·북·미 3자 또는 남·북·미·중 4자회담 개최를 적극 추진해 나가기로 하였다'라는 규정을 하는 성과를 이루어냈다.

현재 한국 정부는 완전한 비핵화와 더불어 항구적이고 공고한 평화체제를 구축하기 위한 노력을 계속해 나가는 중이다. 전쟁을 종식하겠다는 판문점 선언을 평화협정 체결의 출발점으로 삼고 완전한 비핵화가 이루어지는 최종단계에서는 평화 협정 체결을 목표로 한다면 이를 통해 한반도의 평화통일을 향해 나아가는 기틀을 다지고, 결국에는 한반도를 넘어 동북아와 전 세계의 평화와 안정 증진에 기여하기를 기대해볼 수 있을 것이다.

3. 병행론, 출구론, 전략적 견인의 입장에서

본론에 들어가기에 앞서, 비핵화와 한반도 평화를 목표로 하는 한국의 향후 대북정책을 제시하기 위하여 역대 한국정부의 대북정책을 분석하는 그 분석 기준을 제시하고자 한다. 필자는 병행론, 출구론, 전략적 견인의 입장에서 본 논문을 작성할 것이다.

병행론이란 작은 교류와 협력에서 시작하여 점차 군사 문제의 해결로 나아가려는 접근법이다. 즉, 쉽게 말하여 북한의 핵문제가 해결되기 전에도, 비핵화가 이루어지기 전에도 남북 관계를 병행 발전시켜야 한다는 입장이다. 김대중 정부와 노무현 정부의 대북정책은 정경분리, 선공후득을 내걸며 병행론의 입장을 취하였다. 이는 당면한 군사문제, 핵문제에서 독립하여 북한과의 교류, 협력 문제에 우선적으로 접근한 것이다. 한반도 비핵화의 과제를 남북대화의 입구에 놓지 않고 출구에 놓고 풀어간다는 점에서 출구론은 병행론과 같은 맥락에 있다고 볼 수 있다고 판단되며 따라서 출구론 역시 고려해볼 생각이다. 북한을 전략적으로 견인하려면 북한의 완전한 비핵화라는 목표를 출구에 놓고 현재 직접적으로 당면한 과제를 우선적으로 풀어나가야 한다. 이러한 관점에서 남북관계의 진전을 통해 북한을 점진적으로 정상국가화 하고 국제사회의 일원으로 이끌어내는 전략적 견인 또한 하나의 기준이 될 것이다.

Ⅱ. 본론

1. 김대중, 노무현, 문재인 정부의 대북정책

1) 김대중 정부

김대중 정부는 1998년 2월 25일부터 2003년 2월 24일까지의 5년간 정부를 말한다. 김대중 정부의 대표적인 대북정책은 흔히 '햇볕정책'이라고 불리는 '대북화해협력정책'이다. (이 정책은 김대중 정부의 출범 당시에는 '대북포용정책'이라고 불리우다가 2000년 6.15 남북 정상회담 이후 '대북화해협력정책'으로 명명되었다. 필자는 본 논문에서 이 정책을 '대북화해협력정책'이라고 작성할 예정이다.) 김대중 정부가 선택한 대북정책의 목표는 '평화와 화해협력을 통한 남북관계 개선'이다. 이것은 튼튼한 안보를 바탕으로 평화를 유지하는 동시에 화해와 협력의 추구를 통해 북한의 변화 여건을 조성하도록 하고 한반도의 평화와 안정을 도모하여 남북간의 평화공존을 실현시키자는 것이다. 즉, 안보와 화해협력을 동시에 병행추진 하면서 평화정착을 통한 통일기반을 조성해 나가려는 김대중 정부의 대북정책은 당장의 한반도 통일보다는 평화와 화해협력을 통하여 남북관계의 개선에 더 초점을 맞추었다고 분석된다. 이러한 점에서 김대중 정부의 대북정책은 병행론과 출구론의 입장을 갖고 있었다고 볼 수 있다.

병행론과 출구론이 바탕이 되었던 김대중 정부의 '햇볕정책'의 성과는 무엇일까? 우선, 제 1차 남북정상회담의 개최와 이로 인해 채택된 '6.15

공동선언'에서 볼 수 있듯이 남북관계 개선을 가장 큰 성과라고 볼 수 있다. 남북관계를 더이상 대결과 반목의 긴장관계가 아닌 화해와 협력의 공존관계로 전환하여 향후에도 한반도가 평화 속에 있을 것이라는 희망적 전망을 주었다. 김대중 정부의 '대북화해협력정책'은 당장 통일에 주력하기보다 평화적 공존관계 형성이 우선이라는 인식을 바탕으로 하였다. '대북화해협력정책'은 남북관계 개선이 체제 붕괴와 이에 따른 흡수통일로 이어질 수 있다는 북한의 변화와 개방에 대한 우려를 해소하는 데에 주목하고 북한 스스로 변화할 수 있도록 유도해 나갈 수 있는 여건을 마련하고자 했다. (전략적 견인의 측면을 찾아 볼 수 있는 부분이다.) 북한경제의 선 발전을 통한 북한의 변화 여건 마련과 남북 관계 개선을 위하여 정경분리원칙에 입각한 남북경협이 추진되기도 하였다. (개성공단 사업, 금강산관광 사업, 경의선과 동해선 철도와 도로 연결 사업)

북한과의 관계 개선 속에서 북핵문제 역시 진전을 보이는 듯 하였으나 2002년 북한의 농축 우라늄 핵개발 의혹과 10월 북한이 우라늄을 농축한 핵무기 개발 계획이 있음을 인정하고 플루토늄 핵시설 동결 해제 조치 등으로 인해 1994년 타결된 제네바합의는 8년 만에 폐기되고 북핵위기는 다시 고조된다. 병행론, 출구론, 전략적 견인의 측면에서 펼쳐진 김대중 정부의 '대북화해협력정책'은 분명 남북관계의 개선 속 북핵문제 해결의 기미 또한 보이는 듯 하였으나 결국 북한의 비핵화에 성공하지 못하였고 그에 따른 한반도 평화체제 역시 보장하지 못하였다. 그 이유는 무엇일까? '대북화해협력정책'이 말 그대로 화해와 협력에서 그쳤다는 것이 가장 큰 이유라고 판단된다. 병행론과 출구론, 전략적 견인은 남북관계 개선의 측면에서 그치고 말았고 그 관계 개선에서 더 나아가는 성과를 보이지 못하였다. 그 예로, 6.15 공동선언의 '빠른 시일 안에 당국 사이 대화를 개최, 김정일 국방위원장이 앞으로 적절한 시기에 서울을 방문한다'는 내용은 그저 내용에 그치고 말았다. 이 내용에 따라 김대중 대통령과 김정일 위원장 간의 제 2차 남북정상회담이 개최되어 한반도 평화체제에 대한 구체적인 논의가 이루어지고 남북관계에 있어서 정치 군사적으로 한 단계 더 발전시킬 제도적 장치를 형성했으면 어떨까 하는 아쉬움이 남는다.

물론 김대중 정부가 북한의 비핵화와 한반도 평화체제를 달성하지 못한 원인을 '대북화해협력정책' 내에서만 찾는 것은 분명한 한계를 갖는다. 이는 2001년 미국에 공화당과 부시 정권이 들어섬에 따른 북미관계의 악화를 고려하지 않았기 때문이다. 2002년 1월 미국의 부시 대통령은 연두교서에서 북한을 '악의 축(axis of evil)' 국가로 규정한 이후 북미 간 관계는 더욱 더 악화되었다. 북미간 갈등이 심화된 상황 속 김대중 정부의 '대북화해협력정책'이 관계 개선에서 더 나아가 어떤 의미 있는 성과를 내기는 어려웠을 것이다.

2) 노무현 정부

노무현 정부는 2003년 2월 25일부터 2008년 2월 24일까지의 5년간 정부를 말한다. 노무현 정부의 대북정책은 '평화번영정책'으로 김대중 정부의 '대북화해협력정책'을 적극적으로 계승하는 한편 질적인 발전 역시 도모하였다. '평화번영정책'이란 한반도에 평화를 증진시키고, 남북 공동번영을 추구함으로써, 평화통일의 기반조성과 동북아 경제중심으로의 발전토대를 마련하고자 하는 국가발전 전략으로 단순한 대북정책 보다는 통일,

외교, 안보 정책 전반을 포괄하는 한반도 평화발전 기본구상이다. 노무현 정부는 '평화번영정책'을 통해 남북관계를 김대중 정부 당시 화해와 협력을 통한 관계개선을 넘어 평화번영의 단계로 발전시키고자 하였다. 노무현 정부의 '평화번영정책'은 대화를 통한 문제 해결, 상호신뢰 우선과 호혜주의, 남북당사자 원칙에 기초한 국제 협력 등을 추진 원칙으로 내세웠다. '평화번영정책'의 추진전략은 단기, 중기, 장기의 단계별 목표를 설정하고 있다. 단기적 목표는 북핵문제 해결이고 중기적 목표는 이를 토대로 한 한반도 평화체제 구축 그리고 중장기적 목표로는 동북아 경제 중심국가 건설을 들었다. 노무현 정부는 단기적 목표를 북핵문제 해결로 보았음에도 북핵문제를 협상의 입구에 놓는 입구론의 전략을 취하지는 않았다. 노무현 정부는 김대중 정부와 마찬가지로 남북관계를 발전시켜 나가면서 이와 병행하여 북핵문제 역시 해결하려는 움직임을 보였다. 이는 노무현 정부 시기 남북간 교류가 '보다 많은 접촉과 교류협력 추진'이라는 정책기조 아래 추진되었다는 점에서 파악해 볼 수 있다(병행론과 출구론의 입장이었음을 알 수 있다).

노무현 정부의 '평화번영정책'의 가장 큰 성과는 북한 핵 위기로 인해 동북아뿐 아니라 한반도의 정세까지도 불안정한 상황 속에서 정작 남북한 사이에는 심각한 갈등과 긴장이 일어나지 않았다는 점에서 찾아볼 수 있다. 그리고 이것을 증명하는 것이 제2차 정상회담의 개최와 이때 발표된 '10.4 정상선언'이라 할 수 있다. 제1차 정상회담이 다소 추상적이고 선언적인 의미와 내용에 머물렀던 것에 비해 제2차 정상회담의 합의내용은 상당히 구체적이었기 때문에 현실적인 사안 또한 많이 포함되어 있었다. '10.4 정상선언'은 '군사적 적대관계를 종식시키고 한반도에서 긴장완화와 평화를 보장하기 위하여 긴밀히 협력한다.'와 '현재의 정전체제를 종식시키고 항구적 평화체제를 구축하기 위하여 직접 관련된 3자 또는 4자 정상회담을 추진 한반도 핵문제를 해결하기 위하여 6자회담이 순조롭게 이행되도록 노력한다.' 내용에서 찾아볼 수 있듯이 이전에는 논의할 수 없었던 정치, 군사 분야의 쟁점들을 공식적인 의제로 정착시키는데 기여하였다는 점에서 의의가 크다.

'평화번영정책'의 추진 전략의 단기적 목표가 북핵문제 해결이고 북핵문제 해결 원칙 중 하나가 북한의 핵 불용이었다는 점을 고려할 때 2006년 북한의 제 1차 핵실험은 노무현 정부의 대북정책에 실패를 안겨주었다고 볼 수 있다. 노무현 대통령 역시 북한의 핵실험 이후 "이제 과거처럼 모든 것을 인내하고 양보하며 북한이 어떤 것을 하든 수용하는 것은 해나갈 수 없다. 국제 사회의 강경수단 주장에 대해 대화만을 계속하자고 강조할 수 있는 입지가 없어진 것이 아닌가 생각된다."라는 말을 하면서 노무현 대통령의 '평화번영정책'의 실패와 한계를 시인하였다.

하지만 이 역시 단순히 '평화번영정책'만의 문제점과 한계라고 보기는 힘들다. 한국전쟁 당시 맺은 정전협정은 한국과 북한이 맺은 것이 아닌 미국과 북한이 맺은 것이기에 정전체제 종식 및 한반도 평화체제의 구축에 있어서 미국의 역할을 절대적이라고 볼 수 있다. 이는 북핵문제 해결의 측면에 있어서도 마찬가지이다. 북핵 위기는 미국의 세계 패권 전략에 대응하기 위한 북한만의 생존 전략이기 때문이다. 따라서 2006년 북한의 핵실험 역시 부시 행정부가 그간 펼쳐온 '대북강경일변도정책'이 불러온 결과라고 해석하는 데에 무리가 없어 보인다. 이러한 복잡한 국제적 정세 속에서 단순히 병행론, 출구론의 입장만을 통해 한반도의 평화와 비핵화를 달성하기에는 무리가 있어 보인다. 그러나 이것은 '평화번영정책'의 기조가

된 병행론과 출구론의 입장이 잘못되었음을 의미하지 않는다. 오히려 이를 통해 노무현 정부는 북한의 핵실험 속에서도 남북 관계의 악화를 방지하는 데에 큰 기여를 하였다고 볼 수 있다. 필자는 '평화번영정책'의 가장 큰 장애 요인을 미국 부시 행정부의 대북정책과의 갈등으로 보고 있다. 이는 결국 '평화번영정책'의 추진 원칙 중 하나인 '남부 당사자 원칙에 기초한 국제협력'의 실현에 실패를 가져온다.

3) 문재인 정부

문재인 정부는 2017년 5월 10일부터 현재까지의 정부를 말한다. 문재인 정부는 한반도문제를 주도적으로 풀어나가기 위해 '전략적 견인'으로 전환한다는 의지를 밝혔다. 또한 후보시절에 '한반도 비핵평화구상'을 발표하는 자리에서 "햇볕정책과 대북포용정책을 발전적으로 계승해 북한의 변화를 전략적으로 견인해 내겠다."고 말하였다. 이를 통하여 문재인 정부의 대북정책은 김대중, 노무현 정부의 대북정책과 마찬가지로 병행론, 출구론, 전략적 견인의 동일한 기조에 있다고 볼 수 있다. 문재인 정부의 대북정책의 목표는 '단계적, 포괄적 접근을 통한 비핵화'이다. 북한이 충분히 검증된 핵동결을 한다면 이를 토대로 협상 테이블로 유인하고 남북관계 개선 및 협력 등에 대한 논의를 하여 궁극적으로 한반도 비핵화와 한반도 평화체제를 구축하고자 한다. 문재인 정부의 '한반도정책'의 3대 목표 중 하나인 '지속 가능한 남북관계 발전'과 4대 전략 중 하나인 '남북관계와 북핵문제 병행 진전'에서 역시 병행론과 출구론의 모습을 찾아볼 수 있다.

북한과의 관계개선과 신뢰 형성을 중요시 한 문재인 정부의 대북정책은 〈한반도의 평화와 번영, 통일을 위한 판문점선언〉에서 '남과 북은 정전협정 체결 65년이 되는 올해에 종전을 선언하고 정전협정을 평화협정으로 전환하며 항구적이고 공고한 평화체제 구축을 위한 남, 북, 미 3자 또는 남, 북, 미, 중 4자회담 개최를 적극 추진해 나가기로 하였다.'와 '남과 북은 완전한 비핵화를 통해 핵 없는 한반도를 실현한다는 공동의 목표를 확인하였다.' 등의 규정을 하는 성과를 이루어낸다. '판문점 선언'이 발표된 1차 남북정상회담을 차례로 5월 26일과 9월 18일 2차와 3차 남북정상회담이 연이어 개최되었다. 2007년 노무현 정부의 남북정상회담 이후 이명박 정부와 박근혜 정부 시기 11년동안 이뤄지지 못했던 남북정상회담을 문재인 대통령은 집권한지 1년만에 개최하였다는 점에서 이는 병행론과 출구론을 바탕으로 한 문재인 정부의 대북정책이 어느정도 성공하였음을 방증한다고 볼 수 있다.

북한과 미국은 2018년 6월 12일 싱가포르 1차 정상회담에서 양국의 관계 개선, 한반도의 항구적 평화 정착, 완전한 비핵화를 약속하였다. 그러나 이후 2월 베트남 하노이에서의 2차 정상회담은 북한의 북미관계 개선, 미국의 완전한 비핵화 주장 속에서 아무런 타협과 성과 없이 결렬되고 말았다. 팽팽한 긴장 속 중재자이자 촉진자 역할을 자임하던 문재인 대통령의 입지가 대북관계에 있어서 좁아졌다는 평가 역시 나오고 있다. 또한 북한은 5월 두차례에 걸쳐 미사일 발사를 실시했다. 다시금 한반도에 북핵 문제가 먹구름을 드리우는 상황이다. 현재 문재인 대통령은 이러한 교착상태 속에서 4차 남북정상회담의 성사에 힘을 쓰고 있다. 그러나, 병행론, 출구론, 전략적 견인을 바탕으로 한 '한반도정책'을 통해 남북관계 개선에 성공하였더라도 한반도 비핵화에 있어서 한국이 주도적인 역할을 하지 못한 채 끌려 다니기만 한다면 한반도 평화에 있어서 더 이상의 진전은 없을 것이다.

2. 한반도 비핵화-평화체제를 위한 향후 대북정책

김대중 정부와 노무현 정부의 대북정책은 분명 의미 있는 성과를 냈다고 볼 수 있다. 그러나 관점에 따라서는 북한의 비핵화와 이를 통한 한반도 평화체제 구축에 실패하였기에 실패한 대북정책이라는 평가 역시 가능하다. 문재인 정부 역시 세차례에 걸친 남북정상회담의 개최와 '판문점 선언'을 통해 종전과 비핵화에 대한 북측과의 합의를 이끌어냈으나 실질적으로 아직 종전은 선언되지 않았고 비핵화를 향한 길도 먼 상태이다. 또한 이러한 상황 속 문재인 정부가 더이상 북핵문제와 한반도 평화체제 구축에 있어서 주도적인 역할을 하지못한 채 코리아 패싱(Korea passing)이 현실화되어 가고 있다는 비판도 나오고 있다. 그렇다면 향후 문재인 정부의, 더 나아가 한국 정부의 대북정책은 어떠한 방향으로 가야 할까?

김대중 정부와 노무현 정부의 대북포용정책은 남북간의 화해협력을 통해 관계개선과 경협, 사회문화적 교류 부문에서 상호 이해 증진의 폭을 넓히는 데 큰 기여를 하였다. 남북관계에 있어서 가장 중요한 것은 상호간의 신뢰구축이다. 따라서 관계개선에서 더 나아가 비핵화와 한반도 평화체제를 구축하는 데에 있어 상호간의 신뢰확보를 위해서는 병행론, 출구론, 전략적 견인이 바탕이 되는 포용정책은 어느정도 필요함을 알 수 있다. 하지만 이 포용은 북한의 잘못까지 포용하는 무분별한 포용이 아님을 확실히 할 필요가 있다. 김대중 정부와 노무현 정부의 대북정책이 '퍼주기식 정책'이라는 비난을 받았던 점을 고려할 때 북의 잘못에 대한 상응조치를 구사하는 것은 당연해 보인다. "북한이 미사일 발사시험을 유예하거나 핵실험 중단을 천명했던 시기는 예외 없이 남북관계가 좋은 시기였다는 것을 기억해야 합니다. 그럴 때 북미, 북일 간 대화도 촉진되었고, 동북아 다자외교도 활발했습니다." 문재인 대통령의 제72주년 광복절 경축사 내용이다. 문재인 정부 역시 남북 간 대화와 교류를 통한 기본적 신뢰관계가 구축되어야 북핵문제 해결을 위한 다자 대화에서도 우리가 주도적으로 미국, 중국 등 주변국들의 협조를 이끌어낼 수 있다고 보았다. 북핵문제의 본질은 이것이 북한의 체제에 대한 보장과 생존을 위한 지원 및 세계경제체제로의 편입을 요구하는 표현이라는 것이다. 따라서 김대중, 노무현, 문재인 정부의 대북정책은 병행론, 출구론, 전략적 견인이 바탕이 되어 이러한 핵심을 제대로 파악한 대북정책이라 볼 수 있다. 그러나 앞서 살펴보았듯이 이 대북정책들은 남북 관계 개선에서 더 나아가지 못하였다는 한계를 갖는다.

한반도의 비핵화와 평화체제를 위하여 우선, 대한민국 정부는 남북한이 중심이 되는 협상을 항상 기본으로 하며 관련국들의 참여에 융통성을 발휘하고 이 때 한국이 중재자가 아닌 소위 '들러리'로 전락할 수 있는 점을 유의해야 한다. 또한 이때 가장 중요한 것은 한국이 북한과 미국사이에서 '힘있는 중재자'의 역할을 해야 한다는 것이다. 한국의 대북정책은 미국의 협조 없이는 성과를 내기 어렵다는 한계를 지닌다. 따라서, 중재자의 역할을 하는 데에 있어서 미국과 북한 사이에서 한국의 균형 잡힌 외교전략은 필수적이다. 이를 통해 북한으로부터는 신뢰확보를 미국으로부터는 한반도 비핵 평화를 위한 협조와 협력을 이끌어낼 수 있을 것이다. 비핵화에 대한 명확한 정의 역시 필요하다. 한반도 비핵화에 대하여 현재 북한은 '조선반도의 비핵화'를 주장하고 있는 반면, 한국과 미국은 '북한의 비핵화'를 주장하고 있다, 따라서 비핵화가 무엇인지에 대한 합의가 우선되어야 한다. 비핵화에 대한 명확한 정의를 바탕으로 한국, 북한, 미국이 3자 회담을 통하여 종전 선언에 도달하고 김정일 위원장이 제안한 두 조건(미국의 대북 적대정책 포기와 북한체제의 안전보장)을 보장해주는 대신 영변 핵시설의 해체를 요구한다면 합의에 도달할 수 있을 것이라는 기대를 충분히 해볼 만하다. 합의에 도달한다면, 북한은 자발적인 영변 핵시설 해체를 할 것이고 한국은 이에 상응하는 조치로 금강산 관광의 재개와 개성공단 재가동 등을 실시하여야 한다. 이렇게 서로 호혜적인 관계가 되어 주고받는 것이 있는 상태에서 궁극적으로는 한국 정부는 한반도 평화체제를 위한 한반도 평화조약을 체결하고 이 조약을 통해 FFVD(최종적이고 완전히 검증된 비핵화)에 도달할 수 있을 것이다.

정리해보자면,

1단계 : 병행론, 출구론, 전략적 견인을 바탕으로 한 남북관계 개선 및 신뢰 확보 및 북한과 미국 사이에서 한국의 '힘 있는 중재자' 역할

2단계 : 비핵화에 대한 한국, 북한, 미국의 명확한 정의

3단계 : 한국, 북한, 미국의 3자 회담을 통한 정전 선언과 북한의 비핵화에 대한 합의

4단계 : 북한의 자발적 핵시설 해체 및 금강산 관광 재개와 개성공단 재가동

5단계 : FFVD와 한반도 평화체제를 위한 한반도 평화조약 체결

Ⅲ. 결론

필자는 병행론, 출구론, 전략적 견인의 입장에서 김대중, 노무현, 문재인 정부의 대북정책을 평가하고 분석하였다. 이를 바탕으로 세 정부의 대북정책이 보여준 성과와 한계에 초점을 맞추어 장점을 극대화하고 단점을 줄이는 대북정책을 재정립하고자 하였다. 그리고 다섯 단계를 통하여 한반도 비핵 평화를 위한 유용성 있고 현실성 있는 대북정책을 고안하였다.

그러나 필자의 대북정책은 미국의 협력이 전제되어야 한다는 한계를 갖는다. 사실 이것은 필자의 대북정책뿐 아니라 한국의 대북정책이 갖는 공통적이고 불가피한 한계라고 할 수 있겠다. 한국전쟁 당시 맺은 정전협정은 한국과 북한이 맺은 것이 아닌 미국과 북한이 맺은 것이기에 정전체제 종식 및 한반도 평화체제의 구축에 있어서 미국의 역할과 영향력은 절대적이며 북한의 핵문제 역시 미국에 대응하는 전략으로 발생한 경우가 많다. 이는 노무현 정부 당시 북한의 제1차 핵실험이 부시 행정부의 '대북강경일변도정책'에 대응하여 일어난 것이라는 점에서 확인가능하다. 또한 한국은 '중견국'이라는 위치로 인해 다른 국가들을 협상 테이블로 유인하고 사이에서 중재를 하는 역할 그 이상을 하기 어려운 상황이다. 따라서 대북문제에 있어 관련국들로부터 코리아 패싱(Korea passing)이 우려되기도 한다. 이는 한반도 의 비핵화와 평화체제를 위하여 앞으로 해결해 나가야 할 과제이다.

Ⅳ. 참고문헌

통일부, 2003, 『참여정부의 평화번영정책』, p.2.

통일부, 2017, 『문재인의 한반도정책』, p.25.

조성렬, 2017, 『문재인 정부 대북정책의 과제와 전망 : 한반도 비핵화와 평화체제의 비전을 중심으로』, 통일정책연구, 26(1), p.6, p.18.

민정훈, 2017, 『트럼프의 미국우선주의와 한미 안보 관계의 쟁점』, 세계지역연구논총, 35(4), p.22.

박광원, 2014, 『대한민국 정부의 대북정책과 국제적 환경요인에 대한 국민인식의 실증분석』, p.7, 고려대학교 석사학위 논문.

강인선, 2018, 『대북정책에 대한 국민 인식 조사연구 -대북정책 패러다임 전환을 위하여-』, p.24, 경기대학교 대학원 박사학위 논문.

김정란, 2008, 『대북포용정책의 변화와 지속성 -김대중 정부와 노무현 정부의 대북정책 비교연구-』, p.42, p.64, 숙명여자대학교 석사학위 논문.

외교부 한반도 평화체제의 의미 http://www.mofa.go.kr/www/wpge/m_3982/contents.do (검색일 : 2019.6.4.).

제2부

동북아시아 국제관계

1

동북아시아 다자안보협력체제 구축을 위한 제언

정치외교학과
이나윤

요약 국제 무대에서의 러시아은 영향력이 갈수록 커져가고 있고, 한반도 문제는 이제 전 세계적인 안보 이슈로 부상하였으나 그 동안의 한반도 평화체제 관련 논의에서 러시아와의 협력은 과소평가 되어왔다. 한국과 러시아는 주요 안보 이슈, 현안에 대해 유사한 입장을 보이고 있는 부분이 적지 않고 동북아 다자안보협력체제의 필요성을 적극 주장하고 있다. 우선 북핵 6자회담의 의미를 생각하면서 다자적 대화 플랫폼이 다시 재건될 수 있도록 해야 한다. 더불어 한국과 러시아는 상호 호혜적인 관계를 지속적으로 유지하면서 실현 가능한 부문에서부터 양자협력을 늘려 나가고, 장기적인 측면에서 북한을 포함하는 동북아 다자 협력 체제를 이끌어 나갈 수 있도록 해야 할 것이다.

I. 서론

그 동안의 북핵 문제 해결이나 한반도 평화정착에 대한 논의는 주로 남한과 북한, 그리고 미국과 중국에 한정적으로 진행되어 왔다. 북핵 문제가 한반도 내의 문제가 아니라 전 세계적인 안보 이슈로 부상함과 동시에 다자협력, 국제공조의 필요성이 갈수록 강조되고 있는 상황에서, 북한과 국경을 맞대고 있고 국제사회에서 중요한 행위자 역할을 하고 있는 러시아와의 협력은 아직까지 구체적으로 실현되지 못하고 있거나 혹은 과소평가되어왔다고 볼 수 있다. 러시아는 북한의 비핵화와 한반도 평화 정착에 있어서, 그뿐 아니라 더 나아가 동북아 다자안보협력에 있어서 굉장히 중요한 행위자다.

현재 한국은 문재인 정부가 들어서면서 신북방정책을 통해, 러시아는 푸틴의 제3기 집권 이후 신동방정책을 통해 동북아 지역 국가들 간의 긴밀한 협력과 공동 번영을 제안하고 있다. 우선적으로 한반도 평화체제가 구축되어야 하고, 동북아 지역 국가들의 실질적인 공동 이익을 늘려가면서, 다자안보협력을 통해 동북아 안보 질서의 불안정성을 점차 줄일 수 있도록 해야 한다. 러시아가 휴전협정 체결 당사자가 아니라는 사실로 인해 러시아를 한반도 평화체제 구축 과정에의 참여자로 볼만한 당위성이 부족하다는 점이 지속적으로 논란거리가 되고 있기는 하지만 그럼에도 불구하고 러시아를 한반도 평화체제 구축의 중요한 행위자로서 포함할 필요성은 분명히 존재한다. 또한 동북아 지역 국가들의 구체적이고 실질적인 다자안보협력이 이루어질 수 있도록 노력해야 한다는 점의 당위성은 논박의 여지가 없다고 생각된다.

우선 첫째로 한국과 러시아가 주요 안보 이슈, 현안에 대해 유사한 입장을 보이고 있는 부분이 적지 않다는 점에 주목해 보고자 한다. 러시아는 이전에 수세적, 관조적인 태도를 보였다고 평가받기도 했으나 최근에는 북핵 문제에 있어서 꽤나 공세적이고 적극적인 자세를 취하고 있는 것으로 보인다. 북한의 비핵화를 적극 주장하면서 유엔 안보리 대북제재에 동참하고 있고, 더불어 군사적 해법보다는 다자적인 문제 해결이 필요하다고 보는 입장을 취하고 있다. 러시아는 한반도에서 전쟁이 발생하는 등의 커다란 변수가 생겨 자국의 이익을 지키기 힘들어질 경우를 피하고 싶어하기 때문에 한반도 평화를 적극 지지하고 있다고 볼 수 있다. 한국과 러시아는 모두 북핵 문제의 평화적 해결, 다자적 해결을 주장하고 있고 동북아 지역의 협력을 강조하고 있으며 한·러 간에는 영토 분쟁 등의 갈등이 부재하기 때문에 공동 이익을 찾아 협력을 늘려 나갈 여건이 충분히 갖춰져 있다.

둘째로 한국은 미국과 위계적인 동맹관계를 맺고 있고 강대국들의 외교 정책에 많은 영향을 받는 '중견국' 행위자이기 때문에, 강대국의 강한 국력이 한국에 그대로 영향을 미치기 쉬운 현 체제보다 동북아 지역의 다자적 협력 체제가 구축되었을 때 자율성 확보 및 전략적 행위의 공간 확대가 가능해진다. 더불어 북핵 문제뿐 아니라 한반도의 정치적, 군사적 문제는 동북아 지역에 큰 영향을 미칠 수 있다. 즉 북한의 비핵화를 포함한 한반도 평화 관련 이슈는 이미 국제적 성격을 가지게 되었고, 따라서 한반도 평화체제 구축에 대한 남, 북, 미, 중 4개국뿐 아니라 주변 관련 국가들의 참여가 당위성을 갖게 될 수 있다고 보여진다. 특히나 북한과 밀접한 연관을 가지고 있는 강대국 러시아를 제외하고 한반도 평화체제, 동북아 공동체를 논의한다면 성공 여부나 실효성 등에 문제 제기가 있을 수밖에 없을 것이다.

셋째로 주목할 점은 한국과 미국, 그리고 북한과 중국은 '동맹의 딜레마'에 빠지게 될 위험성이 늘 존재한다는 것이다. 북한이 중국에 대한 의존도를 낮추고 러시아와의 협력을 늘리기 위해 노력하는 모습이 이에 기인하는데 최근 하노이 정상회담 이후 북한이 러시아부터 방문하여 북·러 정상회담을 개최했다는 것을 근거로 들 수 있다. 러시아는 미국과 중국에 대해 '동맹의 딜레마'에 빠지지 않을 수 있고 어느 정도 자율성을 가지고 있기 때문에 러시아가 한반도 평화체제 구축 과정에 적극적으로 참여하게 된다면 한반도 문제에서 중재자로서 영향력을 발휘할 수 있을 것이다. 더 나아가 동북아 다자안보협력체제 구축의 측면에서 생각해 봤을 때 러시아는 이전부터 계속 동북아 지역의 불안정한 안보 구조나 냉전의 잔재, 군비 경쟁 등을 해결하기 위한 방안으로 동북아 다자안보를 주장해왔다. 한국 또한 러시아의 다자안보협력체제의 필요성 주장에 공감대를 형성하고 있는데, 협력의 과정에 있어서 논의될 수 있는 한반도 종단 철도(TKR)-시베리아 횡단 철도(TSR)의 연결이나 에너지 협력 등은 분명히 한국의 국가이익에 수렴하는 기회 요인들이기 때문에 한국은 동북아 다자안보협력을 효과적으로 이용할 수 있어야 하고 동북아 다자협력체제가 안정적으로 자리매김할 수 있도록 노력해야 한다.

본 글에서는 러시아가 한반도 평화정착에, 그리고 동북아 다자안보협력 실현에 있어 어떤 역할을 할 수 있는지에 대해 중점적으로 알아볼 것이다. 2절에서는 러시아가 한반도에 대해 어떤 입장을 취하고 있는지, 더불어 러시아가 주장하고 있는 동북아 다자안보협력은 어떤 것인지 살펴보고자 한다. 3절에서는 북핵 6자회담의 의미를 되새겨 보면서, 한반도 문제 해결에서부터 동북아 지역의 다자안보협력까지 실현할 수 있는 가능성을 찾아볼 것이다. 또한 남·북·러 삼각경협에 대해 고민해 보면서 실질적으로 협력이 가능할 수 있는 방법이 무엇인지 알아보고자 한다. 마지막 4절에서는 본론의 내용을 정리해 보면서 정책적 제언을 함께 논의해볼 것이다.

Ⅱ. 러시아의 한반도·동북아 인식과 정책적 입장

러시아 푸틴 정부는 '실용적 신전방위 강대국 노선의 대외정책 기조'[1]를 견지하면서 자국의 이익을 확보하기 위해 노력하고 있다. 러시아는 체제전환 이후 몰락을 경험했고, 북한과의 관계 악화 이후 한반도에서의 영향

1 서동주, 이상준, "푸틴 집권 4기 러시아의 동북아·한반도 정책과 한·러 외교·경협의 과제," 『러시아연구』, 제28권 2호 (2018), pp.121

력 감소 또한 학습한 바 있다.[2] 지금의 러시아는 한반도 문제뿐 아니라 여러 국제적 이슈에 적극적으로 개입하면서 국제무대에서 영향력 있는 행위자로서의 존재감을 드러내고 있다.

러시아는 극동 지역의 경제 발전, 안보적 취약성 극복을 위해 안정적인 동북아 지역 질서를 만들고자 하는데 이에 한·러, 그리고 남·북·러 협력이 도움을 줄 수 있을 것이라 판단하고 있다. 러시아는 한·러 경제협력의 활성화를 모색하면서 동시에 남·북·러 삼각경협을 추구하는 실용적 병행 정책을 추진하고 있는데, 이는 문재인 정부가 제안한 '9-Bridge' 사업 전략과도 비슷한 결을 가지고 있다. 북한의 진공상태로 인해 그간 계속 필요성이 제기되어 온 남·북·러 삼각경협이 실질적으로 큰 성과를 내지는 못했으나, 문재인 정부의 '9-Bridge' 사업 전략은 남·북·러 삼각경협에 앞서 우선적으로 '실현 가능한' 분야에서의 한·러 경제협력 의지를 표명하고 있다는 점에서 찾아볼 수 있다. 러시아의 입장에서 봤을 때 일본과는 쿠릴열도를 둘러싼 영토분쟁이, 중국과는 중국인들의 극동 지역 불법 이주 문제가 걸림돌로 작용하고 있지만, 한국과는 특별한 마찰이 존재하지 않는다는 점을 비롯하여 남·북 동시 수교국이라는 점 등이 협력에 있어서 긍정적으로 작용하고 있다. 러시아가 한반도에 대해 취하고 있는 입장은 기본적으로 북핵 문제를 다자적인 대화와 협력을 통해 해결해 나가야 한다는 것이다. 러시아는 북핵 6자회담에서 자국의 역할 지속을 강조하면서 한반도에 대한 영향력을 증대하고자 하고, 남·북·러 삼각경협의 실현 또

2 엄구호, "러시아의 한반도 정책과 북핵 해결 협력 방향" 『중소연구』, 제41권 4호 (2018), pp.168

한 정책적 목표로 삼고 있다.

동북아 다자안보협력에 가장 적극적인 국가는 단연 러시아라고 볼 수 있을 것이다. 우선 러시아는 미국과 중국보다 외교력 측면에서 열세인데, 한반도와 동북아 지역에서의 영향력을 확보하는 것이 러시아의 국가 이익 확보에 큰 부분을 차지하는 만큼 동북아 다자안보협력을 통해 한반도와 동북아 지역에 미국과 중국 패권의 확장이 저지될 수 있도록 하는 것을 원한다. 동북아 다자안보협력은 러시아 극동 지방의 안보적 취약성[3]을 해결하는 데에도 도움이 될 수 있고, 안보 협력에 이르는 과정에서 발생하는 경제 협력 또한 러시아에 많은 이익을 가져다 줄 것으로 보고 있다.

•

3 러시아 극동 지역의 안보적 취약성 원인으로는 소련의 해체 이후 극동 지역의 군사력이 현저히 약화 되었다는 점과, 인구밀도가 지나치게 낮고 모스크바로부터 먼 거리에 위치하고 있다는 점, 그리고 중국인들의 불법 이주 문제 등을 꼽을 수 있다. 한반도의 불안정한 상황도 극동 지역 안보적 취약성의 원인이 되는데 북한과 국경을 맞대고 있는 러시아의 입장에서는 냉전의 잔재가 아직까지 남아 있는 한반도에 전쟁의 가능성이 늘 존재하는 한반도를 위험 요인으로 간주할 수밖에 없는 것이다. 홍완석, "동북아 다자안보: 러시아의 정책과 한,러 협력," 『슬라브 연구』, 제27권 (2)호 (2011), pp.43.

Ⅲ. 동북아 다자안보협력체제 구축을 위한 제언

1. 북핵 6자회담의 중요성

2003년 8월 27일, 베이징에서 시작된 북핵 6자회담은 제4차 6자회담에서 9.19 공동성명, 제5차 6자회담에서 2.13 합의, 제6차 6자회담에서 10.3합의를 이끌어 냈다. 그러나 계속되는 북한의 핵 도발, 주변국과의 관계 경색 등의 이유로 2008년 이후로 중단되어 왔는데, 10년 넘게 6자회담이 이루어지지 못하고 있는 2019년 현재까지 북핵 6자회담이 동북아 다자안보협력체제에 있어서 어떤 의미를 가지고 있는지 알아보고자 한다. 러시아는 북핵 6자회담이라는 기존의 틀을 이용하여 동북아 다자안보협력체제를 구축하고자 하는 장기적인 목표를 가지고 있다. 북핵 6자회담에서 동북아 다자안보협력체제로의 전환 가능성을 엿볼 수 있는 근거로 2007년 2.13 합의에 따라 설치된 북핵 6자회담 내의 5개의 실무그룹(WD)을 들 수 있다. 5개의 실무그룹은 한반도 비핵화 실무그룹, 북·미 관계 정상화 실무그룹, 북·일 관계 정상화 실무그룹, 경제 에너지 협력 실무그룹, 그리고 동북아 평화·안보 체제 실무그룹으로 구성되어 있다. 주목할 것은 동북아 평화·안보 체제 실무그룹이 설치되었다는 점과, 실무그룹 의장국을 러시아가 자임하여 맡았다는 점이다. 러시아는 북핵 6자회담이 중단된 이후에도 2009년 2월에 북한과 미국 대표가 참여한 제3차 실무그룹 회의를 모스크바에서 개최하기도 했다.[4] 이는 북핵 6자회담의 틀을 동북아 다자안보협력으로 이어 가고자 하는 러시아의 강력한 의지가 투영된 것이라고 볼 수 있다.

러시아가 6자회담의 형식을 강조하는 중요한 이유 중 하나는 6자회담에 러시아가 포함될 수 있기 때문이다. 즉 러시아가 자국의 전략적 지위를 파악했을 때 6자회담 형식이 동북아 지역에 개입하는 데 부담을 덜어주면서도 개입의 정당성을 확보하고 개입을 확대할 수 있는 좋은 수단이기 때문이다.[5] 이러한 과정에서 러시아의 '역량'에 대한 의문을 가지는 경우도 적지 않은데, 러시아가 북핵 6자회담의 '건설적 중재자'의 역할을 충분히 할 수 있는 국가라는 점에서 한 가지 사례를 들어보고자 한다. 2005년 미국은 BDA[6] 경제제재를 채택했는데, 이에 대한 반발로 2006년 북한이 위기 조성 전략을 선택하게 되면서 2007년 2·13 합의사항이 전혀 이행되지 못하고 있던 상황이었다. 이때 러시아가 BDA 문제의 해결을 위해 적극적으로 노력하는 모습을 보였고, 이러한 과정에서 러시아는 북핵 6자회담이 안정적으로 진행될 수 있도록 촉진하는 역할을 했다고 평가받는다. 물론 단적인 사례이기는 하나, 현재 러시아의 위상과 국제 무대에서의 영향

•

4 홍완석 (2011), p.51.

5 서동주, 이상준 (2018), p.123.

6 2005년 9월 15일 미국 재무부가 마카오 은행인 방코델타아시아(BDA)를 'primary money laundering concern'으로 지정하여 BDA에 예치된 북한 자금을 동결하면서 금융제재를 가했다. 북한은 BDA 여파로 경제적 위기를 겪게 되었고 2006년 핵실험으로 위기를 조성하며 미국에 자금 송금을 요구했다. 미국은 BDA 금융제재를 해제하고 북한을 북핵 6자회담에 복귀시키고자 했다. 북한에 자금을 돌려주는 과정에서 불법 자금이 섞여 있을지 모르는 북한의 자금을 중개하고자 하는 금융기관을 찾기 어려웠던 상황이 발생했는데, 러시아 중앙은행과 극동은행이 문제를 해결하는 데 큰 도움을 주었다.

력은 점점 커지고 있기 때문에 북핵 6자회담의 재개, 한반도 평화 정착, 동북아 다자안보협력체제 구축의 과정에서 러시아는 중요한 행위자로서 역할을 할 수 있을 것이다. 북한과의 전략·전술적인 견해 합의를 이루고 북한의 입장에 힘을 실어주면서 과도한 대북압박을 견제하거나, 혹은 유엔의 대북제재에 적극적으로 참여하면서 비핵화를 강력히 주장하는 등 중재자, 촉진자의 역할을 할 수 있을 것이라 생각된다.

한편 북핵 6자회담의 효용가치 자체가 이미 존재하지 않기 때문에 북핵 6자회담의 재개를 언급하는 것이 적절하지 않다고 보는 입장도 있다. 현실주의적 입장에서 북핵 6자회담이 북한의 핵 실험을 막지 못했고, 전략적 선택을 위한 시간 끌기에 말려들었으며, 오히려 북한이 국제사회에서 강대국들을 상대할 수 있을 만한 힘을 가진 국가처럼 보이게 하는 데 기여했다는 것이다.[7] 하지만 그럼에도 불구하고 6자회담은 냉전질서가 잔존하고 양극 체제의 양상이 두드러졌던 동북아 지역에서 다자주의적 접근을 통해 합의를 이뤄낸 대표적인 사례라는 점에서 그 의미가 크다. 비록 9.19 공동성명이나 2.12 합의, 10.3 합의 등이 북한의 군사적 도발로 제대로 이행되지는 못했으나 북핵 6자회담이 북한과의 꾸준한 대화 플랫폼으로 작동할 수 있다는 점, 동북아 지역 여러 국가들이 대화와 타협을 통해 공동이익을 창출하면서 공고한 상호 협력 체제를 구축해 나갈 수 있는 방안이 될 수 있다는 점, 그리고 동북아 다자안보협력체제로의 전환에 긍정적인 영향을 미칠 수 있다는 점에 주목해야 할 것이다. 한반도 평화 문제가 국제

7 정기웅, "북한 핵과 6자회담: 지속 필요성에 대한 검토," 『국제지역연구』, 제17집 3호 (2013), pp.258.

적 이슈로 격상되었고, 미국과 북한이 타협점을 찾는 데 어려움을 겪고 있는 현 상황에서 북핵 6자회담이 가지고 있는 의미를 되새겨볼 가치가 있다고 보여진다.

2. 남·북·러 삼각경협은 '실현 가능'한 것부터

한국과 러시아가 중요시 여기면서 적극적으로 추진할 의지를 드러내고 있는 남·북·러 삼각 경협은 그간 많은 이야기가 오갔음에도 불구하고 구체적인 성과를 보이지는 못했다. 근본적인 원인은 북한의 진공상태라고 볼 수 있다. 북한을 포함하는 협력에 있어서 북한은 정치적으로도, 경제적으로도 소극적인 태도를 보여오면서 군사적 도발로 신뢰를 떨어뜨리기도 했다.

남한과 북한, 그리고 러시아의 협력은 실현 가능한 분야부터 실행해야 한다. 우선 현재 북한과 미국이 비핵화에 대한 합의점을 찾지 못한 상황, 대북제재가 지속되고 있는 상황에서 한국과 러시아는 북한을 포함하는 협력과 북한을 포함하지 않는 협력을 나누어 생각해 볼 필요가 있다. 북한의 군사적 도발이 한·러 간의 양자 협력에 영향을 주지 않도록 해야 한다. 우선적으로 양자 협력을 구체화 해야 하고 북한으로 하여금 비핵화 논의를 진전 시키면서 남·북·러 삼각 경협에 참여할 수 있도록 하는 동기를 부여해야 한다. 경제적 측면에서 공동 이익을 찾아내고, 꾸준하고 안정적인 협력을 통해 상호 의존도가 증대될 수 있도록 하며, 남·북·러가 호혜적 관계가 될 수 있도록 해야 할 것이다. 우선적으로 기존에 논의된 사업을 재개하는 것이 필요하다. 나진-하산 프로젝트의 재개, 개성공단 재개, 금강산 관광 재개 등을 고려할 필요가 있고 광역두만강개발계획(GTI)을 통한 적극적인 사업 추진이 필요하다. 물론 GTI 관련 사업 추진을 위해서는 우선 안정적인 재원 확보가 필요한데, 이에 대해서는 중국 주도의 아시아인프라투자은행(AIIB)를 활용하는 것을 고려해볼 수 있다. 북한의 GTI 재가입 문제도 충분히 논의되어야 한다. 북한이 GTI에 재가입 했을 때 얻을 수 있는 동북아 지역 국가들의 공동 이익을 찾아내어 북한을 설득할 필요성이 제기된다. 현재 동북아에는 아세안(ASEAN)이나 유럽연합(EU) 같은 역내 협정이 존재하지 않기 때문에 북한의 재가입, 안정적인 재원 마련, 적극적 사업 추진 등으로 동북아 지역 내 국가들 간의 경제협력을 견인할 수 있는 동북아 역내 협정으로 성장할 수 있도록 해야 할 것이다. 동북아 지역의 공동번영을 위한 FTA 추진, 물류 단지 활성화 등도 고려하여 한국의 신북방정책과 러시아의 신동방정책이 시너지 효과를 내어 '신 경제지도'의 구상을 실현할 수 있게 만들어야 한다.

장기적인 측면에서는 한반도 종단 철도(TKR)과 시베리아 횡단 철도(TSR)의 연결을 생각하지 않을 수 없다. '철의 실크로드'라고 불리는 철도 연결 사업은 우선 한반도에 남한과 북한 간의 교통 인프라 구축, 북한의 진공상태 해결, 북한 경제 견인 및 한국에서의 고용 창출 효과 등의 이익을 가져다 줄 수 있다. 철도 연결은 한반도뿐 아니라 유라시아 협력을 견인할 수 있는 힘을 가질 수 있게 되고, 많은 국가들의 공동번영이라는 긍정적 파급효과를 미칠 수 있을 것이다. 철도 연결에 있어서 항상 국내에는 '북한 퍼주기'라는 비판적 여론과 함께 남남갈등이 발생하는 모습을 보여왔다. 철도연결을 위해서는 우선 북한 철도의 개보수가 필요하기 때문에 이에 들어가는 막대한 투자비가 남남갈등을 유발하게 되는 것이다. 물론 북한으로 남한의 돈이 들어가는 것, 공사를 위한 자재나 장비가 투입되는 것은 현재 유엔 대북제재에 위반되는 사안이기에 비핵화 단계에서 실현할 수 있는 협력을 우선적으로 추진하고 철도사업에 대해서는 장기적 안목에서 단계별 사업추진 계획을 구체적으로 수립해야 한다. 실효성 검사, 사업성 검증 등의 단계를 거쳐 국민적 동의, 국제적 동의를 얻고 순차적으로 철도 연결 사업을 진행해야 한다. 한국은 2015년부터 국제철도협력기구(OSJD)에 정회원으로 가입하기 위한 절차를 추진했는데 북한의 반대로 가입이 무산된 바 있다. 그러나 4.27 판문점 선언 이후 남북 관계가 급속도로 진전됨에 따라 2018년 6월, 북한이 반대 의사를 밝히지 않았고 그 덕에 한국은 OSJD의 정회원으로 가입할 수 있었다. 이는 한국이 TKR과 TSR의 연결을 통한 유라시아 대륙 철도 노선 운영에 참가할 수 있게 되었음을 의미하기도 하고, 더불어 남·북·러가 철도 연결 사업을 위해 협력할 수 있을 것이라는 가능성을 내포하고 있기도 하다.

Ⅳ. 결론

미국의 포브스(Forbes)지는 2013년부터 2016년까지 세계에서 가장 영향력 있는 인물로 푸틴 대통령을 선정했다. 이 기간 동안 러시아는 크림반도를 병합하였고, 시리아 내전에 적극적으로 개입하였으며, 이란

핵 문제의 평화적 해결을 주도하는 모습을 보이기도 하였다. 이를 통해 우리는 러시아가 국제사회에 영향력을 미칠 수 있는 행위자이며 그 존재감은 꾸준히 커져가고 있다는 것을 알 수 있다. 한국과 러시아의 교역은 2015~2016년 대러 재제 및 유가 하락 등의 영향으로 크게 위축된 이후로 2017년 전년 대비 41% 증가하여 회복세를 보인 이후, 2018년에도 전년대비 31% 증가하여 꾸준한 증가세를 보이고 있다. 2018년 한-러 교역액은 248.2억 달러를 기록하여, 위기 이전의 역대 최대 교역규모(2014년 258억 불)에 근접한 수준으로 회복하였는데, 이를 통해 한국이 러시아와의 협력을 증대하기 위해 노력하고 있는 것을 알 수 있다. 북한 또한 중국으로부터의 종속, 위계적 동맹으로부터 발생하는 딜레마를 해결하기 위해 러시아에 집중하고 있는 상황에서 러시아는 남·북 동시 수교 국가로서 한반도 평화체제 정착 과정에 있어 중재자, 혹은 촉진자로서 중요한 역할을 할 수 있는 행위자로 평가할 수 있을 것이다.

한반도 평화체제 구축과 더 나아가 동북아 다자안보협력체제의 실현을 위해서는 한국과 러시아 간의 협력이 중요하다. 우선 본문에서 강조했듯이, 북핵 6자회담이 가지고 있는 의미와 중요성을 상기하면서 다자적인 대화의 장을 재건하는 것이 필요하다. 위계적 동맹구조에서보다 다자적 체제에서 더 큰 자율성을 확보할 수 있는 한국과, 미국·중국보다 외교력 측면에서 열세를 가지고 있는 러시아는 동북아 다자안보협력체제에서 상호호혜적인 전략적 파트너가 될 수 있다. 다만 6자회담에 대해 회의적 시각을 가진 이들은 북한과의 합의들이 지켜지지 않았다는 점에 의거하여 지켜질 가능성이 희박한 합의는 북핵 문제 해결에 도움이 되지 않는데 '매몰비용'의 효과에 따라 아직까지도 북핵 6자회담 재개가 주장되고 있다고 한다. 또한 북한의 핵 보유에 대한 미국과 북한의 입장차이가 좁혀지지 않고 있는 현 상황에서 북핵 6자회담이 동북아 다자안보협력체제로 나아갈 수 있을지에 대한 의문도 제기되고 있다. 하지만 그럼에도 한반도 평화체제 구축, 동북아 다자안보협력체제의 구축을 모색하는 과정에 있어서 북핵 6자회담이 상기시켜줄 수 있는 의미들에 주목해야 할 필요는 있다.

한국과 러시아의 협력은 북한의 행보에 영향을 받지 않을 수 있도록 독자적으로 추진되어야 한다. 비핵화 이전까지의 기간 동안에는 한국과 러시아 양자 협력이 가능한 분야에 초점을 맞추어 공동 이익을 발견하고, 북한과의 대화 플랫폼을 꾸준히 유지하여 지속적인 대화를 통해 북한을 설득하는 것이 필요하다. 또한 동북아 지역 국가들은 다양한 형태의 대화를 통해 역내 평화 정착을 위한 다자적 협력 기반을 다져나가야 한다. 대북제재가 어느 정도 해제가 된 이후부터는 북한을 포함하는 의미에서, 장기적인 측면에서 동북아 지역 국가들 간의 상호 의존도를 높이고 안정적인 체제를 구축하기 위한 구체적인 방안을 강구해야 할 것이다. 경제적 의미에서도 북한을 행위자로 포함하는 협력들을 본격적으로 추진하면서 경제 견인, 공동 번영 등을 추구할 수 있게 될 것으로 판단된다.

냉전적 구도를 탈피하고 미국과 중국이 주도하고 있는 양극의 질서에서 벗어나 다자적 질서로의 변화가 필요한 시점이다. 한국과 러시아의 협력이 한반도 평화체제, 동북아 다자안보협력체제 구축을 위한 건설적 역할을 할 수 있는 방향으로 나아갈 수 있어야 한다. 동북아 지역 국가들의 공동 이익 기반으로 하는 역내 협력 체제가 만들어졌을 때 동북아의 공동 번영 및 다자안보협력체제까지 이어질 수 있을 것이다.

V. 참고문헌

김미경. "동북아 다자안보협력 구상과 6자회담 : '동북아 평화안보체제 실무그룹'을 중심으로." 북한대학원대학교 (2012)

나희승. "단계별 남북대륙철도 구축방안과 한러 철도협력." 『한국시베리아연구』, 제13권 1호 (2009)

박정민. "북핵문제에 대한 러시아의 전략과 대응: 북한의 제1~4차 핵실험을 중심으로." 『한국과국제정치』, 제32권 2호 (2016)

서동주. "동아시아 · 한반도 안보정세와 한러관계 : 북핵 해결 공조와 전략적 협력의 내실화를 향하여." 『JPI 정책포럼』, 제7호 (2017)

서동주, 이상준. "푸틴 집권 4기 러시아의 동북아 · 한반도 정책과 한 · 러 외교·경협의 과제." 『러시아연구』, 제28권 2호 (2018)

신범식. "러시아 신(新)동방정책과 동북아 지역정치: 지역 세력망구도 변화와 러시아의 가능성 및 한계." EAI국가안보패널보고서 (2014)

안성호. "6자회담을 위한 글로벌 협력방안 연구." 『한국동북아논총』, 제67호 (2013)

엄구호. "러시아의 한반도 정책과 북핵 해결 협력 방향." 『중소연구』, 제41권 4호 (2018)

오가영. "유라시아 이니셔티브 전략과 TKR-TSR 연결." 한국물류학회지, 제27권 4호 (2017)

오영일. "한반도 정세 변화가 가져올 '신(新)북방' 비즈니스 기회: 러시아 극동을 중심으로." POSRI 이슈리포트 (2018)

이상준. "러시아 극동개발과 남 · 북 · 러 3각 협력." 『러시아연구』, 제25권 2호 (2015)

이신욱. "러시아 신동방정책과 북 · 러 경협." 『평화학연구』, 제16권 3호 (2015)

이정호. "동북아 평화 번영을 위한 한러협력 방안." 전남대학교 세계한상문화연구단 국제학술회의, (2005)

장덕준. "북한 핵문제에 대한 러시아의 입장과 대러 협력방안." 『중소연구』, 제

40권 2호 (2016)

정기웅. "북한 핵과 6자회담: 지속 필요성에 대한 검토." 『국제지역연구』, 제17권 3호 (2013)

정은숙. "남·북·러 3각경협과 신동방정책." 『월간 북한』, (2014)

진장원, 권태호. "동북아시아 지역에서 한반도 종단철도(TKR)와 시베리아 횡단철도(TSR)의 연결을 위한 전략." 『아시아연구』, 제18권 2호 (2015)

최은석. "동북아 통합을 위한 법적 과제와 북한의 체제전환 협력방안." 『아시아법제연구』, 제9호 (2008)

홍완석. "동북아 다자안보: 러시아의 정책과 한,러 협력." 『슬라브 연구』, 제27권 2호 (2011)

유신모, "[주말기획] 미국도 놀랐던 '역대 최강 대북제재' BDA… 이젠 왜 못하나?," http://news.khan.co.kr/kh_news/khan_art_view.html?art_id=201602191625401 (검색일: 2019. 06. 13)

2

한일 과거사와 외교관계에 관한 규범적 분석

정치외교학과
서진희

요약 이 논문은 한일 관계와 과거사를 투트랙 전략으로 바라보아야 한다는 중심 주장을 갖고 있다. 이 주장을 이끌어 내기 위해 우선적으로 한국과 일본이 어떤 과거사 갈등을 갖고 있는지 살펴본다. 한일 '위안부' 어떠한 사건으로 인해 변곡점을 맞고 있는지, 지금 현 상황은 어떠한 지 살펴본다. 이후에는 과거사 문제가 어떠한 변곡점을 맞았을때 한일 관계에 직접적으로 미친 영향이 있는지 살펴본다. 노무현 정권을 시작으로 이명박, 박근혜, 문재인 정권의 순서대로 살펴봄으로써 과거사가 실제로 한일 관계에 어떠한 영향을 미치는지 살펴보았다. 이를 통해 한일 관계에 과거사가 영향을 미치는 것은 좋지 못하다는 주장을 증명하고, 투 트랙 전략의 필요성을 언급한다. 투 트랙 전략을 이행하기 위해 외교부 산하 과거사 전담 조직의 도입을 주장한다. 이에 국민들에게 투 트랙 전략에 대해 구체적인 설명을 제공해 오해의 소지를 미련에 방지해야 한다는 주장도 덧붙인다. 마지막 제언에서는 연구를 쭉 진행하면서 3개의 과거사 갈등을 해결하기 위해서는 국제사회의 협력이 요구된다는 사실을 언급하며 논문을 마무리한다.

I. 서론

1. 주제 선정 배경

한일 외교관계에 대해 논문을 작성해보자는 생각을 갖고 주제를 구체화하기 위해 고민하던 중 강제징용 배상판결에 대해 일본정부가 입장표명한 기사를 보게 되었다. 이를 보고 과연 과거사가 한일 관계를 논하는 것에 있어서 영향을 미치는 것이 적합한가라는 생각을 갖게 되었다. 사실 과거사가 한일 관계에 대해 이야기할 때 빠지지 않는 것이 과거사 문제이다. 한일 관계에 얽혀 있는 과거사 문제는 크게 한일 위안부, 강제 징용, 독도 문제가 있다고 할 수 있다. 각각의 문제는 시간이 지날수록 관련된 소송의 결과가 나오거나 합의를 체결하는 것처럼 나름의 합의점을 찾은 것 같지만 한국의 입장에서 최종적으로 해결된 문제는 이들 중 하나도 없다. 앞으로 살펴보겠지만 한일 관계가 진전을 보였을 때는 과거사 문제는 수면 아래에 묻어 놓고 관계의 진전을 이끌었다. 반면에 한일 관계가 최악을 달리고 있을 때에 항상 언급되던 것 역시 과거사 문제였다. 이처럼 앞으로의 한일 관계를 예상할 때 과거사 문제는 빼놓을 수 없는 문제이다. 따라서 과거사 문제가 한일관계에 이처럼 영향을 미치는 것이 바람직 한지에 대해 연구를 진행해보고 싶어 주제를 선정하게 되었다.

2. 연구방향 및 목적

한일 외교관계에 과거사가 영향을 미치는 것이 바람직한가에 대해서 연구하기 위해서는 우선적으로 한일 외교관계의 과거사 갈등에 대해 간단하게 현재의 상황이 어떠한지 설명이 필요하다고 생각했다. 따라서 본론 1에서 현재 한일이 직면해 있는 가장 큰 과거사 3가지, 한일 위안부, 강제징용, 독도문제에 대해 다뤄볼 것이다. 3가지 갈등에 대해 역사적인 흐름은 간략하게 설명하고 한일간에 마찰이 될 수 있었던 사건을 중심으로 전개할 것이다. 한일 위안부 문제는 2015년에 있었던 한일 위안부 합의와 2년 후 발표된 TF보고서를 위주로 살펴볼 것이다. 강제징용 문제는 2018년 배상판결을 중점으로 바라보았다. 독도의 경우는 각 국가에서 언론을 통해 발표한 입장을 바탕으로 어떠한 충돌이 있었는지 알아볼 것이다. 다음으로는 이러한 과거사가 한일 외교관계에 영향을 미친다는 것을 몇 가지 사례 분석을 통해 살펴볼 것이다. 워낙 많은 사례가 있기에 사례를 나눌 기준이 필요했다. 따라서 한국의 외교정책은 국가를 이끄는 대통령이 누구인지에 따라 급격한 변화를 보여주기 때문에 정권을 기준으로 선정했는데 모든 정권을 살펴보기에는 자료의 양이 방대하기에 급격하게 한일 관계의 악화가 시작되었던 노무현 정부부터 시작해서 문재인 정부에 이르기까지 어떤 사례들 있는지 살펴볼 것이다. 이후에 과연 이러한 지금의 현실이 바람직한지에 대해 내 나름의 주장과 근거를 바탕으로 전개하며 결론을 시작해 보려고 한다. 최종적으로는 논문의 주 목적인 과거사의 해결과 한일 관계의 진전을 동시에 이룰 방법에 대해서 결론에서 다뤄보고자 한다. 과거사와 한일 외교관계에서 투트랙전략이 필요하다는 주장을 기틀로 잡고 이를 실현할 구체적인 방안을 다뤄보고자 한다. 한일 관계의 중요성에 대해서는 많은 의견들이 분분하지만 한국이 아시아 혹은 미국에 대한 영향력을 높이기 위해서라도 한일 관계는 중요한 요소로 적용 될 것이다. 마지막으로는 과거사 갈등을 투 트랙 전략을 유지하면서 해결할 방안에 대해 국제사회의 협력을 중심으로 제언해 보고자 한다. 따라서 이 연구를 통해 향후 한일 관계에 있어서 과거사 갈등을 어떻게 다루어야 하는지에 대한 가이드가 되었으면 좋을 것 같다.

Ⅱ. 본론

1. 과거사 문제의 사례측면에서의 분석

1) 한일 '위안부' 문제

한일 '위안부' 문제는 국민들 사이의 큰 관심사이자 한일 양국의 오랜 외교현안이다. 특히 2010년의 헌법재판소의 위안부 문제에 대한 정부의 부작위 판결을 통해 위안부 문제 해결을 위한 정부의 노력이 요구되기 시작했다. 매주 수요일에는 대한민국 주재 일본 대사관 앞에서 일본 정부의 사과를 요구하는 집회가 이루어진다.[1] 정식 명칭은 일본군 성노예제 문제 해결을 위한 정기 수요시위 수요집회는 1992년 1월 8일 미야자와 전 일본총리의 방한을 계기로 간헐적으로 진행되던 시위가 정 기시위로 자리 잡게 되었다. 그 동안 수요시위는 일본군 '위안부' 문제 해결에 대한 활동의 장으로, 이념과 성별, 세대를 초월한 연대의 장으로, 살아 있는 역사교육의 장으로 자리 잡았다. 정기 수요시위는 일본정부에 다음의 6개항을 요구하면서 시작되었다. 1) 일본 정부는 조선인 여성들을 종군위안부로서 강제 연행한 사실을 인정하라, 2) 그것에 대해 공식적으로 사죄하라, 3) 만행의 전모를 스스로 밝혀라, 4) 희생자들을 위해 추모비를 세워라, 5) 생존자

1 이은영, "681회 정대협 수요집회 및 592회 민가협 목요집회 간략 소개", p142

와 유족들에게 배상하라, 6) 이러한 잘못들을 되풀이하지 않기 위해 역사 교육 속에서 이 사실을 가르쳐라 등으로 작성되어 당시 공동대표던 박순금, 이효재, 윤정옥 3인의 이름으로 서명되었다. 이처럼 '위안부' 갈등은 지속적으로 피해당사자들이 일본 정부에 대한 사과를 요구하고 있다.

각 국의 정부에서도 이 문제에 대해 해결을 보고자 노력을 해 왔고 그 결실이 2015 '위안부' 합의로 도출되었다. '위안부' 합의는 2015년 12월 23일 한일 양국의 제8차 고위급 협의에서 타결되었다. 한일 외교장관은 2015년 12월 28일 서울에 서 합의 내용을 확인하고 공동기자회견을 통하여 합의 내용을 발표하였다.[2] 합의 사항은 크게 일본 정부 책임, 일본 정부 사죄, 일본 정부의 금전 조치, 최종적이고 불가역적인 해결, 주한일본대사관 앞 소녀상 문제, 국제사회에서의 비난·비판 자제 등으로 나뉜다. 합의는 발표된 직후에 한국 내에 큰 파장을 불러 일으켰다. 우선적으로 '위안부' 피해자 할머니들이 직접적으로 분통을 터뜨렸다.[3] 12월 29일, 서울 한국 정신대문제 대책 협의회(정대협) 쉼터에서 임성남 외교부 제1차관과 1시간가량 면담을 가진 후 기자들과 만나 다음과 같은 입장을 표명했다. 김복동(89) 할머니는 "협상하기 전에 우리 의사를 들어봐야 하는데 정부가 한마디도 없었다"며 "정부가 타결됐다고 하는데 뭐를 타결했다는 말이냐"라고 말씀하시며 분통을 터뜨렸다. 이어 "우리가 바라는 것은 아베 총리가 나서서 법적 책임을 인정하고 잘못했다고 사과하면서 우리 명예를 회복시

•

2 외교부, 한일 '위안부' 합의 보고서 내용, http://www.mofa.go.kr (검색일 : 2019.06.05)

3 서울신문, 위안부 피해자들, 정부 고위직에 엄청난 호통…살펴 보니http://www.seoul.co.kr/news/newsView.php?id=20151229500477)(검색일 : 2019.05.27)

켜 달라는 것"이라고 강조했다. 또한 "소녀상은 시민들이 한푼 두푼 돈을 모아 세운 것"이라며 "우리나라나 일본 정부가 왈가왈부할 것이 아니며, 후세가 자라면서 '우리나라에 이런 비극이 있었구나' 하고 보고 배울 역사의 표시"라고 말했다.

이처럼 위안부 합의에 대한 국민여론이 들끓자 2년 후인 문재인 정부에서 한일 '위안부' 합의 TF보고서를 발표했다.[4] TF보고서의 주된 주장은 '위안부' 합의가 피해자 중심의 합의가 아니었다는 점이다. 그뿐 아니라 보고서에서는 이면합의라는 직설적인 단어가 언급되지 않지만 비공개합의가 존재한다고는 적혀 있다. 이처럼 강경화 외교부장관이 발표한 내용에 따라서 현재 문재인 정부가 가지고 있는 '위안부' 합의의 처리방안에 대한 기조를 알아볼 수 있다. 첫째, 일본과 위안부 문제 해결을 위해 재협상은 하지 않는다. 둘째, 일본이 낸 10억 엔은 한국 정부의 예산으로 충당한 뒤 나중에 일본과 협의를 하여 결정하겠다는 것이다. 셋째, 사죄와 반성은 일본 정부가 자발적으로 할 것을 요구하는 것이다. TF 보고서 발표 이후에 일본은 유감을 표명했으며, '위안부' 문제는 먼 길을 돌아 결국 제자리에 다시 위치하게 되었다.

•

4 전창수, TF 결과 보고서 이후 한일 관계의 방향, p102-105

2) 강제 징용

일제는 노동력 보충을 위해 조선인을 강제노동에 동원했다. 중국침략 전에는 조선의 값싼 노동력을 모집하여 일본의 토목 공사장에서 노동하게 했으나 중·일전쟁(1937) 이후부터는 국가 총동원법이 공포하고 국민징용령을 실시, 강제동원에 나섰다. 39년부터 45년까지 강제동원된 조선인은 113만 혹은 146만 명에 달하는 것으로 조사되었다. 이들은 주로 탄광, 금속광산, 토건공사, 군수공장에서 가혹한 노동조건 밑에 혹사당했다. 또한 〈근로동원〉이란 명목으로 국민학생까지 군사시설공사에 동원했다. 강제 징용된 조선인은 공사 후 기밀유지를 이유로 집단 학살당한 경우도 있었는데, 평양 미림(美林)비행장 노동자 8백여 명, 지시마열도(千島列島) 노동자 5천여 명이 집단학살되었다. 남양 지방의 섬에 끌려간 경우에는 일본군의 후퇴와 함께 동굴 속에 가두어져 무참히 학살당한 예도 있었다. 일본정부는 90년 6월 강제징용 한국인 총수를 66만 7천 6백 48명으로 공식발표했을 뿐, 이들에 대한 어떤 보상도 외면하고 있다.

하지만 2018년 강제 징용 문제는 새로운 국면을 마주한다. 일제 강점기 당시 강제 징용 피해자 중 4명이 신일본 제철을 상대로 낸 손해배상청구 소송이 대법원에서 이전과는 판결이 나왔다. 하지만 대법원에서는 대법원은 2018년 10월 30일 일제 강제징용 피해자들에 대한 일본 전범기업의 손해배상 책임을 인정해 원고 승소 판결을 확정하고 피해자들에게 1인당 1억 원씩을 지급하라고 판결했다.[5] 대법원 전원합의체는 일본 기업의 불법행위를 전제로 한 강제동원 위자료 청구권은 1965년 한일 청구권협정 대상에 포함된다고 볼 수 없어 피해자들이 일본 기업을 상대로 위자료를 청구할 권리가 있다고 판단했다. 이는 '피해자들의 청구권은 일본 침략전쟁의 수행과 직결된 반인도적 행위에 대한 것이며 한반도 지배의 불법성을 전제로 하지 않는 협정이 피해자 개인의 청구권에 적용될 수 없다'는 것이다. 대법원은 강제징용 피해자들이 1995년 일본에서 손해배상 청구 소송을 제기했다 2003년 패소한 일본 법원의 판결은 '일제강점기 강제동원 자체를 불법으로 보는 대한민국 헌법의 핵심 가치와 정면 충돌한다'면서 국내에서 효력을 갖지 못한다고 판단했다. 또한 청구권의 소멸시효(10년)가 지났다는 주장에 대해서는 '피해자들이 소를 제기한 2005년 2월까지 한국에서 권리를 행사할 수 없는 객관적 장애 사유가 있었다'고 판단했다. 1965년 이전까지 한일 국교가 단절됐었고, 국교 정상화 이후에도 협정 관련 문서가 제공되지 않아 피해자들이 권리를 행사할 수 없는 사유가 있었다고 본 것이다. 판결이 나온 이후 일본 정부의 반응은 예상한 대로였다.[6] 고노 다로(河野太郎) 외무장관은 이날 판결 직후 담화를 통해 "한일 청구권협정 제2조에 분명히 반하며 일본 기업에 대해 부당한 불이익을 입히는 것뿐 아니라 1965년 국교정상화 이후 구축해 온 한일 우호협력 관계의 법적

5 대판 2012.5.24, 2009 다 25549

6 김회경, '日미쓰비시판결유감, 결코 수용 못해' 강력 반발, https://www.hankookilbo.com/News/Read/201811291695355852?did=NA&dtype=&dtypecode=&prnewsid= (검색일 : 2019.05.22)

기반을 근본부터 뒤엎는 것"이며 이 같이 밝혔다. 이어 "일본 정부는 한국 정부가 즉시 국제법 위반 상태를 시정하는 것을 포함한 적절한 조치를 취할 것을 강력히 요구 한다"며 "(한국 측이) 즉시 적절한 조치를 강구할 수 없는 경우에는 일본 정부는 일본 기업의 합법적인 경제활동 보호 차원에서 국제 재판이나 대항 조치를 포함한 모든 선택지를 시야에 두고 의연하게 대응을 강구할 것"이라고 했다. 대법원 판결을 통해 강제 징용 피해자들은 배상 판결을 받았으나 일본 정부의 반응을 살펴본다면 배상 판결은 겨우 작은 산을 넘어선 것뿐이다. 실질적인 배상을 받기 까지는 아직도 큰 산이 남아 있음을 알 수 있다.

3) 독도 영유권 분쟁

독도 영유권에 대한 분쟁에 대해서는 독도 영유권을 주장하는 한국과 일본 각 국가의 주장을 알아보고 독도에 대한 일본의 도발과 한국의 대응을 바탕으로 살펴보았다. 우선적으로 일본이 독도를 자국의 영토라고 주장하는 이유는 크게 세가지 정도 있다. 첫 번째 일본이 1600년대부터 독도를 이용했기 때문에 그때부터 일본 땅이라는 주장이다. 일본은 옛날에 한국은 독도가 있다는 것도 알지 못했다. 하지만 일본은 1600년대부터 울릉도 근처에서 고기잡이를 했다. 독도는 일본에서 울릉도를 가는 길목에 있는 섬이므로 자연스럽게 그곳에 머무르면서 고기잡이하는 곳으로 이용했다. 따라서 독도는 일본이 먼저 발견했고, 실질적으로 일본이 먼저 이용한 일본 땅이라고 주장하는 중이다. 두 번째는 1905년 일본 시마네 현의 발표를 들고 있다. 일본은 독도가 주인이 없는 땅이었고, 주인 없는 땅은 먼저 차지한 나라가 소유하는 것이라며 독도를 일본의 영토라고 주장한다. 1905년은 일본이 우리나라의 외교권을 빼앗은 해에 일본은 독도를 '다케시마'라고 부르면서 시마네 현의 땅으로 삼았다. 마지막은 광복 후에 일본이 미국, 영국, 중국 등과 맺은 조약 내용의 내용을 근거로 제시하고 있다. 제2차 세계대전에서 패한 일본은 1951년에 미국, 영국, 중국 등과 샌프란시스코 강화조약을 맺게 된다. 이 조약에는 일본이 강제로 빼앗은 우리나라 땅을 돌려준다고 되어 있지만 조약에는 독도를 돌려준다는 문구는 존재하지 않는다. 일본은 이 조약을 근거로 1910년 이후에 빼앗은 땅만 되돌려주면 되고, 독도는 그 이전부터 일본의 땅이었기 때문에 되돌려주지 않아도 된다고 주장하고 있다.

이에 대응하는 한국 정부의 독도 영유권에 대한 주장은 크게 세 가지 측면으로 나누어서 생각해볼 수 있다.[7] 역사적, 국제법적, 지리적 측면으로 나누어서 한국의 독도 영유권을 주장할 수 있다. 우선 역사적으로 512년 이사부가 우산국(울릉도)을 점령했을 때부터 독도는 한국영토이다. 그뿐 아니라 세종실록지리지, 조선왕국전도, 심지어는 일본의 고문서와 고지도(삼국접양지도)에도 독도는 한국 영도라고 언급되어 있다. 다음 국제법적으로는 '독도는 울릉군에 속한 땅이므로 울릉군은 울릉도와 석도(독도)를 다스린다'라는 내용이 1900년 대한제국 칙령 제41호 발표됨으로서 조선의 독도 영유권을 국제적으로 공표되었다. 이는 1905년 일본 발표보다 5년 빠른 시점이다. 그뿐 아니라 1946년 1월 연합국 최고사령

7 외교부, http://dokdo.mofa.go.kr/kor/dokdo/government_position.jsp (검색일 : 2019.06.10)

부, SCAPIN 677호 『일본의 정의』를 통해 독도를 일본 영토에서 제외하였고 이러한 연합국의 결정을 수정하려면 다른 지령이나 공포가 있어야 한다고 규정되어 있다. 하지만 이후 다른 지령이나 협정이 없었으므로 대한민국이 독도 영유권 소유한다고 주장한다. 마지막으로 지리적 측면에서는 울릉도 해발고도 80m 이상에서는 연중 30여 일간 독도 관측 가능하며 '눈에 보이고 주민이 일정하게 생활 및 경제활동을 한 공간'은 국제법적으로 부속도서로 인정한다는 것을 근거로 제시한다.

두 국가는 나름의 타당한 근거를 들어 독도를 자국의 영유권안에 소속시키려고 한다. 그만큼 독도에 대해서는 각국의 정상이 독도에 대한 언질만을 할 때도 큰 이슈가 된다. 일례로 최근 4월 23일에도 독도에 관한 양국의 대립이 있었다.[8] 일본 정부가 각의(국무회의)에 보고한 외교 청서에는 독도에 대해 "역사적 사실에 비춰도 국제법상에도 명백하게 일본 고유의 영토"라며 "한국에 의한 불법점거가 아무런 근거 없이 행해지고 있다"는 내용이 명시되어 있다. '동해' 명칭 표기 문제에 대해서도 "일본해가 국제적으로 확립된 유일한 호칭"이라고 주장했다. 이에 대해 즉각적으로 김인철 외교부 대변인은 이날 정례브리핑에서 논평을 통해 "일본 정부가 외교 청서에서 역사적, 지리적, 국제법적으로 명백히 우리 고유의 영토인 독도에 대해 부당한 영유권 주장을 되풀이한 데 대해 강력히 항의한다"며 "즉각적 철회를 촉구한다"고 밝혔다. 김 대변인은 "일본 정부는 독도에 대한 부당한 주장을 되풀이하는 것이 미래지향적 한일관계 구축에 하등 도움이 되지

•

8 신종훈, '독도 일본땅' 도발하며 "한국 때문에 한일관계 어렵다"는 일본 http://www.vop.co.kr/A00001401371.html(2019.06.10) (검색일 : 2019.05.20)

않는다는 점을 분명히 자각해야 할 것"이라고 말했다. 아울러 "정부는 일본 정부의 독도에 대한 부당한 주장이 대한민국 고유 영토인 독도에 대한 우리 주권에 어떠한 영향도 미치지 못한다는 것을 다시 한 번 분명히 한다"며 "독도에 대한 일본 측의 어떠한 도발에도 단호히 대응해 나갈 것"이라고 강조했다. 이처럼 각 국가는 독도에 대해 자국의 영토임을 지속적으로 언론 혹은 회담에서도 언급하고 있으며 독도에 관한 연구소와 독도의 날도 제정해 영토의 영유권을 소유하기 위해 노력하고 있다. 이에 따라 독도에 대한 한일의 갈등은 더욱 거세지고 있는 실정이다.

Ⅲ. 과거사가 한일 관계에 영향을 미친 사례 분석

1) 노무현 정권

노무현 정권 초기 노무현 대통령은 과거사를 한일 관계의 의제로 삼지 않겠다 발표했다. 그렇지만 이 입장은 2005년 2월 22일 시마네 현 의회의 '다케시마의' 날 제정 움직임 이후 급격하게 변화하였다.[9] 노무현 대통령은 같은 해 4월 25일 '한일 관계 관련 국민께 드리는 글'에서 시네마 현

9 이원덕, 노무현 정부의 과거사 대일 정책 평가, p352-357

의 '다케시마의 날' 선포를 "지난날의 침략을 정당화하고 대한민국의 광복을 부인하는 행위"로 규정하고 각박한 '외교전쟁'이 있을 수 있음과 "이번에는 반드시 뿌리 뽑겠다"고 발표한다. 이후 6월 20일 청와대에서 개최된 한일 정상회담에서 노 대통령과 고이즈미 수상은 독도 및 역사 문제에 대해 논쟁을 벌였는데 회담이 이루어지는 동안 감정적인 충돌도 전개 되었다고 한다. 11월 18일 APEC정상회담에서 다시 만난 두 정상은 또 다시 역사 문제를 주 안건으로 논쟁을 벌였다. 노 대통령은 "고이즈미 총리의 생각을 아무리 선의로 해석하려고 해도 우리 국민이 결코 받아들일 수 없다"고 발언했다. 이를 통해 한일간에 지속 되어 오던 셔틀외교도 사실상 중단 상태에 이르게 된다. 2006년에는 일본이 독도 주변 해양조사 움직임을 보이면서 독도 영유권에 대한 갈등이 재 점화 되었다. 이는 일본 해상보안청이 한국 측 배타적 경제수역 내에서의 해저 조사계획을 국제수로기구에 통보했다는 사실이 알려지면서 문제가 일어났다. 한국은 일본이 이러한 행위를 통해 독도를 국제 분쟁 지역화 하고 독도 영유권을 주장하려는 시도록 받아들여 강력한 항의를 했으며 심지어는 무력을 동원해서라도 이를 저지할 것을 시사했다. 이에 관해 3월 25일 노 대통령을 특별담화를 발표하게 된다. "독도 문제는 단순한 영유권 문제가 아니라 잘못된 역사의 청산과 완전한 주권 확립에 관한 문제"라고 규정하였다. 이후 물리적 충돌까지 일어날 뻔한 위기 상황에서 차관급의 외교협상을 통해 가까스로 분쟁을 수습했지만 한일 관계는 최악을 치닫게 되었다.

2) 이명박 정권

이명박 대통령이 당선된 이후 한일 관계는 안정된 모습을 찾아가게 되었다.[10] 이 대통령은 취임 전부터 "과거에 얽매이면 오늘이 불행해지며, 일본과 새로운 길을 형성하는 것이 미래를 위한 길"이라고 강조했고 "보다 성숙한 한일 관계를 위해 일본에게 사과, 반성하라는 말은 하고 싶지 않다"라고 입장을 발표했다.[11] 이는 2008년 2월 일본 외무성이 홈페이지에서 독도의 영유권을 재차 주장했지만, 한국 외교통상부는 비공식 항의만 할 뿐 공식적인 코멘트를 발표하지 않은 것에서 살펴볼 수 있다. 이런 상황에 대해 야스오 전 일본 총리도 한일 관계의 진전을 기대한다는 의사를 표명했다. 이는 두 차례의 정상회담에서 양국의 정상이 어떤 주제를 바탕으로 논의를 나누었는지 살펴보면 더욱 확실하게 알 수 있다. 두 번의 회담에서 모두 2005년 이래 한일 관계를 극도로 악화시킨 독도 영유권 문제나 배타적 경제수역(EEZ) 경계문제는 언급되지도 않았다. 이를 통해 노 대통령 시기와는 달리 이 대통령은 방한 중인 일본 외상과의 회담을 갖거나 G20 금융 정상회의를 통해 한일 관계를 정상화 시키기 위해 노력했다. 하지만 2009년 6월 5일 일본 민주당 하토야마 유키오 대표를 만나 이 대통령은 "일본은 경제대국이지만 과거에 대해 흔쾌하게 사과함으로써 오히려 국제사회에서 존경을 받을 수 있고, 선진 대국이 될 수 있다"라고 발언함

10 전진호, 한일관계와 이명박 정부의 대일 정책, P13-15

11 김영수, 이명박 정부의 과거사 정리 정책-민주주의의 이행과정인가 퇴행 과정인가?, p7-11

으로써 이전과는 과거사에 대한 다른 입장을 보여준다.[12] 이는 임기 말인 2011년 독도를 방문해 "서해안에는 남쪽만 따지면 백령도가 가장 끝이죠? 그렇죠? 그러니까 동해 제일 동단에 있는 국토가 독도 아닌가요? 제일 동단에 있는 국토를 잘 지켜주세요"라고 강조하면서 독도의 영유권을 주장하게 된다.[13] 이에 대해 일본 정부에서는 강력하게 반발 의사를 표현한다. 겐바 고이치로 일본 외무장관은 일본의 주장을 국제사회에 확실히 알리겠다는 의사표현을 한다. 이에 대해 한국 정부 관계자는 독도가 명백한 자국 영토라며 국제사법재판소 제소에 응하지 않겠다는 입장을 밝혔다. 하지만 일본 정부는 이달 예정된 한-일 재무 장관회담과 올해 한국에서 열릴 예정이었던 양국간 셔틀외교를 취소하는 방안도 검토 한다고 발표하며 이 대통령의 독도 방문 한 번에 또다시 한일 관계는 악화되게 된다.

3) 박근혜 정권

이명박 정권 말의 한일 관계의 분위기는 박근혜 대통령 당선 이후에도 이어져왔다. 박 대통령은 아베 신조의 7년 4개월 만의 신사참배에 대해 30일 오천 청와대에서 주재한 수석 비서관 회의에서 "국가 간에도 국제사회의 보편적 가치와 기준, 인류사회의 양심에 맞지 않는 행동을 반복한다면 그 나라가 아무리 경제력이 크고 부강하다 하더라도 결코 일류국

•

12 김영석, 이명박 "일본 과거 대해 흔쾌히 사과해야" http://news.kukinews.com/news/article.html?no=80424 (검색일 : 2019.06.12)

13 백성원, 이명박 대통령 독도 방문…일본 대응 시사 https://www.voakorea.com/a/1484577.html(2019.06.12) (검색일 : 2019.06.12)

가 평가를 받을 수 없을 것"이라고 밝혔다.[14] 이후 박근혜 정부는 일본 정치가들의 역사 문제에 대한 태도 등을 이유로 예정되었던 일련의 양국 간, 혹은 다자 간 접촉을 취소하거나 연기하는 결정을 내렸다.[15] 윤병세 외교장관은 4월 24일, 왕이 중국 외교부장과 북경에서 회담을 가졌지만, 일본에서 예정되어 있던 한일 장관회담은, 아소 부총리 등의 야스쿠니 신사참배를 이유로 전격적으로 취소하는 결정을 내렸다. 그뿐 아니라 5월 4일, 인도에서 개최되기로 예정되어 있던 한일 재무상 회담도, 일본 측 재무상이 부총리를 겸하 고 있던 아소였기 때문에, 한국 측이 연기 조치를 취하였다. 이처럼 박근혜 정부가 출범한 후 지속적으로 한일 관계가 악화되었고, 이는 아베 일본 총리의 극우주의적 역사관에 의해 악화일로를 걷기 시작했다. 이후 2015년, 3년 만인 11월 2일에 한일 정상회담이 성사되었다. 한-일 정상은 다자 차원에서 북 핵 문제 대응을 위한 협력을 지속하고 일본 군 위안부 문제에 대해선 조기 타결을 위한 협의를 가속화하기로 했다. 한일은 한 달 후 과거사 관련 중대한 합의를 하나 체결하게 된다. 이는 12월 28일에 체결된 한일 '위안부' 합의이다. '위안부' 합의 체결 이후 박근혜 대통령은 이 합의를 두고 "협상이라는 것은 여러 현실적 제약이 있기 때문에 100% 만족하게 할 수는 없었다"며 "지난 24년간 어떤 정부에서도 제대로 다루지 못하고 심지어 포기까지 했던 아주 어려운 문제였다"라

14 이환수, 박근혜 대통령 아베총리에 직격탄, http://www.koreajn.co.kr/news/articleView.html?idxno=30923 (검색일 : 2019.06.09)

15 박영준, 박근혜 정부의 외교안보 구상과 대일 정책, p.3-5

고 주장했다.[16] 그러면서 "지금 현실적으로 문제가 작년에 아홉 분의 위안부 피해자 할머니들이 돌아가셨고 46분에 남지 않았고, 평균 연령이 89세에 달한다. 시간이 없다"면서 "한 분이라도 더 생존해 계실 때 사과를 받고 마음의 한을 풀어야 하지 않겠는가. 그분들의 명예와 존엄을 회복해야 한다는 다급하고 절박한 심정으로 그간 노력했다"고 강조했다. '위안부' 합의는 국내에서는 많은 반발을 일으켰지만 그동안 꽁꽁 얼어붙어 있었던 한일 관계는 변곡점을 맞을 기미를 보이기도 했다. 하지만 이후 최순실 국정농단 파문으로 인해 박 대통령이 탄핵되면서 한일 관계의 정상화도 그 자리에서 멈추게 되었다.

4) 문재인 정권

[17]문재인 대통령 취임 100일 기자회견에 참석한 문재인 대통령이 한 발언을 살펴보면 문재인 대통령은 "위안부 문제가 알려지고 사회문제가 된 것은 한일회담 훨씬 후의 일"이라며 "그래서 위안부 문제가 한일회담으로 해결됐다는 건 맞지 않는 얘기라고 본다"고 말했다. 또한 강제징용 피해자에 대해서도 "양국 간의 합의가 개개인의 권리를 침해할 수는 없는 것이다. 양국 합의에도 불구하고 징용 피해자 개인이 미쓰비시 등 상대 회사에 가지는 민사 권리는 그대로 남아 있다는 게 한국 헌법재판소와 한국 대법

•

16 JTBC, 박 대통령 "위안부 합의, 최선의 결과" 재확인…정치공세엔 비판, https://news.jtbc.joins.com/article/article.aspx?news_id=NB11148691 (검색일 : 2019.06.09)

17 오원석, 文의 100일 "잘못 바로잡고, 국가 역할 재정립하고자 했다", https://news.joins.com/article/21850377 (검색일 : 2019.06.07)

원의 판례"라고 설명했다. 그리고 "정부는 그런 입장에서 과거사 문제에 임하고 있다"고 덧붙였다. 다만 문재인 대통령은 "과거사 문제와 미래지향적인 한일관계"는 별개의 문제라고 말했다. "과거사 문제가 한일관계의 미래에 걸림돌이 되어서는 안 된다." 또한 과거 박근혜 정부가 일본과 맺은 위안부 문제 합의에 대해 "현재 외교부가 자체적으로 TF팀을 구축해 이 합의를 평가하는 작업을 하고 있다"며 "그 작업이 끝나는 대로 외교부가 방침을 정할 것"이라고 말했다. 이처럼 과거사 문제에 대해 투 트랙 전략을 통해 한일 관계의 진전을 바란 문재인 정부는 2017년 한일 '위안부' TF보고서가 발표되면서 위기를 맞게 된다. 한국측의 보고서 발표가 있기 전인 이날 오전 일본 정부 대변인인 스가 요시히데(菅義偉) 관방장관이 "한국 정부에 위안부 합의의 착실한 이행을 끈질기게 요구하겠다"고 강조하면서, "재작년 합의는 위안부 문제의 최종적이고 불가역적 해결에 대해 한일 양국 간에 확인한 것" 또한 "한국 정부가 합의를 변경하려 한다면 한일 관계가 관리 불가능하게 된다"며 "합의를 계속해서 착실히 실시(이행)하기를 한국측에 강력히 요구한다"고 밝혔다. 이어 "일본정부는 한국 정부의 합의 변경 요구가 있어도 결코 수용할 수 없다"며 "합의는 양국 정부 간에 정당한 협상 과정을 거친 것으로, 합의 과정에 문제가 있다고 생각치 않는다"고 강조했다.[18] 이는 곧 평창 동계올림픽 참석에 대해 확답을 주지 않고, 한일 재무장관 회의도 연기시키는 연쇄작용을 일으켰다. 그만 아니라 바로 다음해에 강제징용에 대해서도 대법원 배상 판결이 이어지면서, 한일 양국의 갈

18 김병규, 위안부 TF 발표에 일본 반응은…강경책 피하며 "합의 이행" 강조 https://www.yna.co.kr/view/AKR20171227116151073?input=1215m (검색일 : 2019.06.07)

등을 줄이기 위해서라도 한일 양국은 과거사는 관리하며, 이익은 확대하고, 전략은 공유하고자 하는 문재인 정부의 정책에도 과거사가 앞길을 막을 가능성이 농후해지고 있다.

Ⅳ. 과거사가 한일 외교관계에 영향을 미치는 것은 과연 바람직한가?

앞서 정부별로 과거사가 한일 외교관계에 미친 영향을 살펴보면 정부 별 대응에 따라 몇 가지 공통점이 있고 이를 통해 과거사가 한일 외교관계에 영향을 미치는 것이 바람직한 일인지 알아볼 수 있다. 우선 노무현 정권, 이명박 정권, 문재인 정권의 공통점은 정권 초기에 과거사의 문제와 한일 관계에 대한 전망을 투 트랙 전략으로 살펴보았다는 점이다. 과거사의 문제에 대해 특정한 해결을 노력하거나, 정상회담에서 언급하는 것도 최대한 자제했다. 이를 통해 보다 당장의 과거사 해결보다는 미래지향적인 한일관계를 이끌기를 노력했다. 하지만 노무현 대통령은 임기가 끝날 때까지 이러한 기조를 유지하지는 못했다. 일본이 독도에 대해 자국의 영토라고 법안을 만들고 관련된 기념일을 제정하려고 하자 노 대통령은 이전과는 다른 강경한 태도를 취했다. 특히 독도에 관해, 한국의 영토임을 대국민 담화에서도 언급한 만큼 투 트랙 전략을 유지하는 것을 실패했다고 할 수 있다. 이명박 대통령도 정권초기와는 달리 정권 말기에 직접 독도를 방문해 한국의 영유권에 독도가 속한다는 입장을 표명해 한일 셔틀외교가 위기를 맞았다. 아직 문재인 정권은 2년의 임기가 남았기에 노무현 정권과 같은 방향으로 흘러갈 것이라고 단정지을 수는 없다. 하지만 한일 '위안부' 합의 TF보고서, 강제 징용 배상 판결로 인해 또 다시 한일관계가 변곡점을 맞을 가능성은 충분하며 이 상황에서도 투 트랙 전략을 유지할 수 있을지가 관건으로 남아 있다. 두 정권을 통합해서 본다면 투 트랙 전략을 통해 과거사 문제는 외교에서 분리시켜 점진적으로 해결하고 미국과의 동맹이나, 북핵문제에 있어 한일 협력을 강화하기 위한 대일정책을 세우기 위해 노력했다. 하지만 큰 문제점은 지속적으로 투 트랙 전략을 유지하지는 못했다는 점이다. 전략을 유지하지 못하면서 일관성 없는 대일정책이 만들어졌고, 결국 과거사는 한일 외교관계에 영향을 미치게 되었다. 박근혜 정권에서도 물론 투 트랙 전략을 언급했지만 이와 달리 취임 초기부터 과거사 문제를 한일 외교관계에서 적극적으로 일본 정부의 대응을 하는 정책을 펼쳤다. 하지만 일본 정치가들의 야쓰쿠니 참배로 인해 한일 정상회담과 재무상 회담도 연기되면서 한일 관계는 지속적으로 악화되었다. 한일 '위안부' 합의가 체결 되면서 한일 관계가 정상화되는 듯했으나 박근혜 대통령의 탄핵으로 인해 흐지부지 되었다. 이를 통해 한일 외교관계에 과거사가 언급될 때에는 급격하게 악화되는 모습을 볼 수 있다.

따라서 한일 관계에 과거사가 언급되어 영향을 미치는 것은 한일 관계 그 자체에 악영향을 불러 일으킨다. 앞선 정부들을 살펴봐도 알 수 있듯이 양국의 정상들이 과거사에 관한 특정한 행동을 한다 거나 발언들을 했을 때 한일 관계는 급속도로 냉각되었다. 하지만 한일 관계는 이제 더 악화될 수 없을 만큼의 길을 걸어왔다. 한국이 한미동맹을 강화하고, 국제 경쟁력을 강화하며, 북한과의 우호적인 관계를 유지하기 위해 일본과 지금보다는 발전적인 관계를 가져야함에 부정적인 입장을 표하는 사람은 거의 없을 것이라고 생각한다. 이를 바탕으로 과거를 살펴본다면 과거사는 한일 외교관계를 다룰 때 외교관계를 악화시키고 동반자 관계를 구축하는데 장애물이 되기에 과거사가 한일 외교관계에 영향을 미치는 것은 지양되어야 한다.

V. 결론

보다 진보된 한일관계를 위해서는 과거사를 한일 외교관계에서 다른 분야로 여기는 투 트랙 전략이 필요하다. 하지만 투 트랙 전략을 취했던 노무현, 이명박 정부에서는 전략을 지속적으로 유지하는 것에 실패해 흐지부지 되고 말았다. 실패를 했던 정책을 다시 시행하기 위해서는 실패의 원인을 철저하게 분석하고 긍정적인 요소만을 취합해서 적용해야 한다. 이명박 정부의 투 트랙 전략이 실패한 이유는 투 트랙 전략을 하고자 하는 의지만 갖고 있었지 구체적인 실행방안에 대해서는 갖추지 못했다는 점이 가장 큰 문제이다. 그렇기 때문에 일본 정부나 총리가 과거사에 관한 발언을 할 때마다 이 전략은 위기를 맞았고, 때때로 부정적인 대응을 보이게 되면 한일 관계 그 자체가 송두리째 흔들리는 모습을 보이게 되었다. 따라서 무엇보다 중요한 것은 투 트랙 전략의 구체적인 실행방안을 마련하는 것이다. 현재 외교부의 조직 구성도를 참고 한 결과 과거사 해결을 전담하는 조직은 찾아볼 수 없었다. 비록 국가 예산의 상황 상 과거사 문제를 해결하는 것에 하나의 조직을 편성한 다는 것이 부담이 될 수도 있다. 그렇지만 이는 투 트랙 전략에 있어서 꼭 필요하다고 생각한다. 그 이유는 과거사 문제를 전담하는 조직이 없기에 과거사 갈등이 벌어지면 급하게 TF팀을 꾸리거나 혹은 대통령을 비롯한 외교부 고위 관료들이 입장을 발표해오고 있다. 하지만 이러한 이들이 입장을 즉각적으로 표명하게 되면 한일 관계에 직격타가 가해질 수도 있고, 그뿐 아니라 이런 입장은 몇 시간도 채 되지 않아 발표되는 것이므로 정제되어 있지 않은 경우가 많다. 따라서 일본과의 과거사 갈등을 전체적으로 정리하고 어떻게 해결해나갈지 방법을 세우는 것을 주된 업무로 해서 일본뿐 아니라 중국, 베트남과의 역사 갈등까지 담당할 수 있는 외교부 산하 조직을 신설해야 한다. 이를 신설함으로써 얻을 수 있는 이점은 우선적으로 과거사 갈등을 해결할 방안만을 전문적으로 연구하는 조직이 생긴다는 것이다. 이는 여러 사건들로 이루어진 과거사 갈등에 대해 각기 다른 대응 방안을 마련 할 수 있게 된다. 그뿐 아니라 조직 내에서 항시 과거사에 관해 새로이 변화하는 상황을 직시하고 있기 때문에 특정한 합의를 체결하거나 일본 정부에 대응을 진행할 때에도 자문기관으로 역할을 할 수 있다. 또한 중요하게 생각해야 하는 부분은 한일 과거사에 대해 투 트랙 전략을 세우자는 것이 결코 한일 관계에 있어 과거사를 묻어두고 가자는 것은 아님을 확실하게 인지하고 있어야 한다. 이전까지의 투 트랙 전략을 세운 이전 정부들을 봤을 때 국민들이 과거사를 무시하고 한일 관계만 정상화로 돌린다고 느끼도록 방치했다. 따라서 투 트랙 전략을 사용함에 있어서 국민들에게 과거사 관련 조직이 생겼으며 이 조직이 한일 과거사 문제에 있어서 전담하고 그렇기 때문에 한일 외교관계와 과거사를 분리한 것이라는 충분한 설명이 필요하다. 이를 총정리 하면 한일 관계에 있어 과거사 문제가 영향을 미치는 것은 바람직하지 않기에 투 트랙 전략을 사용해야 하며 이를 위해서는 외교부 산하 과거사 전담기관이 필요하고 국민들에게 투 트랙 전략의 취지를 정확하게 알려야 한다.

Ⅵ. 과거사 갈등 해결에 관한 제언

앞서 언급했던 3가지 한일 과거사 갈등에 대해 향후 한국이 나아가야 할 방향에 대해 언급하며 논문을 마무리 하고자 한다. 우선 '위안부' 문제는 피해자 할머니분들이 원하는 의사가 워낙 확고한 만큼 피해자 중심의 해결이 될 수 있도록 최선을 다해야 한다. '위안부' 문제 당면해 있는 과거사 문제 중 가장 시급한 것 중 하나이다. 그 이유는 할머니들이 점차 고령화 되면서 생존해 있는 '위안부' 할머니들의 수가 해가 갈수록 줄어들고 있기 때문이다. 머지않아 할머니들이 전부 돌아가시고 난 후 일본 정부에게 할머니들이 그토록 원했던 사과를 받는다고 해도 사과를 받는 당사자들은 없으며, 그때 하는 사과가 진심 어린 사과인지는 판단하기 어렵다. 따라서 우선적으로는 한일 '위안부' 합의에 문제가 있었으며 이를 이행하지 않겠다는 뜻을 밝힌 만큼 또다른 합의를 체결하거나, 합의를 파기할 수 있는 방안을 찾아야 한다. 이후 국제사회에 '위안부' 문제와 할머니들이 원하는 바를 알리고 단순히 한국과 일본의 문제가 아니라 전 세계의 도움을 얻어 해결해나가야 한다. 강제 징용은 대법원 판결로 인해 배상을 확정 지으며 큰 산을 하나 넘었다. 하지만 지금부터는 이후 이를 과연 실제로 배상받을 수 있느냐가 가장 큰 문제이다. 정부 차원에서는 대법원의 판결을 따르기 위해 최선을 다해야 한다. 일본 정부에 한국의 대법원 판결 결과와 이에 대해 배상을 요구하는 청구서를 보내는 직접적인 행동을 취해야 한다. 대법원 판결이 나왔을 당시 원고 4명 중 1명만 생존해 계시기에 '위안부' 문제와 더불어 빠른 해결이 필요한 문제 중 하나이다. 일본 정부에서 판결에 대해 불복하겠다는 의사를 표명한다면 이를 다시 국제사법재판소로 이끌고 가야 한다. 마지막으로 독도 영유권 분쟁은 언제까지 '독도는 우리 땅' 노래를 부르며 독도가 한국의 영토임을 주장할 수는 없기에 한국 정부도 독도에 대해 어떤 자세를 취할 것인지 정해야 한다. 실제적으로 역사적, 지리적, 국제법적인 증거도 마련되어 있지만 국제사회에는 한국이 독도 영유권을 주장하는 이유가 널리 알려져 있지는 않다. 이는 우리가 가장 많이 사용하는 구글 지도에서도 동해를 일본해라고 표기되어 있는 것을 보면 바로 이해할 수 있다. 따라서 관련된 국제회의에서 공식적으로 한국이 독도영유권을 소유하는 국가임을 알리는 것이 중요하다. 이를 통합해서 본다면 결국에는 과거사 갈등은 단순히 한국과 일본 두 국가가 해결하기에는 버겁다고 할 수 있다. 따라서 한국과 일본이 서로 과거사에 대해 추구하는 바가 큰 차이점을 보이고 있고, 일본보다 국력이 약한 한국이 과거사 문제를 해결하기 위해서는 이를 국제사회에 알리고 도움을 받아야 한다.

Ⅶ. 참고문헌

김영수, 이명박 정부의 과거사 정리 정책-민주주의의 이행과정인가 퇴행 과정인가?, 과거 청산 포럼 자료집, p7-11

대판 2012.5.24, 2009 다 25549

박영준, 박근혜 정부의 외교안보 구상과 대일 정책, 고려대학교 일민국제관계연구원, p.3-5

이은영, "681회 정대협 수요집회 및 592회 민가협 목요집회 간략 소개", 전남대학교 세계한상문화연구단, p142

이원덕, 노무현 정부의 과거사 대일 정책 평가, 중앙대학교 일본 연구소, p352-357

전진호, 한일관계와 이명박 정부의 대일 정책, 한일 군사문화 학회, P13-15

전창수, TF 결과 보고서 이후 한일 관계의 방향, 관훈 클럽,p102-105

김병규, 위안부 TF 발표에 일본 반응은…강경책 피하며 "합의 이행" 강조 ,https://www.yna.co.kr/view/AKR20171227116151073?input=1215m (검색일 : 2019.06.07)

김영석, 이명박 "일본 과거 대해 흔쾌히 사과해야" http://news.kukinews.com/news/article.html?no=80424 (2019.06.12)

김회경, 日"미쓰비시 판결 유감, 결코 수용 못해" 강력 반발 https://www.hankookilbo.com/News/Read/201811291695355852?did=NA&dtype=&dtypecode=&prnewsid= (2019.05.22)

백성원, 이명박 대통령 독도 방문…일본 대응 시사 https://www.voakorea.com/a/1484577.html (2019.06.12)

신종훈, '독도 일본땅' 도발하며 "한국 때문에 한일관계 어렵다"는 일본 http://www.vop.co.kr/A00001401371.html (검색일 : 2019.05.20)

서울신문, 위안부 피해자들, 정부 고위직에 엄청난 호통…살펴 보니http://www.seoul.co.kr/news/newsView.php?id=20151229500477 (검색일 : 2019.05.27)

이환수, 박근혜 대통령 아베총리에 직격탄, http://www.koreajn.co.kr/news/articleView.html?idxno=30923 (검색일 : 2019.06.09)

오원석, 文의 100일 "잘못 바로잡고, 국가 역할 재정립하고자 했다", https://news.joins.com/article/21850377 (2019.06.07)

외교부, 한일 '위안부' 합의 보고서 내용, http://www.mofa.go.kr (검색일 : 2019.06.05)

외교부, http://dokdo.mofa.go.kr/kor/dokdo/government_position.jsp (검색일 : 2019.06.10)

JTBC, 박 대통령 "위안부 합의, 최선의 결과" 재확인…정치공세엔 비판, https://news.jtbc.joins.com/article/article.aspx?news_id=NB11148691 (검색일 : 2019.06.09)

3

미-중 세력경쟁
— 현황과 전개, 그리고 한국의 대응

정치외교학과
최윤태

요약 최근 화웨이 사태를 비롯하여 중국의 부상으로 인한 미중 경쟁 관계가 심화되어가고 있다. 그 경쟁관계는 경제적인 측면뿐만 아니라 다른 측면에서도 진행되어 가면서 국제정치에서 빼놓고 말할 수 없을 정도로 주목과 관심을 받고 있다. 이러한 상황에서 한국은 미국과는 군사적으로 동맹관계를 맺고 있고 중국과는 경제적인 교류를 하여 중국의 영향을 무시할 수 없는 상황이다. 이와 같은 전략적 딜레마를 가진 한국의 입장에서 미중 경쟁관계의 변화는 중요한 요소이며 그 갈등의 양상을 정확하게 파악하고 분석하여 적절한 대비책을 내리는 것이 필요하다. 이에 본고는 미중 경쟁이 어떻게 진행되어 가고 있는지 트럼프 대통령 취임 후의 미-중 충돌 사례들을 통해 파악하고 그 양상을 전망해볼 것이다. 뒤이어 한국이 어떤 상황에 놓여져 있고, 지정학적 위치나 분단의 상황과 같은 한계점들을 알아본 후에 미중 경쟁 속에서 한국의 상황에 맞는 대응방안을 제시해볼 것이다. 또한 한국과 같이 미중 사이에서 전략적 딜레마를 겪고 있는 다른 국가들은 어떻게 대응하고 있는지를 알아보고 한국의 상황에 맞게 변용 가능한지를 파악해볼 것이다.

I. 서론

중국의 부상과 여러 충돌로 인해 최근 미-중관계가 본격적으로 경쟁관계로 진행되어가고 있다. 미국과는 동맹관계, 중국은 경제적인 영향력을 생각 안 하기 힘들다. 미국과 중국이라는 두 강대국 사이에서 한국은 전략적 딜레마를 겪고 있는 것이다. 이러한 상황에서 한국은 어떤 대응, 어떤 전략을 통해 두 강대국의 경쟁에 휩쓸리지 않으면서 국익을 추구할 수 있을지를 모색해보는 것이 본 논문의 목적이다.

그렇다면 현재 한국은 두 강대국 사이에서 어떤 대응을 하고 있을까. 현 문재인 정부는 국정과제에서 제시한 "동북아플러스책임공동체" 비전의 실천을 위한 방안인 '신남방정책'을 제외하고는 전 정부와 큰 차이를 보이고 있지 않다. 하지만 '신남방정책'은 실행을 위한 별다른 움직임을 보이지 않고 있으며, 그렇기 때문에 이렇다 할 성과는 없는 상황이다. 또한 한미 안보협력을 강조하면서 대미 정책 부분에서 전 정부와 큰 연속성을 보여주고 있다. 정책에 있어서 연속성을 추구하는 것은 필요하다고 생각하지만 개선되는 점이 없이 추구하는 연속성은 의미가 없다고 생각한다.

북핵 문제와 한반도 문제에 있어서도 북한을 두 차례의 협상 테이블로 불러낸 것까지는 좋았지만 협상의 중심 축 역할을 하지는 못했다. 협상의 당사자가 한국과 북한이 아니라 미국과 북한이 된 것이다. 다시 말해서, 문재인 정부가 대북 정책으로서 말하는 '한반도 운전자론'이 협상의 실질적인 과정에서는 성과를 낸 것으로 볼 수 없다. 협상의 중심이 미국과 북한이라는 것은 부정할 수 없는 사실이기 때문이다. 이렇게 대외정책에 있어서 어느 정도의 성과는 있지만 전 정부와 별다른 차이를 보이지 않고 있다는 측면에서 본다면 급격하게 심화되어가는 미중 경쟁 속에서 한국의 입지는 점점 줄어갈 것으로 예상된다. 따라서 한국은 미중 경쟁의 대응에 있어서 변화가 필요하며, 그에 따라 본 논문은 본론에서 미-중 관계의 현황과 전망, 한국의 역량과 상황, 한계의 탐구를 통해 변화된 방안을 제시해 보고자 한다.

Ⅱ. 본론

1. 미중 경쟁관계의 현황과 전망

현 트럼프 대통령은 '힘을 통한 평화(Peace Through Strength)'를 강조하면서 중국의 움직임에 강력하게 대응하고 있다. 트럼프 대통령 취임 이후 미국은 전임 오바마 행정부에서 추진하던 아시아 중시 전략을 인도-태평양(Indo-Pacific)전략으로 변경 및 확대하여 중국의 해양력 확장에 대응하고자 한다. 이는 2018년 처음으로 트럼프 행정부에서 발간한 미국의 국가안보전략서(National Security Strategy 2018)에서 자유롭고 개방된 인도-태평양(Free and Open Indo-Pacific)이라는 용어를 사용하여 공식화되었다(The White House 2017)[1]. 미국의 인도-태평양 전략에 맞서 현재 중국은 '일대일로 전략(One Belt Initiative)'을 추진하고 있다. 일대일로 전략은 중국의 경제 성장뿐 아니라 군사안보 면에서도(특히, 해양력 부분) 영향력을 확대하기 위한 전략이라고 볼 수 있다. 이렇게 미국과 중국은 각각의 전략의 추진을 통해 각국의 충돌을 예고했다고 볼 수 있다. 현재 미국과 중국이 다양한 분야에서 경쟁하고 있는 만큼 위의 두 전략을 파악하고 분석하는 것이 앞으로의 미중 경쟁관계에 대응하고 대비하는 데에 도움을 줄 수 있다고 생각한다.

•

1 임경한(Lim, Kyung Han).(2018). 일대일로와 인도-태평양 전략에 대한 인도와 호주의 대응. 동서연구, 30(4): 5-32 pp.6

한편, 미국과 중국은 서로 관세를 부과하는 형식으로 무역전쟁의 시작을 알렸는데, 특히 화웨이 사태가 현 미-중 무역전쟁에 중심적인 역할을 했다고 생각된다. 미국은 중국의 환율조작 의혹과 특허 침해 등의 이유로 작년 2018년 7월 340억 달러(한화 약 40조)가 넘는 규모의 중국 수입품에 25%의 보복 관세를 부과했다. 중국도 이에 대응해 미국에게 보복 관세를 부과함으로써 갈등이 시작되었다. 트럼프 대통령은 보복 관세에 이어서 지난 1월 17일 화웨이의 부품금지 법안을 내었는데, 여기서 그치지 않고 화웨이 및 70여개의 계열사에 대한 '거래제한 조치'를 취하면서 본격적인 중국 견제를 시작하였다. 미국이 중국 정부의 지원을 받고 성장하고 있었던 화웨이를 공격했다는 것은 미-중 무역갈등이 현재보다 더 심화될 수 있다는 것을 보여줄 수 있는 사례라고 생각한다.

이어서 대만 문제를 통해 미중 관계의 현황을 파악할 수 있다. 트럼프 대통령의 당선직후 대만의 차이잉원 총통과의 직접통화는 미중수교 이래의 불문율이자 초석으로 여겼던 '하나의 중국정책'을 파기하려는 듯한 트럼프 대통령의 발언으로 미중관계가 심각한 갈등관계로 가는 것으로 우려되었다[2]. 그리고 그 우려가 현실화될 수도 있다는 것을 최근 미국의 움직임을 통해 알 수 있다. 미 국방부 차관보는 대만에 군사장비를 계속 제공하겠다고 현지시각 2019년 6월 6일에 밝혔고, 이후 대만 국방부도 4종류의 군사 무기를 미국으로부터 사들이는 절차를 밟고 있다고 밝혔다[3]. 또한,

2 (shirk 2017, 20-21)

3 "미, 대만 상대 2조원대 무기 판매"보도도,,,중국반발 JTBC 뉴스 http://news.jtbc.joins.com/html/141/NB11830141.html (검색일:2019. 06. 09)

미국은 지난 6월 1일 발간한 '인도-태평양전략보고서'에서 대만을 국가 중 하나로 언급했다. 미국이 문서 상으로 대만을 국가로 인정한 것이다. 중국에게 대만 문제가 민감한 사안이라는 것을 알면서 미국이 이러한 행동을 보인 것은 중국을 압박할 의도로 한 것이라고 생각된다. 중국이 이에 대해 어떤 대응을 보일지는 기다려 봐야 알겠지만 아무런 대응없이 넘어갈 것으로 보이지는 않는다.

위의 두 사례를 통해 미중 경쟁관계를 전망해볼 때, 향후의 미중 경쟁은 더욱 격화될 것이라고 생각한다. 트럼프 대통령이 대내외정책에서 '미국 우선주의(America First)'를 추구하기로 내세웠고 여태까지의 행보로 보아 그것을 이행하고 있는 것으로 판단되기 때문에 앞으로 있을 중국의 도전에 적극적으로 대응할 것으로 예상된다. 특히 중국이 '핵심이익'으로서 규정한 분야에서 현재 미-중 간의 경쟁이 가장 치열하게 전개되고 있는 것을 알 수 있다. 이는 중국이 양보할 수 없는 이익으로 선택한 사안들이라고는 하지만 기존에 미국통제권에 아래에 있던 사안들이었다는 점에서 미국 중심의 기존질서를 변화시키는 '현상타파'에 해당되기 때문에 앞으로의 이러한 분야에서의 치열한 경쟁은 불가피할 것이다[4].

•

4 김강녕. (2018). 미중관계의 전개와 현안문제 및 시사점. 한국과 국제사회, 2(2), 89-130. P.125

2. 한국의 역량과 한계

한국의 대응방안을 모색하는 데에 있어서 한국의 상황, 물질적 역량과 한계, 지정학적 위치 등을 간과해서는 안될 것이다[5]. 그렇기 때문에 대응방안을 제시하기에 앞서 한국의 상황과 한계를 고려해보고자 한다. 한국은 중견국 정도의 역량을 가진 국가이다. 여기서 중견국이란, 지역적 국제적 분쟁 해결을 위해 평화적 방법을 선호하며, 이를 위해 관련 쟁점영역에서의 제도화 구축을 추구하는 경향을 보이고, 특히 비상위정치영역에서 다른 중견국가들과의 유대 강화를 통해 자신의 입장과 국제적 위상을 제고하기 위한 외교적 행태를 보이는 국가로 정의하겠다[6]. 국력의 수준으로 파악하면 강대국의 위치까지는 아니더라도 분명히 중견국가 이상의 수준이라고 할 수 있겠지만, 한국은 중국, 일본, 미국과 같은 강대국 사이에 있다는 지정학적 위치와 행하는 전략에 있어서 중견국적인 행태를 보여주고 있기 때문에 중견국이라 규정할 수 있겠다.

한편, 한국은 분단과 북핵문제라는 상황과 한계를 가지고 있다. 분단과 북핵의 문제는 한국의 대외정책에 있어서 가장 중요한 문제로 꼽아도 될 정도의 문제이다. 특히, 북핵문제는 한국만의 문제가 아니기에 한국이 어떤 관련한 대외정책을 추진함에 있어서 항상 고려해야 할 문제라고 할 수 있다. 그렇기 때문에 분단의 상황과 북핵문제는 한국이 대응이나, 전략

5 은용수, "미 · 중 세력 경쟁 속의 한국외교 재성찰 : 전략적 딜레마 극복을 위한 비판적 논의," 『JPI 정책포럼』 제2015권 제18호 (제주평화연구원, 2015). p.9

6 이수형, "중추적 중견국가와 한국의 새로운 외교안보전략 모색 : 가교전략과 헤징전략을 중심으로," 『한국평화연구학회 2011년 동계국내학술회의』 (2011). p.3

추진의 자율성을 확보하기 위해서라도 극복해 나가야 할 부분이라고 할 수 있을 것이다. 앞서 언급했던 지정학적인 위치도 전략 추진의 자율성을 제약할 수 있다는 점에서 하나의 한계로 볼 수 있다. 이렇듯 한국은 중견국 정도의 역량, 강대국들의 사이에 있다는 지정학적인 위치와 한계, 그렇기에 확보하기 힘든 자율적 외교안보공간, 분단의 상황, 북핵 문제라는 한계를 가지고 있다.

3. 한국의 대응방안

1) 남북관계 개선의 노력

한국이 미중 경쟁에 맞춰서 전략을 마련하기 위해서, 또 추진하기 위해서 남북관계 개선의 노력을 우선적으로 하여 자율적 외교안보 공간을 확보해야 할 것이다. 한국의 자율적 외교안보 공간이 확보되지 못한다면, 설사 미중 관계가 협력적이라 할지라도 한국의 안보전략은 어느 정도의 내재적 한계를 보일 수밖에 없을 것이다. 유동적이고 불안정한 지구적, 지역적 대외환경에서 한국이 중견국의 역할, 중견국으로서 요구받는 일들을 제대로 수행하기 위해서는 무엇보다도 한국의 자율적 활동공간을 확보하는 것이 전제되어야 한다. 한국의 자율적 활동 공간의 확보는 일차적으로 남북관계 개선에서 그 해답을 찾을 수밖에 없다. 왜냐하면 남북관계의 정상화 없이는 한국의 대외전략이 제대로 작동할 수 없다는 분단한국의 엄연한 현실이자, 한계이기 때문이다.[7] 그렇기 때문에 남북관계 개선의 노력은 미중경쟁에 대응하기 위한 하나의 방안이자 필수적으로 해결되어야 할 전제라고 할 수 있을 것이다. 남북관계의 개선을 위해서 중요한 것은 남한의 적극적의지와 전략이다. 한국은 남, 북, 미 삼각관계의 선순환을 이룰 수 있도록 노력해야 한다. 북미관계와 남북관계가 긍정적으로 상호 영향을 미칠 수 있는 구조, 즉 구체적으로 남북관계가 개선되도록 노력하는 것이다.[8]

2) 포괄적인 수준의 다자안보협력 추구

미중 경쟁에 대응하기 위해서, 포괄적인 수준의 다자안보협력을 추구해야 할 것이다. 여기서 포괄적인 수준은 아세안 국가들을 포함한 아시아 태평양 지역 국가들까지 아우르는 것으로 규정하겠다. 포괄적인 수준의 다자협력을 통해서 한국의 전략적인 가치를 제고해야 할 필요가 있다. 하지만 아시아 태평양 지역 국가들은 말 그대로 정말로 '포괄적'이고 광범위한 지역이다. 따라서 중견국으로서 한국의 외교역량을 발휘해서 필요한 협력을 이끌어 내는 노력을 전개하되, 한국이 혼자 문제를 해결하거나 리더십을 발휘하기 보다는 역내 협력 촉진에 기여한다는 접근이 필요하다. 한국의 물질적 역량을 알고, 기대가능성을 낮추고, 필요한 일을 해 나가는 점진적이고, 다층적인 해법을 추구해야 할 것이다. 점진적 협력차원에서는 처

•

7 이수형, "중추적 중견국가와 한국의 새로운 외교안보전략 모색 : 가교전략과 헤징전략을 중심으로," 『한국평화연구학회 2011년 동계국내학술회의』 (2011). p.12

8 주봉호 (2014). 제7장 남북 관계의 성찰과 발전방향 모색. 통일전략, 14(4), 185-235 p.214-215

음부터 고위급의 협력을 지향하는 것은 피하며, 초기의 탐색적 회동이나 시범사업을 진행하고, 그 성과에 기반을 두어 정기적으로 협력 사업을 발전시키며, 다시 이를 기반으로 전면적인 협력을 추진하는 형식의 접근이 필요하다. 다층적 협력차원에서는 민간과 민관, 그리고 정부차원의 협력을 동시다발적으로 가져갈 필요가 있다.[9] 이러한 형식의 다자안보협력의 추구를 통해서 한국의 아태 지역에서의 영향력을 제고하기위한 노력을 하는 것이, 미중 경쟁에서 한국의 입지를 늘려갈 수 있는 대응이 될 것이다.

3) 적극적인 헤징전략

위에서 언급했던 남북관계의 개선의 노력과 더불어 한국이 적극적인 헤징전략(hedging strategy)을 구사해야 한다고 생각한다. 헤징전략은 기본적으로 강대국 정치가 아니라 지역적 중견국의 안보전략 차원에서 만들어진 전략으로서, 지역적 안보상황의 불안정성과 유동성으로부터 중견국의 생존을 담보하고 강대국 정치의 파열음으로부터 위험을 줄이기위한 전략이다.[10] 따라서 미중 경쟁관계에 있어서 한국이 추구하기에 적합한 전략이라고 생각한다. 하지만 헤징전략을 구사하기 위해서는 남북관계의 개선을 통해 자율적 외교안보 공간을 확보해야 한다. 미중 경쟁관계가 심화되어가고 있는 상황에서 자율적 외교안보 공간의 확보를 하지 않은 채 헤징

9 신범철. (2017). 아태지역 다자안보협력 제고를 위한 한국의 역할. KRIS 창립 기념논문집 , (), 507-544. p.531~534

10 이수형, "중추적 중견국가와 한국의 새로운 외교안보전략 모색 : 가교전략과 헤징전략을 중심으로," 『한국평화연구학회 2011년 동계국내학술회의』 (2011). p.9

전략을 구사한다면, 전략이 가동될 수 있는 공간이 제약 받기 때문이다. 또한, 중견국인 한국의 상황에 맞추어서 헤징전략의 구성을 이론적으로 보강하고 충분한 검토와 심의를 통하여 정책적인 적실성을 갖도록 하는 것도 중요할 것이다. 남북관계의 개선을 우선적으로 노력하고 미-중 사이에서 균형을 잃지 않을 수 있도록 적극적인 헤징전략을 구사하여 한국의 입지를 서서히 확보해 나간다면 미중 경쟁에 대한 좋은 대응방안이 될 수 있을 것이라는 생각이다.

4. 타 국가들의 미중 경쟁 대응 사례

미중 경쟁관계 속에서 전략적 딜레마를 가지고 있는 호주, 인도가 어떤 대응을 하고 있는지 살펴보고 그것을 한국적 상황에 맞게 변용 가능한지를 파악해보겠다.

먼저, 호주는 미국과 전통적인 동맹국이며 미국의 인도-태평양 정책에서 핵심적인 역할을 요구받는 국가이다. 한편, 경제적으로 중국이 제1교역 대상국이기 때문에 중국에 대한 경제적인 의존도가 매우 크다. 이러한 상황에서 호주는 인도양이라는 새로운 공간으로의 진출과 남태평양 국가들과의 인프라 확대 사업, 해양력의 강화라는 대응들을 하고 있다. 호주의 대응들은 미국이 기대하는 인도-태평양 전략에서의 호주의 역할 수행과 중국에 대한 자국의 경제의존도를 줄이면서 중국을 경계하는 데에 초점이 맞추어져 있다. 미국의 인도-태평양 전략에 참여하면서도 중국의 경제적인 영향력에서 벗어나기 위한 의도라고 할 수 있는 것이다. 전략에 참여함으로써 인도양이라는 중국을 대체할 새로운 시장으로 진출하고, 미국이 기대했던 움직임인 남태평양 국가들과의 인프라 구축을 통해서 중국의 영향력을 견제하고 호주의 영향력도 확대할 수 있는 것이다. 또한 해양력 강화를 통해 역내 안정적인 해양활동도 보장할 수 있게 되었다.[11] 하지만 이러한 대응을 펼치는 와중에도 중국과의 교류는 유지함으로써 경제적 타격을 받지 않기 위한 노력을 하고 있다.

이와 같은 대응들은 한국에 맞게 변용하기 힘든 점이 있다. 우선 호주의 중국에 대한 경제 의존도와 한국의 중국에 대한 경제의존도는 차이가 있으며 국가의 위치의 차이로 인해 주변국들의 영향력 또한 다르다. 또한 호주는 인도-태평양 전략에 참여하여 자연스럽게 전략을 펼치고 있는 것이지만 한국의 입장에서는 요구받는 역할이 다르기 때문에 호주의 역할이 가능하다고 생각하지 않는다. 해양력 강화의 대응은 연성권력 측면에서 국가들과의 해양협력을 통해서 해양력 강화를 노력하는 정도는 가능하겠지만 경성 권력 측면에서의 해양력 강화는 주변국, 특히 중국의 반감을 살 수도 있다는 점에서 이행하기 힘들다고 생각된다. 미국과 중국 사이에서의 균형을 추구하며 자국에게 이익이 되는 일들을 추구한다는 호주의 방향성 정도는 한국에 변용할 수 있을 것이라고 생각한다.

인도 역시 호주와 비슷한 대응을 하고 있다. 인도에게 중국은 최대 교역국이다. 하지만 호주와 다른 점은 인도는 중국의 일대일로 전략의 핵심 자금이 되는 아시아 인프라 투자은행(Asia Infrastructure Investment

11 임경한(Lim, Kyung Han).(2018). 일대일로와 인도-태평양 전략에 대한 인도와 호주의 대응. 동서연구, 30(4): 5-32 p.22-23

Bank)의 2대 지분 투자국이라는 점이다. 미국과는 인도-태평양 전략에 참여하며 협력을 증대시키고 있다. 인도는 현재 무서운 상승세를 보이며 경제 대국으로 성장해 나가고 있다. 하지만 미중 경쟁이 격화되는 상황에서 성장세를 유지하기위해서, 인도는 중국을 건드리지 않는 선에서 미국과의 협력을 유지하는 방식의 대응을 취하고 있다. 중국의 경제 성장이 지속되어야 해외투자가 활발해져 자국이 성장을 할 수 있기 때문이다. 인도는 미국의 인도-태평양 전략에 참여하여 미국과의 해상훈련을 강화하는 등의 군사협력을 통해 적극적으로 해양력 강화에 힘쓰고 있다. 또한, 균형을 잃지 않기 위해 중국을 포함한 국가들과의 전 방위적인 관계 개선을 시도하고, 2017년 6월에는 중국 주도의 상하이 협력 기구에 가입하였다[12].

인도는 이렇듯 미중 사이에서 신중하게 균형을 추구하는 태도를 보여주고 있다. 하지만 인도의 대응 역시 방향성 정도에 있어서만 한국에 시사점을 줄 수 있을 것 같다. 한국과 인도의 영향력 차이가 적지 않으며, 미국에게 있어서도 중국에게 있어서도 한국과 인도의 전략적 가치가 확연히 다른 것을 알 수 있다. 그렇기 때문에 정책의 세부적인 부분에서의 변용은 힘들 것이라고 생각하지만 미-중 사이에서 균형을 유지하며 미-중 관계를 신중하게 주시하며 대비하는 태도나 방향성 부분에서는 어느 정도 한국이 참조해야 할 부분이 있다는 생각이다.

•

12 임경한(Lim, Kyung Han).(2018). 일대일로와 인도-태평양 전략에 대한 인도와 호주의 대응. 동서연구, 30(4): 5-32 p.17~19

Ⅳ. 결론

앞서 미중 경쟁관계를 더 치열해질 것으로 전망한 만큼 한국의 대응이나 전략 또한 발 맞추어 변화해야 한다고 생각한다. 특히, 신남방 정책, 신북방 정책에 있어서 제대로 된 움직임을 보여야 할 것이다. 또한, 남북관계 개선에 있어서 주도적으로 나서서 노력하는 것을 통해 한국의 전략 선택 폭을 넓혀야 할 것이다. 한국이 전략을 추구할 수 있는 자율적 공간이 확보된다면 미중 경쟁에 대응하는 것뿐만 아니라 다른 가치나 이익도 창출할 수 있다고 생각된다.

앞으로의 한국이 어떤 전략을 선택할지는 예상하기에 무리가 있지만 인도, 호주와 같이 미중 경쟁에 피해를 입지 않는 선에서 전략을 구사하고, 북핵문제의 해결까지 이어질 수 있는 방향으로 나아가야 할 것이다. 미-중 어느 한쪽에 치중해서 전략을 구사하기 보다는 두 국가의 사이에서 균형감각을 잘 유지할 수 있는 전략이나 대응을 고안해내서 어느 쪽도 자극하지 않으면서 한국의 한계들을 해결할 수 있는 방안이 필요하다고 생각한다. 미중 경쟁관계 속에서 한국이 앞으로 현재에서 아무것도 개선되지않는다면, 한국의 국제정치에서의 입지가 갈수록 줄어들 것이다. 한국의 실질적인 역량만큼의 역할을 하기 위해서라도 한국은 나아가야 할 방향을 찾아야 할 것이다.

V. 참고문헌

임경한(Lim, Kyung Han).(2018). 일대일로와 인도-태평양 전략에 대한 인도와 호주의 대응. 동서연구, 30(4): 5-32

이수형, "중추적 중견국가와 한국의 새로운 외교안보전략 모색 : 가교전략과 헤징전략을 중심으로," 『한국평화연구학회 2011년 동계국내학술회의』 (2011).

주봉호 (2014). 제7장 남북 관계의 성찰과 발전방향 모색. 통일전략, 14(4), 185-235

신범철. (2017). 아태지역 다자안보협력 제고를 위한 한국의 역할. KRIS 창립 기념논문집 , (), 507-544.

은용수, "미·중 세력 경쟁 속의 한국외교 재성찰 : 전략적 딜레마 극복

은용수, "미·중 세력 경쟁 속의 한국외교 재성찰 : 전략적 딜레마 극복

4

동북아 지역 환경협력 전략
— 비국가행위자의 역할을 중심으로

정치외교학과
정혜영

요약 최근 미세먼지의 증가로 인해 환경오염의 심각성이 다시 한 번 강조되고 있다. 특히 동북아 지역은 미세먼지를 비롯하여 황사, 산성비와 같은 월경성 환경오염에 노출되어 있다. 월경성 환경문제를 해결하기 위해 현재 동북아 지역에는 환경협력 공동기구가 설립되어 운영되고 있다. 그러나 회의기구의 기능이 중복되거나 필요 이상의 산하기구들이 늘어나면서 동북아 지역협력체제는 통일성 있는 정책을 내놓기가 어려워졌다. 또한 국가중심의 동북아 다자협력체제에서는 회원국이 회의체에서 협의된 내용을 이행하게끔 만들어줄 동기가 부족하다. 따라서 본 논문은 국가중심의 동북아 환경협력체제를 보완할 방안으로 비국가행위자에 초점을 맞춘다.

비국가행위자가 환경협력에 영향을 미치는 원리를 분석하고 현행 동북아 지역협력체제와 상보적으로 발전할 수 있는 방안을 모색함으로써 동북아 지역의 월경성 환경문제를 해결하기 위한 방향성을 제시하는 것이 본 논문의 목적이다.

I. 서론

1. 연구목적

최근 우리나라는 증가하는 미세먼지로 인해 많은 피해를 겪고 있다. 미세먼지는 국민들의 생명을 위협하고 실외 활동을 제약함으로써 일상생활마저 마비시킨다. 미세먼지의 원인은 다양한데 크게 국내적 요인과 국외적 요인으로 나누어 생각할 수 있다. 최근 국내 화석연료 사용량이 늘어나면서 국내적 요인이 증가하기는 했지만, 국외에서 국내로 유입되는 미세먼지의 양도 상당하다. 국내에서 미세먼지 저감 정책을 펼치며 대기 질 개선을 위해 노력하고 있지만 국내 미세먼지 농도는 뉴욕, 런던 등 기타 OECD

국가의 주요 도시에 비해 여전히 높은 편이다.[1]

사실 우리나라를 포함한 동북아 지역의 경우, 미세먼지뿐만 아니라 황사나 산성비, 해양 오염과 같은 월경성 환경문제가 심각하다. 현재 동북아 지역의 환경협력은 공동기구에 의존한 정부 주도의 차원에서 이루어지고 있다. 1992년 유엔환경개발회의 이후 동북아 지역에서도 지역적 환경협력에 대한 논의들이 매우 활발하게 진행되어 한중일 3국 환경장관회의(TEMM), 아시아 태평양 환경회의(Eco-Asia), 동북아시아 환경협력계획 고위급회의(NEASPEC) 등 동북아 환경협력을 위한 공동기구로 발전하였다.

본 논문에서는 동북아 환경협력의 현황으로 공동기구의 역할과 기능을 소개하고 그 한계를 분석할 것이다. 그리고 한계를 보완하기 위한 대안으로 비국가행위자의 역할과 중요성에 대해 논할 것이다. 비국가행위자의 종류와 개념을 소개하고 그들이 환경협력에 기여할 수 있는 원리를 연구하여 공동기구에 의존해왔던 기존의 동북아 환경협력 방식과 상보적인 역할을 고민하는 것이 본 논문의 목적이다.

2. 월경성 환경문제의 종류와 원인

동북아 지역의 월경성 환경문제에 대해 논하기 전에 그 개념과 종류에 대해 먼저 논할 필요가 있다. 이 장에서는 월경성 환경문제의 종류와 그

1 문진영, 김은미, 최은혜, 국제사회의 장거리이동 대기오염 대응사례와 시사점, 『대외경제정책연구원 연구자료』, (2017), p.1-129

원인에 대해 간략히 알아볼 것이다. 동북아 월경성 환경문제의 대표적인 사례에는 산성비, 황사, 미세먼지가 있다.

1) 산성비

석탄·석유 등 화석연료를 연소하면 황산화물, 질산화물, 탄산수소화합물 등 대기오염 물질이 발생하여 내리는 비의 산성도가 높아지는 현상을 산성비라고 한다. 빗물 외에 눈이나 안개 등의 산도가 높아지는 것 역시 산성눈이나 산성안개로 불린다. 산성비는 토양과 삼림을 황폐화시킴으로써 농작물과 동식물의 생장을 어렵게 하고 훗날 이를 섭취하는 인간에게까지 악영향을 미친다.

산성비의 원인이 되는 물질은 발생지역으로부터 500~1000km까지 이동할 수 있기 때문에 산성비는 월경성 환경문제의 한 종류로 분류한다. 특히 동북아 지역은 중국의 거대한 산업 시장으로부터 배출되는 환경유해물질의 상당한 양으로 인해 산성비 문제가 심각한 편이다.

2) 황사

황사는 중국이나 몽골의 사막에 있는 모래와 먼지가 편서풍을 타고 날아가는 일종의 자연현상이다. 그러나 최근 과도한 삼림 개발과 환경 파괴로 인해 사막화가 빠르게 진행되었고 황사 현상도 자연스럽게 심해졌다. 미세먼지 문제가 심각해진 요즘, 황사의 모래에도 유해화학물질이 섞여 있다는 연구결과도 존재한다. 황사는 이제 더 이상 자연현상이 아니라 우리의 삶을 위협하는 월경성 환경문제가 된 것이다.

3) 미세먼지

동북아 지역의 월경성 환경문제 중 최근 가장 이슈가 되고 있는 것은 미세먼지이다. 미세먼지는 50㎛ 이하인 총먼지(TSP, Total Suspended Particles)보다 입자크기가 훨씬 작은 먼지를 의미한다. 미세먼지는 다시 지름이 10㎛보다 작은 미세먼지(PM10)와 지름이 2.5㎛보 다 작은 미세먼지(PM2.5)로 나뉘는데 PM10이 사람의 머리카락 지름(50~70㎛)보 다 약 1/5~1/7 정도로 작은 크기라면, PM2.5는 머리카락의 약 1/20~1/30에 불과할 정도로 매우 작다.

미세먼지의 원인은 황산화물(SOx)과 질소산화물(NOx) 등의 1차 물질과 황산염, 질산염과 같은 2차 물질로 구성된다. 미세먼지는 세계보건기구(WHO)에 의해 1군(Group 1) 발암물질로 지정될 정도로 인체에 악영향을 미친다. 보통의 이물질과는 다르게 코, 구강, 기관지에서 걸러지지 않고 인체의 깊숙한 곳까지 침투한다.

인간에게뿐만 아니라 농작물과 생태계에도 피해를 준다. 대기 중 이산화황(SO_2) 이나 이산화질소(NO_2)가 많이 묻어 있는 미세먼지는 산성비를 내리게 해 토양과 물을 산성화시키고, 토양 황폐화, 생태계 피해 등을 야기한다.[2]

2 환경부, 월경성 대기오염물질 관리를 위한 단계별 대응방안 연구, (2015)

Ⅱ. 본론

1. 월경성 환경문제 해결을 위한 지역협력 현황

동북아 지역의 월경성 환경문제가 심각하다는 것은 명백한 사실이다. 1992년 유엔환경개발회의(UN conference on Environment and Develop, UNCED) 이후 동북아 지역에서도 지역 환경협력을 위한 논의가 활발하게 진행되어왔다.[3] 동북아 지역의 환경에 맞는 공동기구가 설립되었고, 현재는 아시아 태평양 환경회의(Eco-Asia), 동북아시아 환경협력계획 고위급회의(NEASPEC), 한·중·일 3국 환경장관회의(TEMM) 등을 중심으로 환경회의가 이루어지고 있다.

본 장에서는 동북아 환경협력의 매개체로 기능하는 공동기구의 종류와 역할, 그리고 이들이 동북아 환경협력에 미치고 있는 영향에 대해 알아볼 것이다.

1) 동북아 환경협력의 매개체로서 공동기구

(1) 아시아 태평양 환경회의(Eco-Asia: Environmental Congress for Asia & Pacific)

3 이준서, 동북아 지역의 환경협력 구축을 위한 제안, 『법과정책』, 16(1), (2010), p.169-192.

일본 환경청이 주관하며 아태지역 환경협력의 체계를 구축하기 위한 회의이다. 1991년부터 매년 일본에서 개최되고 아태지역 24개국이 참여한다.

주요 의제로는 아태지역의 지속개발 달성을 목표로 한 아태지역 환경혁신전략프로젝트(APEIS)의 이행 계획, 동아시아 산성비 모니터링 네트워크 구축사업 등을 다룬다.[4]

(2) 동북아시아 환경협력계획 고위급회의(NEASPEC: North East Asian Sub-Regional Programme of Environmental Cooperation)

본 회의에는 동북아 환경협력의 기본체계인 한국, 북한, 일본, 중국, 러시아, 몽골 6개국이 참여하며 동북아 지역환경 협력을 위한 보완적·제도적 장치이다.

1992년, 유엔환경개발회의(UNCED)에서 동북아 지역의 환경협력을 위한 메커니즘의 설치 필요성이 제기되면서 아시아태평양 경제사회위원회(ESCAP: Economic and Social Commission for Asia and the Pacific)의 자금을 이용해 1993년 서울에서 제 1차 회의가 시작되었다.

NEASPEC에서는 대기오염 저감, 대기·생태계 보전 관련 능력향상 분야에서의 동북아 환경문제에 대한 정책 대화 및 협력 사업을 추진한다. 또한 에너지 및 대기오염 저감 사업, 동북아 멸종위기 동물 보호·복원을 위한 자연보전사업 등도 추진한다.

---

4 최정진, 동북아 환경협력체제의 문제점과 대응전략, 『OUGHTOPIA』, 23(1), (2008), p.141-166

(3) 한·중·일 3국 환경장관회의(TEMM: The Tripartite Environment Ministers Meeting)

장거리 대기오염과 황해 및 동해오염 등이 지역 환경문제로 부상하고 있으나 이의 해결을 위한 동북아 국가 간 협력이 가시적인 결실을 맺지 못하면서 환경협력의 추진력을 제고하기 위해 1999년부터 추진되었다.

본 회의에서는 21세기 동북아 지역의 광역적 환경개선을 위한 비전을 제시하고 해결방안을 강구한다. 또한 기존에 존재했던 회의기구의 연계성이 미흡하다는 점과 사업의 중복 등 현행 협력 방안의 문제점을 해소하는 기능을 수행한다.

2. 동북아 환경협력의 딜레마

앞에서 언급한 공동기구 외에도 동북아 지역에는 환경협력을 위한 수많은 회의체가 존재한다. 유엔 아시아 · 태평양 경제사회위원회(ESCAP), 아시아 · 태평양 경제협력체(APEC)과 같은 국제기구부터 북대서양보전실천계획(NOWPAP), 월경성 장거리대기오염에 관한 협약(LTP) 등 다자 간 환경협력 체제까지 다양한 회의기구를 통해 동북아 환경협력일 실천하기 위해 노력하고 있다.

이처럼 다자협력 기구가 활성화되면서 심각한 환경문제에 대처할 수 있는 국제 레짐이 형성된다는 점은 긍정적으로 바라볼 수 있겠지만 현재 동북아 지역의 환경협력은 공동기구에 지나치게 의존하는 경향이 있다. 이 장에서는 공동기구와 동북아 다자협력체제의 한계와 문제점에 대해 알아보도록 하겠다.

1) 공동기구를 통한 동북아 환경협력의 한계

(1) 공동기구 간 역할의 조정 문제

동북아 지역에는 환경협력을 위한 다수의 공동기구가 존재한다. 그러나 이들의 역할 차이가 뚜렷하지 않고 그에 따른 가시적인 성과도 거두지 못하고 있는 것이 실정이다. 대표적인 예로, TEMM에서는 다양한 환경 주제들이 논의되고 있지만, 중복적이고 산발적인 환경협력 회의들이 여전히 혼재되어 있다.[5] 대기질 관리에 관한 부분은 TEMM에서 논의되고 있음에도 불구하고 대기오염에 관한 한·중·일 정책대화(TPDAP)가 개최되고 있는 것으로부터 공동기구 간 역할이 중복된다는 것을 알 수 있다. 동일한 의제를 다루는 기구가 두 개 이상으로 분산되어 있을 때, 발의된 정책이나 법은 통일성을 갖기 힘들고 책임주체를 명확히 하기 어렵다. 따라서 환경협력기구가 제대로 기능하기 위해서는 특정 역할 당 하나의 통일된 회의체가 필수적이다.

(2) 과학적 불확실성으로 인한 불분명한 책임 주체

동북아 지역의 월경성 환경문제는 국제적 차원의 환경문제이다. 따라서 어떤 문제가 발생했을 때, 그 책임 주체를 명확히 밝히기가 어렵다. 중

5 안제노, 박은주, 동북아지역 환경거버넌스를 통한 평화협력체제 구축 가능성 연구: 월경성(transnational) 대기오염 사례를 중심으로, 『세계지역연구논총』, 34(3), (2016), p.75-95.

국이 미세먼지 문제와 관련하여 중국 책임론을 부정하는 근거도 과학적 불확실성에 근거한다. 특히 환경협력에 관해서는 피해 범위가 매우 넓고 각국의 외교정책에 미치는 영향력이 상당하기 때문에 책임 주체가 명확해야 한다. 과학적 불확실성 문제는 환경협력에 대한 국가 간 자발적인 참여가 전제되어야 해결될 수 있다.[6] 그러나 환경협력 주체인 국가가 환경 회의의 내용을 준수하는 것도 드문 일이다.

환경문제를 발생시킨 책임 주체도 불분명하지만 책임을 물을 수 있는 권력기구도 존재하지 않는다. 국제사회는 무정부상태이기 때문에 특정 국가에게 환경협약의 내용을 준수하지 않았을 때 생겨나는 문제점에 대한 책임을 부여하고 직접적인 제재를 가할 수 있는 기구가 없다. 물론 이러한 문제점은 환경분야뿐만 아니라 국제사회의 이슈가 되는 모든 분야에 적용될 수 있겠지만, 인류공동체 전체에게 큰 피해로 작용할 수 있는 환경문제에 대해서는 더욱 더 큰 문제로 다가온다.

(3) 국가 중심 협력의 한계

현재 진행되고 있는 다자협력체제가 대부분 국가 중심으로 이루어지고 있다는 점도 한계로 작용한다. 동북아 지역 환경협력 회의도 회원국의 정부 주도로 이루어지는데, 이는 효과적인 협력 방안을 이끌어내는 것을 어렵게 한다.

국가 중심의 환경협력이 제대로 작동되지 못하는 이유는 환경문제

6 원동욱, 과학적 불확실성과 동북아 환경협력의 딜레마, 『한국정치학회보』 42(4), (2008), p.367-385

가 인간의 경제활동의 결과로 나타나기 때문이다. 그리고 경제활동의 주체는 대부분 국민 개인이나 정부가 아닌 기업체이다. 따라서 정부 차원의 협력이 이루어진 후에도 그 내용이 환경문제를 일으키는 주범인 기업체에까지 실효성 있는 영향을 미치지 못한다. 또한 국가 차원에서 규제정책을 펼친다고 하더라도 감시와 통제 범위에 한계가 있고 규제 내용을 준수하지 않는 기업들에 대한 처벌이 미약하다.

동북아 환경협력의 중심이 되는 공동기구에 개별 당사자들이 참여하지 못하는 것과 국가 주도로 체결된 협의 내용이 당사자들에게 실질적인 영향을 미치지 못한다는 한계는 국내 이행 확보의 문제로 이어진다. 환경협력 기구와 각 회의에서 비롯된 조약이나 협의는 많지만 그것이 제대로 이행되지 못하는 것 역시 국가 중심 협력의 한계라고 볼 수 있다.

(4) 동북아 지역의 정치적·경제적 여건의 다양성

동북아 지역 국가들의 대부분은 단기간에 급격한 경제성장을 이루어낸 경제체제라는 공통점을 지니면서, 지역 내 각 국가들 사이에서의 경제발전단계는 어느 정도 차이를 보인다. 1997년 기준 1인당 실질 GNP는 한국 10,307달러, 일본 33,370달러, 중국 738달러, 러시아 6,140달러, 몽골 267달러[7]로, 당시 한국과 일본을 제외한 동북아 주요 국가들의 경제수준은 상당한 차이가 있었다. 중국은 경제성장을 이루는 것이 당장의 목표였고, 러시아 역시 경제성장을 위해 노력해야 하는 단계였다. 국가 간 발생

7 김성윤, 김용우, 안형기, 이기한, 정회성. (1999). 환경문제에 대한 국제협력체계. 『한국정책과학학회보』, 3(3), 1-39.

한 소득격차는 동북아 지역 내 환경의식의 차이를 발생시켰고 이로 인해 환경협력에도 차질이 생기게 되었다.

3. 환경협력에 있어서 비국가행위자의 역할과 중요성

동북아 지역의 환경협력 공동기구가 설치되고 운영됨에도 불구하고 실효성 있는 환경정책이 나오지 않고 있다. 게다가 동북아 지역의 다자협력체제는 중복적이고 산발적인 구조로 유지되고 있어, 비효율적이다. 따라서 이를 보완할 수 있는 새로운 체제의 도입이 필요할 것으로 전망된다.

본 장에서는 국가 중심의 협력체계에서 벗어나 비국가행위자에 초점을 맞추어 대안을 모색하려 한다.

1) 비국가행위자의 종류

비국가행위자는 국가 이외의 행위자를 일컫는 말로, 정부 간 국제정부기구(IGO), 비정부기구(NGO), 다국적기업(MNC) 등을 포함하는 개념이다.

(1) 국제정부기구(IGO)

국제기구의 일종으로, 주로 주권 국가(구성원 국가)로 이루어진 조직이다. 국가로 구성되지만 각국의 이익보다는 지구공동체의 공익을 추구하는 성격이 강하다. 환경과 관련된 국제 정부 기구에는 유엔환경계획(UNEP), 세계보건기구(WHO), 국제자연 및 자연자원보존연맹(IUCN), 아 · 태경제사회위원회(ESCAP), 아 · 태경제협력체(APEC) 등이 있다.

(2) 비정부기구(NGO)

IGO와 마찬가지로 국제 기구의 일종이지만 지역, 국가, 국제적으로 조직된 비영리 시민단체를 모두 포함한다는 점에서 IGO와 개념적 차이를 보인다. 환경 관련 비정부기구는 그린피스가 대표적이다. 현재 한국은 동아시아 그린피스에 소속되어 활동하고 있으며 그린피스 외에도 기후프로젝트NGO, 그린크로스 등의 단체가 운영되고 있다.

(3) 다국적기업(MNC)

일반적으로 여러 나라에 걸쳐 영업 및 제조 거점을 확보하고 국경을 넘어 세계 곳곳에서 활동하는 세계적 기업을 의미한다. 대표적인 다국적기업으로는 삼성(Samsung), 마이크로소프트(Microsoft), 애플(Apple), 코카콜라(Cocacola) 등이 있다. 이러한 다국적기업들은 대부분 자체적으로 환경규율을 준수한다는 점에서 주목할 필요가 있다.

2) 비국가행위자가 환경협력에 기여할 수 있는 원리와 역할

(1) 국제정부기구(IGO)

환경협약의 내용을 검토하고 약속과 신뢰를 기반으로 하는 회의 기구를 주도·유지하는 기능을 수행할 수 있다. 특히 동북아 지역의 환경협력을 위해서는 각국 정부에 압력을 행사하고 환경규율을 제대로 이행하고 있는지에 대한 감시와 견제 역할을 한다. 또한 이미 오염된 환경을 정화하기 위한 기술이 필요하지만 경제적 여건이 되지 못해 기술을 사용할 수 없는 국가들에게 재정적 지원을 해줌으로써 조직 간 네트워크를 구축해줄 수 있다.

(2) 비정부기구(NGO)

비국가행위자 중 비정부기구(NGO)의 역할이 증대되는 것은 동북아 지역 환경협력의 지름길이다. NGO는 유능하고 중요한 정보의 중계역할을 한다.[8] 앞서 언급한 국가와 정부 중심의 협력체제는 국익을 우선시함으로써 국내의 자발적인 협력을 이끌어내기 어려운 구조였던 데 반해, NGO는 지구공동체 전체의 이익을 대변하기 때문에 기존 정부 중심의 회의체에 비해 협상이 훨씬 자유롭다.

또한 NGO가 중심이 되어 환경운동단체나 녹색 연합 등 또 다른 비영리 시민단체의 환경협력 행위를 장려하기도 한다. NGO의 왕성한 활동은 여론에 압력을 가해 일반 시민들에게까지 영향을 미치도록 하기도 한다. 즉, NGO의 활동은 그만큼 파급력 있고 시민들의 일상생활에까지 침투하여 개인적 차원의 환경협력을 수행할 수 있게 해 준다.

(3) 다국적기업(MNC)

앞서 소개한 것처럼, 다국적기업은 대체로 환경규율을 자발적으로 준수하는 편이다. 다국적기업도 기업이기에 기업의 이미지 제고를 위해서라도 환경협력에 적극적으로 동참한다.

기업의 마케팅전략으로 환경오염 등의 문제를 소재로 사용하기도 한다. 그러나 이러한 방식을 통해 시민들에게 환경문제의 심각성을 인식시키고 협력 행위를 이끌어낼 수 있다.

8 김성수 (2006). 동북아시아의 다자간 환경협력에 관한 연구. 『국제정치연구』, 9(1), 123-146

3) 비국가행위자가 환경협력에 영향을 미친 사례

중국 허베이성 스자좡시의 사례는 비록 실패한 정책이기는 하지만 비국가행위자가 환경협력에 상당한 영향을 미친다는 것을 보여준다.

1990년대, 스자좡시에는 제조업 중심의 산업 구조로 인해 실질적 환경정책이 존재하지 않았다.[9] 스자좡시의 중심 지역에는 자원소모형 오염 산업의 생산 라인이 위치하고 있었고 석탄산업만이 유일한 생계 유지 수단이었기 때문이다. 그렇게 2011년이 될 때까지 스자좡시는 유의미한 환경정책을 내놓지 못하였는데, 이는 스자좡시의 환경 거버넌스에 문제점이 있었기 때문이다.

스자좡시의 경제를 책임졌던 석탄과 화력발전에 대한 의존이 지속되면서 환경오염의 직접적이고 근본적인 원인이 근절되지 못했다. 이는 앞서 살펴본 지역 간 정치적·경제적 차이로 인한 한계와 같은 맥락이다.

스자좡시의 재정 부족과 빈약한 행정권한 역시 환경 거버넌스가 실패하게 된 요인 중 하나이다. 만약 이 때, IGO의 재정적 지원이 제대로 이루어졌더라면 결과는 달라질 수 있었을 것이다.

그리고 가장 큰 문제 중 하나는 시민사회의 저발전이다. 스자좡시에는 환경 오염을 감시하거나 자발적으로 해결책을 강구할 시민단체나 조직이 형성되어 있지 않았다. 조직화된 시민단체가 없으면 아무리 훌륭한 환경정책이 발의되어도 그것을 이행하는 데 어려움이 발생한다. 스자좡시의

•

9 조정원. (2015). 중국의 대기 오염과 환경 거버넌스의 실패: 허베이성 스자좡시의 사례. 『중국지식네트워크』, 5(0), 139-165.

경우, 실질적인 환경정책의 부재뿐 아니라 강한 행위력을 보여줄 수 있는 조직화된 시민단체가 존재하지 않았기 때문에 환경 거버넌스가 실패할 수밖에 없었던 것이다.[10]

스자좡시의 사례를 통해 비국가행위자가 환경협력에 얼마나 많은 기여를 하고 있는지 알 수 있다. 열악한 재정의 정부를 도울 수 있는 국제정부기구와 조직화된 시민단체 등 비국가행위자의 역할과 기능이 발전되어 작용했더라면, 스자좡시의 환경 거버넌스는 충분히 성공할 수 있었을 것이다.

Ⅲ. 결론

1. 동북아 환경협력의 과제와 지향점

동북아 환경협력의 현황은 지나치게 공동기구에만 의존하고 있다. 공동기구에서 이루어지는 회의는 대부분 국가의 정부에 의해 주도되고, 이는 국내 이행 확보의 문제로 이어질 수 있다. 따라서 국가중심의 협력체제에서 비롯되는 한계와 문제점을 해결하기 위한 대안을 마련할 필요가 있고 비국가행위자를 해결책으로 떠올릴 수 있다. 국제정부기구(IGO)는

10 방민석, 환경안보 차원에서 보는 월경성 대기오염 문제 해결을 위한 정책 과제: 동북아 환경 거버넌스 구축을 중심으로, 『평화학연구』, 19(1), (2018), p.221-252

신뢰성 높은 환경정책을 이끌어내기 위해 공동기구와 각국의 정부에 대한 감시와 견제 기능을 담당한다. 경제적 상황이 열악하여 환경문제를 기술적으로 해결하기 어려울 때, 재정적 지원을 해 주는 역할도 수행한다. 비정부기구(NGO)는 기존 정부 중심의 회의를 발전시키고 발의된 정책이나 규율을 지방자치단체와 시민단체에게 전달함으로써 정책의 파급력을 높인다. 다국적기업(MNC)는 자체적으로 환경규율을 잘 준수하며 마케팅 소재로 환경보호 등을 이용하여 소비자들로 하여금 환경오염에 대한 경각심을 느끼게 하거나 환경인식을 변화시키는 데 기여한다. 그러나 앞서 말한 비국가행위자의 역할과 기능은 공동기구와 회의체가 존재해야만 온전히 작동될 수 있다. 따라서 동북아 지역의 바람직한 환경협력을 위해서는 기존에 진행되어왔던 공동기구의 운영과 더불어 환경정책을 실천적이고 더욱 실효성 있게 만들기 위한 비국가행위자의 기능을 적극 활용해야 한다. 공동기구의 회의체를 통해 발의된 환경정책은 비국가행위자를 통해 감시되고 발전될 수 있으며 환경협력의 개별 당사자들에게까지 영향력을 미칠 수 있다. 또한 공동기구만으로는 해결되기 어려웠던 동북아 지역 간 정치적·경제적 다양성에서 비롯된 환경의식의 차이 역시 재정적 도움과 시민사회 발전의 조력자 역할을 수행하는 비국가행위자의 기능으로 보완이 가능하다. 이처럼 공동기구와 비국가행위자의 상보적 역할이 조화롭게 작용한다면 동북아 지역의 환경협력전략은 지금보다 훨씬 더 발전될 수 있을 것이다.

Ⅳ. 참고문헌

김성수. "동북아시아의 다자간 환경협력에 관한 연구." 『국제정치연구』, 9(1), p.123-146, (2006)

김성윤, 김용우, 안형기, 이기한, 정회성. "환경문제에 대한 국제협력체계." 『한국정책과학학회보』, 3(3), p.1-39, (1999)

문진영, 김은미, 최은혜. "국제사회의 장거리이동 대기오염 대응사례와 시사점." 『대외경제정책연구원 연구자료』, p.1-129, (2017)

방민석. "환경안보 차원에서 보는 월경성 대기오염 문제 해결을 위한 정책 과제: 동북아 환경 거버넌스 구축을 중심으로." 『평화학연구』, 19(1), p.221-252, (2018)

안제노, 박은주. "동북아지역 환경거버넌스를 통한 평화협력체제 구축 가능성 연구: 월경성(transnational) 대기오염 사례를 중심으로." 『세계지역연구논총』, 34(3), p.75-95, (2016)

원동욱. "과학적 불확실성과 동북아 환경협력의 딜레마." 『한국정치학회보』, 42(4), p.367-385, (2008)

이준서. "동북아 지역의 환경협력 구축을 위한 제안." 『법과정책』, 16(1), p.169-192, (2010)

조정원. "중국의 대기 오염과 환경 거버넌스의 실패: 허베이성 스자좡시의 사례." 『중국지식네트워크』, 5(0), p139-165, (2015)

최정진. "동북아 환경협력체제의 문제점과 대응전략." 『OUGHTOPIA』, 23(1), p.141-166, (2008)

환경부, 월경성 대기오염물질 관리를 위한 단계별 대응방안 연구, (2015)

5

중국 소프트파워

— 외교전략 분석과 함의

연극영화과
박경호

요약 중국은 다른 선진국에 비해 소프트파워의 중요성을 인지하고 외교정책으로 실천한 시기가 늦었다. 또 사회주의 체제로 대내적으로는 민주화, 인권 문제, 정부 중심의 정책, 대외적으로는 '중국위협론'이 국제사회에서 부상하며 중국의 소프트파워는 대내외적이 불안요소를 가지고 있다. 중국은 앞으로 패권경쟁과 신형대국관계 수립을 위해 소프트파워에 적극적인 투자를 할 것이고 중국의 소프트파워 향상이 미중관계 더 나아가 국제정세를 바꿀 수 있어 중요한 외교 문제로 생각된다. 그래서 이 글에서는 중국의 소프트파워 현황과 자원, 한계 및 해결방안을 분석해

보고자 한다.

I. 서론

국제화와 정보화로 소프트파워의 영향력이 주목받고 있다. 9.11 테러 이후 미국을 비롯한 선진국들은 하드파워에 치중한 외교의 문제를 인식하고 소프트파워를 강화하려는 외교 양상을 보여 주웠다. 또 냉전 시기 이후 특정 국가와 동맹 관계를 유지하는 것이 아닌 전략적 경쟁과 협력이 일상화된 뉴노멀 시기에 맞게 공공외교의 확산이 일어났다. 하지만 중국은 90년대 후반 고성장을 하며 경제력, 군사력, 외교력 정도를 종합 국력을 수단으로 인식했고 2000년대 후반에 이르어서야 중국 공산당은 소프트파워는 하드파워가 가진 단점을 보완할 수 있는 종합 국력으로 인식하며 하드파워와 소프트파워를 결합한 스마트파워 외교를 추구하게 된다.[1]비록 중국의 소프트파워 추구가 다른 선진국에 비해 늦기는 했지만 서방 국가와는 다르게 자신의 전통 문명, 특히 유교 문화를 보여주며 중국은 풍부한 역사와 전통을 가졌고 평화적이고 책임감 있는 강대국으로 모습을 보

•

1　중국의 소프트파워 외교의 전개와 국제정치적 함의 신종호 2009

이려 한다. 또 미국의 이익만 챙기려는 현 국제기구의 모습처럼 미국의 실패한 소프트파워의 사례를 보완하여 아시아인프라 투자 은행처럼 중국만의 독특한 소프트파워 외교의 모습을 가져가고 있다. 중국의 소프트파워가 국제사회에서 영향력을 발휘하려면 많은 시간과 노력이 필요하겠지만 중국의 소프트파워 영향력 확대를 위한 노력은 현재 패권국인 미국의 영향력 축소 및 미국과의 신형대국관계를 수립해 국제 정세를 바꿀 수 있다는 점에서 큰 중요성을 갖는다. 따라서 본문에서는 강대국화를 지향하고 있는 중국의 공공외교 운영 방식 분석을 통해 중국 소프트파워 외교 정책의 효과 및 한계를 분석하고 해결방안을 제시해보고자 한다.

Ⅱ. 본론

1. 소프트파워 및 공공외교의 개념과 정의

하드파워는 상대방이 원치 않는 것을 행사하도록 하는 능력이라면 이와 다르게 소프트파워는 상대방이 내가 원하는 바를 행하도록 하는 능력이 된다. 따라서 소프트파워는 문화, 이념, 제도, 가치 같은 비물질적 자원을 통해 매력(charm)을 발산 함으로써 상대방이 자발적으로 마음을 바꿔 내가 원하는 바를 얻도록 힘을 행사하는 능력이라는 점에서 '매력적인 파워' 라고 한다. 나이(Nye 1990)[2] 그리고 긴 시간에 걸쳐 장기적으로 효과를 본다는 점에서 단기간에 효과를 보는 하드파워라 대비된다. 하지만 하드파워와 소프트파워는 완전히 구분되는 개념은 아니다. 하드파워와 소프트파워 외교 모두 하나의 외교 정책 아래에서 이루어져야 하며 두 외교 전략이 다른 방향으로 진행되면 제대로 외교 정책의 효과를 보기 어렵다.

그리고 소프트파워를 구성하는 가장 큰 요소가 공공외교이다. 공공외교의 개념은 국가마다 학자마다 조금씩 다른데 미국 정부에서는 공공외교를 "정부에서 주도한 교류프로젝트, 라디오 방송 등과 같은 정보 전파수단을 이용하여 타국의 여론에 영향을 미쳐 타국 정부나 대중의 미국에 대한 잘못된 관념을 줄이게 하고, 미국에 대한 이미지와 영향력을 제고함으로써 미국의 국가 이익을 증가시키도록 하는 것"이라고 정의하였다.[3] 한편 공공외교를 최초로 정의한 샤프(Paul Sharp)는 "공공외교는 자국을 정치적으로 대변하는 사람들이 자국의 이익과 가치를 증진하기 위하여 타국 국민들과 직접적인 관계를 추구하는 과정"[4] 이라 말했다. 컬(Nicholas J. Cull)은 "국제적 행위자가 외교 정책을 수행하기 위하여 외국 공중과 접촉하는

•

2 중국의 소프트파워 외교의 전개와 국제정치적 함의 신종호 2009, Nye, Joseph S. Jr. 1990. Bound to Lead: The Changing Nature of American Power. New York: Basic Books Inc.. 에서 재인용

3 U.S. Department of State, Dictionary of International Relations Terms, 1987, p.85

4 Paul Sharp, "Revolutionary States, Outlaw Regimes and the Techniques of Public Diplomacy," The New Public Diplomacy: Soft Power in International Relations, London: palgrave macmillan, 2007, p.106

과정"이라고 정의했다.[5] 영국에서는 일반적으로 공공외교를 "정부의 중장기적인 목표 달성에 도움이 되도록 영국에 대한 이해를 높이고 영국의 영향력을 확대하기 위하여 해외에 있는 개인이나 기구와 접촉하거나 정보를 제공하는 작업"으로 정의한다.[6] 정의마다 행위자, 대상, 방법, 목적이 조금씩은 다르기는 하지만 공공외교는 정부가 중장기에 걸쳐 타국의 정부나 국민들을 대상으로 자국의 이미지와 영향력을 제고함으로써 이익을 증진하는 행위로 정리할 수 있다. 그리고 중장기에 걸쳐 타국 정부와 국민들에게 소프트파워를 증진하는 활동이기에 외교 정책과 너무 밀접하게 진행되면 오히려 역효과를 낼 수 있다. 하지만 그렇다고 외교정책과 무관하게 진행돼서도 안 된다. 공공외교는 반드시 국가의 중기적, 장기적 목표랑 부합하여 전개돼야 그 효과가 발휘하기 때문이다.

공공외교는 행위자와 대상이 많기 때문에 외교 전개에 있어 여러 방향성이 나타난다. 크게 네 가지로 정리할 수 있는데 1) 자국 정부에서 타국 정부로, 2) 자국 정부에서 타국 민간으로, 3) 자국 민간에서 타국 정부로, 4) 자국 민간에서 타국 정부로이다. 공공외교가 효과적으로 진행되기 위해서는 이 네 가지 외교가 체계적이고 일관성 있게 진행되어야 하며 어느 한 방향이라도 독단적으로 외교 활동을 전개하게 된다면 그 나라의 외교 활

•

5 Nicholas J. Cull, Testimony before the US-China Economic and Security Review Commission hearing: China's Propaganda and Influence Operations, its Intelligence Activities that Target the United States and its Resulting Impacts on US National Security, 30, April 2009.

6 Ali Fisher, "Four Seasons in One Day: The Crowded House of Public Diplomacy in the UK," Routledge Handbook of Public Diplomacy, New York: Routledge, 2009, p.251.

동, 더 나아가 정부와 그 국가의 이미지에도 부정적인 영향을 끼치게 된다.

2. 중국의 소프트파워의 전략과 목표

중국의 소프트파워 외교 목표는 두 가지라 할 수 있다. 첫 번째는 '중국위협론'을 불식하려는 '평화부상론'. 두 번째는 중국은 5000년의 역사를 가진 문명국가임을 보여주는 것이다. 중국의 경제 성장에 따라 서구 세계에서는 중국의 사회주의 사상이 퍼질 수 있다는 냉전적 사고방식에서 '중국위협론'이 대두되었다. 그래서 중국은 이런 서구에 편향된 시선을 개선하고 책임감 있는 강대국 및 동반자의 모습을 보이려는 '평화부상론'을 내세우고 있다. 냉전적 사고방식을 가진 서구 세계에 이념의 대립이 아닌 이념의 차이를 강조하여 사회주의의 불안감을 최소화하고자 하며 사회주의 체제의 한계를 극복하려 하고 있다. 그리고 중국의 경제적 부상이 위협되는 것이 아니라 국제 사회에 도움이 될 수 있음을 강조하며 경제적 동반자의 모습을 보여주고 공동협상, 공동발전, 공동 수호, 공동번영을 추구하고 있다.[7]

미국이 민주화와 인권을 국제 질서에 보편적 가치로 내세웠다면 중국은 풍부한 전통문화를 바탕으로 전 세계에 문명국가로의 인식을 심고 유가 사상을 중국의 보편적 가치로 내세웠다. 한국과 일본 등 동아시아에

7 중국의 공공외교 전략과 행태에 관한 연구 - 한국 사례를 중심으로 - 유상철 2013

유교 문화를 전파한 자신감을 바탕으로 국제 사회에 유교 사상을 전파함으로써 국제 사회에서 중국의 영향력을 확대하려 한다. 그리고 그 예가 공자 학원이다. 중국은 중국어 확산을 위해 2004년 서울에 첫 공자학원을 세운 뒤 134개국 500여 개 공자 학원을 세웠다. 중국 공산당은 먼저 언어에 익숙해져야 영화, 음악, 드라마 같은 문화 콘텐츠 확산에도 용이하다고 판단했기 때문이다. 공자학원은 중국어 교육뿐 아니라 문화 교류에 최전선에서 전 세계에 중국 문화 전파에 앞장서고 있다. 공자학원은 소프트파워 역량 증진을 위한 중국의 노력을 여실히 보여주는 대표적인 사례라 할 수 있다.

중국 공공외교는 '평화부상론'과 문명국가의 이미지를 심는 것을 지향한다. 하지만 외교정책과 공공외교는 어느 정도에 밀접함을 가지고 가야 효율적인 공공외교 정책이기에 결국 중국 공공외교의 목적은 중국몽의 실현 및 미국과의 신형대국관계를 수립해 패권국의 지위를 얻는 것이라 할 수 있다.

3. 중국 소프트파워 외교 현황

1970~80년대 부터 공공외교에 대해 연구하고 공공외교를 체계적으로 실행하여 소프트파워 역량을 증가시킨 서구 세계에 비해 중국은 소프트파워 외교의 중요성을 인식하고 체계적으로 정립하는 것이 늦었다. 90년대부터 중국 학자들이 공공외교를 연구하기 시작했고, 중국 공산당이 소프트파워에 중요성을 인식한 것은 2000년대 중반부터이기 때문이

다. 그 결과 현재 중국의 소프트파워 지수는 세계 30위권으로 중국의 경제력과 군사력, 그리고 패권국이 되고자 하는 중국 공산당의 의지에 비해 무척 낮은 수치를 보여주고 있다. 하지만 중국 정부는 2008년 베이징 올림픽에 맞춰 공공외교를 체계적으로 수행하기 위해 제도와 자원을 정비했고 2009년 후진타오 중국 주석이 당대회에서 중국 지도부로는 처음으로 소프트파워를 언급하며 본격적으로 소프트파워의 역량 강화를 위한 노력을 시작했다. 중국은 풍부한 전통문화와 우월한 경제력, 14억의 인적 자원 등을 가져 다른 나라에 비해 많은 소프트파워 자원을 가진 만큼 앞으로 소프트파워의 성장 가능성은 무궁무진하며 중국이 가진 소프트파워 자원을 분석해 앞으로의 잠재력을 예측해보고자 한다.

나이(Nye)는 소프트파워론에서 미국의 대외정책 목표를 달성하고 미국이 초강대국 지위를 유지하기 위한 소프트파워 자원을 문화, 정치적 가치. 대외 정책 세 가지로 분류했다.[8] 하지만 중국은 자국이 G2가 된 결정적인 요인인 경제력을 중요한 가치로 여기고 있어 나이(Nye)가 분류한 세 가지에 경제를 추가해 문화, 경제, 정치, 외교 차원에서 조금 더 종합적인 분석을 하겠다.

•

8 중국의 소프트파워 외교의 전개와 국제정치적 함의 신종호 2009, Nye, Joseph S. Jr. 1990. Bound to Lead: The Changing Nature of American Power. New York: Basic Books Inc.. 에서 재인용

1) 문화적 자원

전통적으로 서양은 동양에 문화를 받아드려, 동양은 서양에 문화를 받아드려 독창적인 문화를 만들어왔다. 서양 문화에 있어 동양 문화는 신비하고 전통적이면서 옛스러운 문화이고 반면 동양 문화에 있어 서양 문화는 선진화되고 수용할 것이 많은 문화이기 때문이다. 서양을 비롯한 외국에서 동양, 특히 중국 문화에 동경을 가지고 모방할 때 중국 문화가 수용되고 문화가 갖는 잠재적 파워가 실질적 파워로 변한다는 점에서 문화적 자원이 갖는 중요성은 크다고 할 수 있다. 중국의 문화를 습득하면서 외국 국민들은 중국의 보편적 가치관과 사상을 마주하고 중국에 대한 이미지를 제고하게 된다. 자국의 이미지 제고를 통해 중국은 다른 분야에서 원하는 외교 성과를 얻기 쉬워진다. 그렇기에 중국 정부는 자국이 가진 전통문화와 유교 사상을 적극적으로 홍보하고 있으며 공자학원을 중국어와 중국 문화 보급의 최전선으로 삼아 중국의 문화를 전파하고 있다. 여기에 전통문화와 현대적 기법을 융합해 세계 각국에 매력적인 중국 알리기를 시도하고 있다. 관광자원을 홍보하고 문화 예술 분야에서는 노벨상을 받는 등 다방면으로 전통과 현대 문화를 결합한 문화 자원을 활용하고 있다.

2) 경제적 자원

중국 외교에 있어 최고의 장점이자 가장 효과적인 수단이 바로 경제이다. 중국의 경제적 자원은 크게 1) 자국의 경제력, 2) 개도국을 대상으로 한 ODA, 3) 베이징 컨센서스로 나눌 수 있다. 첫 번째는 압도적인 자국의 경제력을 바탕으로 아시아인프라투자은행, 일대일로 등을 통해 전 세계에 중국의 영향력을 확대하고 있고 자국의 이익 확대 및 미국과 패권 경쟁을 위한 수단으로 사용하고 있다. 한편 중국은 아프리카, 중남미, 아시아 등 개도국을 중심으로 여러 ODA 및 경제 원조를 제공하고 있다. 특히 중국은 미국에 영향력이 덜한 아프리카에 원조를 집중하고 있다. 2000년 중국-아프리카 협력 포럼을 연 것을 시작으로 2018년 베이징 포럼에서는 아프리카 54개국 중 53개국이 참가하며 대아프리카의 영향력을 확대했고 이 포럼에서 중국은 연간 30억 달러 정도던 대아프리카 투자액을 3년간 600억 달러를 투자하겠다 밝혔다. 또한 독재 정권을 지원하여 친중 성향의 정부를 유지하고 아프리카 유학생들의 중국 유학을 장려하여 친중 성향을 가진 엘리트를 육성하려는 모습을 보이며 중장기적으로 영향력을 확대하려는 모습을 보인다. 이를 통해 중국은 아프리카의 영향력 확대와 풍부한 천연자원의 확보, 경제 영토의 확대 등을 추구하고 있다. 또 중국은 워싱턴 컨센서스와는 대비되는 중국식 경제 성장 모델인 베이징 컨센서스를 보급하려 노력하고 있다. 베이징 컨센서스는 권위주의 정부 체제를 유지하면서 시장 경제 요소를 최대한 도입해 경제 성장을 하는 모델이다. 그래서 베이징 컨센서스를 지지하는 나라는 신자유주의 경제 발전 모델인 워싱턴 컨센서스가 실패한 나라들, 권위주의 체제를 유지하려는 독재 국가들이며 이 국가들에게 중국의 모델이 긍정적으로 인식되고 있다. 외국에서 베이징 컨센서스의 수용은 외국에 중국의 가치관을 확산할 수 있고 중국과 아프리카, 중남미 국가들과 외교, 경제적 협력을 촉진해 중국의 소프트파워를 증진하게 된다. 그리고 향후 베이징 컨센서스를 수용한 국가들이 중국을 지지하며 미국의 보편적 가치에 대항하는 동맹국으로 발전할 수 점에서 미중 패권 경쟁에서 중요한 시사점을 갖는 자원이다.

3) 정치적 자원

중국의 정치적 자원은 매우 부족하다고 할 수 있다. 사회주의라는 정치체제와 인권, 민주화처럼 세계 보편 가치의 매우 취약한 것이 중국의 소프트파워가 낮게 측정되는 요인이며 서구 세계에서 '중국위협론'이 떠오르게 된 원인이 되었다. 하지만 서구사회에서도 지금의 보통선거가 보편화하기까지 수 세기가 걸린 것을 생각해보면 어쩌면 지금 중국은 민주주의를 만들어가는 과정이라 생각할 수 있다. 그리고 중국은 대내외적인 민주화 요구에 따라 외교 정책 과정에서 정부뿐 아니라 민간, 비정부기구에 참여를 요구하는 목소리가 높아졌고, 조금 더 유연하고 폭넓은 외교 정책을 펼치기 위해 정부가 가진 외교 정책 권력을 사회에 조금 양도하며 민주화를 조금씩 실현해가고 있다. 비록 지금은 열악하지만 먼 미래에 중국이 정치적 자원을 얼마나 개선하느냐가 중국의 소프트파워 외교의 큰 영향을 끼칠 것으로 예상된다.

4) 외교적 자원

중국은 유엔 상임이사국 지위를 가지고 있고, 과거에는 인색하던 유엔 평화유지군을 서아시아와 아프리카에 적극적으로 파병하는 등 국제 질서를 유지하기 위한 강대국의 모습을 보인다. 이를 통해 '평화부상론'을 전 세계인들이 인식하게 하고 '중국위협론'을 불식하려 하는 모습을 보여준다.

그리고 전 세계에 퍼진 8000만 화교 네트워크도 중국의 중요한 외교 자원이다. 전 세계 화교 네트워크를 연결하여 중국을 홍보하고 또 경제 영토를 확장해 외국에서 중국의 진입을 상대적으로 쉽게 하려 한다.

4. 중국 소프트파워 한계와 해결방안

중국 소프트파워의 한계는 대부분 사회주의 체제에 비롯된다. 사회주의 체제로 인해 대외적으로 '중국위협론'이 큰 문제로 인식된다. 이때문에 중국의 공공외교 정책은 '매력적인 국가 만들기'보다는 '평화부상론'을 추구해 '중국위협론'을 불식하려는 데 많은 자본과 노력을 투자하고 있다. 대내적인 문제는 공공외교 정책이 과도하게 정부 주도 아래 진행된다는 것이다. 공공외교의 특성상 정부와 민간이 유기적이고 체계적으로 진행돼야 본래의 목적을 달성할 수 있지만, 중국은 민간, 비정부 기구에 자율성은 적고, 정부 주도 아래 움직이고 있다. 이런 점에서 소프트파워 외교는 정부의 생각과 투자와는 달리 크게 성과를 내고 있지 못하고 있는 실정이다. 또 중국 공산당은 권력 유지를 위해 자국민들의 민주화 요구를 통제하고 검열하고 있으며 티베트를 비롯한 소수민족을 탄압하는 등 열악한 인권 문제도 국제사회로부터 많은 비판을 받고 있어 중국의 소프트파워를 약화하는 요인으로 작용한다.

공공외교 자체도 많은 문제를 가지고 있다. 우선 중국의 정치적 사상과 전통문화와의 연결성이 약하다. 그래서 중국이 우선으로 생각하는 가치관이 전통문화인지 자국의 사회주의 사상인지 명료하지 않다는 문제를 가진다. 그리고 아직 영역별, 지역별 맞춤 외교 모델을 구축하지 못했다. 유교 사상을 전파한 한국과 일본, 동남아와 그렇지 않은 유럽에 같은 방식으로 공공외교를 수행하고 있으며 이미 유교 사상과 중국 전통문화에 익숙한 한국과 일본 등에는 중국의 전통문화가 매력이 없어 공공외교 정책이 큰 효과를 거두지 못하고 있는 상황이다. 또 베이징 컨센서스는 이미 민주주의 체제를 구축한 국가에는 반감으로 다가온다. 민주주의 체제 국가들은 상대적으로 선진국이 많아 이들 국가에 반감을 사는 것은 소프트파워에 더 부정적인 영향을 끼칠 수 밖에 없다. 또한 중국 공공외교의 목적과 이를 실행하기 위한 수단의 괴리가 뚜렷하게 나타나고 있다. 중국은 중국의 부정적인 내용을 보도하는 외국 매스컴에 한계를 느끼고 자국 매스컴을 통해 외국 국민, 정부에 공공외교 정책을 보도하기 위해 2009년 450억 위안에 이르는 돈을 투자했다. 하지만 매스컴이 자국의 외교 정책을 외국의 보도하는 것이 아니라 메스컴의 해외 독자망을 구축하여 이익을 챙기는 정도에 그치는 등 공공외교의 목적과 수단 사이의 괴리가 뚜렷이 나타나고 있다. 중국 지도부 역시 여전히 하드파워를 중시하고 있는 것도 문제이다. 여러 외교 문제를 해결해야 할 사항이 있으면 소프트파워 대신 하드파워 외교정책을 선택하며 소프트파워의 힘을 상대적으로 등한시하는 모습을 보여준다.

그리고 중국은 이중적인 외교 형태를 보여주며 외국에서 중국에 대한 불안감 형성, 신뢰도 하락 등의 문제를 보인다. 서구 국가에는 '평화부상론'을 통해 '중국위협론'을 불식하려 하면서도 아프리카 독재 정부를 지원하는 이중적 외교를 펼치고 있다. 그리고 협력적 공공외교를 지향하면서도 중국이 주장하는 핵심이익(대만, 센카쿠열도, 남중국해 등)이 관련되면 한

중관계처럼 적대적인 관계로 바뀌는 등의 외교 형태도 문제이다. 그 밖에도 미중 무역갈등 문제로 인한 불안한 대외적 환경이나 중남미 지역에서 중국의 영향력 확대에 따른 중남미 지역에서 미중간 갈등 요소 잠재 등이 중국의 공공외교를 불안하게 하는 요인으로 남아 있다.

그렇다면 이런 중국 공공외교의 한계를 극복하기 위한 방안은 무엇이 있을까? 단기적으로는 비정부기구의 역할을 확대하는 것이다. 비정부기구는 정부보다 더 유연하며 거부감이 적고 때때로 외국에서 더 나은 신뢰 및 인지도를 가진 경우가 있어 비정부기구를 활용해 소프트파워 역량을 기를 수 있다는 점에서 중요하다고 할 수 있다. 미국의 영화와 드라마, 언론, 음악, 창업환경, 스포츠 등의 비정부기구, 민간이 소프트파워 외교에서 미국 정부보다 더 영향력이 있다는 것을 생각할 때 중국도 권력을 민간에게 양보하고 경제력을 바탕으로 막대한 투자를 통해 소프트파워 역량을 증진할 필요가 있다. 장기적으로는 많은 권력을 민간에 이양하고 민주화를 요구하는 목소리를 받아드려 사회주의와 민주주의가 혼합된 사회민주주의 정치체제를 구축할 필요가 있다. 사회민주주의 체제에서는 대내적인 민주화, 인권탄압의 문제를 해결하고 또 소득 불평등 문제 해결 등 다수의 중국 국민들에게 지지를 받을 수 있다. 그리고 대외적으로는 사회주의보다 친숙한 정치체제를 가져 '중국위협론'을 불식할 수 있고 '평화부상론'에 투자하던 공공외교의 자원과 노력을 '매력적인 국가 만들기'에 투자하여 소프트파워를 더욱 증진할 수 있다.

그리고 일관된 외교 정책을 확립할 필요가 있다. 공공외교와 핵심이익에 관한 외교 정책의 일관성, 공공외교 정책 내에서도 일관성이 필요하다. 중국은 핵심이익과 관련된 사항에서는 군사, 경제적 압박을 통해 문제를 해결하려 한다. 중국의 이런 행태는 공공외교에 쏟는 노력과 자본을 무색하게 만들 뿐이며 국제 사회의 '중국위협론'의 부각과 중국 이미지를 반감하는 행태가 된다. 중국은 이런 하드파워 외교를 조금 누그러뜨리고 장기적인 관점에서 소프트파워를 통한 핵심 이익을 사수할 필요가 있다. 국제 사회의 긍정적인 이미지를 심으면서 하드파워와 소프트파워를 체계적이고 일관되게 운영하여 핵심이익을 지킬 수 있다. 그리고 서방 국가에는 '평화부상론'의 이미지를 심으려 하면서도 동시에 아프리카의 독재 정권을 지원하는 이중적인 공공외교 행태를 멈추고 아프리카 역내의 평화와 질서를 유지하는 정도로만 개입해야 한다.

이런 방향으로 공공외교 정책을 개선한다면 중국 소프트파워 외교의 주된 목적인 '중국의 부정적 이미지 없애기'는 자연스럽게 사라질 것이다. 그리고 그 노력을 '중국인', '중국문화'의 정체성을 명확하게 형성하여 통합된 중국 브랜드를 국제 사회에 알림으로써 소프트파워 향상을 가져올 수 있다.

Ⅲ. 결론

중국은 다른 선진국에 비해 소프트파워의 중요성을 깨닫고 이를 체계적으로 정립해 실천한 시기가 늦었다. 그리고 사회주의 체제로 인해 대내적으로는 민주화, 인권 문제, 정부 중심의 정책, 대외적으로는 '중국위협론'이 국제사회에서 부상하면서 중국의 소프트파워 역량은 패권국이 되기 위한 중국의 의지, 노력, 투자에 비해 무척 부족한 수준이다. 중국의 소프트파워 역량 강화를 위해서는 장기적으로 정부가 가진 권력을 일부 민간에게 이양하고 사회민주주의로의 정치 체제를 바꿔야 할 필요가 있다. 이를 통해 자국 내에서는 민주화 및 인권 문제를 해결할 수 있고 민간에서 더 유연하고 효과적인 외교를 통해 소프트파워 역량을 강화할 수 있다. 대외적으로는 민주주의 국가가 친숙한 사회민주주의 체제를 강조함으로써 '중국위협론'을 어느 정도 불식할 수 있고 '평화부상론'에 힘 쏟던 외교를 중국의 브랜드를 홍보하는 '매력적인 국가' 에 투자하여 소프트파워 역량을 강화할 수 있다.

중국은 14억에 인적 자원과 전 세계에 퍼진 화교 네트워크, 5000년의 역사를 가진 풍부한 전통문화, 베이징 컨센서스, 경제력을 바탕으로 한 ODA 등 다른 나라보다 더 많은 소프트파워 자원을 가지고 있어 성장 가능성이 무궁무진하며, 지난 10년 동안 공공외교를 체계적으로 정립하고 수행해가고 있다. 중국은 패권 경쟁과 신형대국관계 수립을 위해 앞으로 소프트파워 영향력이 커질 것이고 향후 국제 정세를 바꿀 수 있다는 점에서 중국의 소프트파워 성장은 앞으로 국제 정세 변화에 시사점을 갖는다고 할 수 있다.

Ⅳ. 참고문헌

Nye, Joseph S. Jr. 1990. Bound to Lead: The Changing Nature of American Power. New York: Basic Books Inc..

U.S. Department of State, Dictionary of International Relations Terms, 1987,

Paul Sharp, "Revolutionary States, Outlaw Regimes and the Techniques of Public Diplomacy," The New Public Diplomacy: Soft Power in International Relations, London: palgrave macmillan, 2007

Nicholas J. Cull, Testimony before the US-China Economic and Security Review Commission hearing: China's Propaganda and Influence Operations, its Intelligence Activities that Target the United States and its Resulting Impacts on US National Security, 30, April 2009.

Ali Fisher, "Four Seasons in One Day: The Crowded House of Public Diplomacy in the UK," Routledge Handbook of Public Diplomacy, New York: Routledge, 2009

중국 공공외교의 확산 : 체계와 목표, 이희옥, 2010

중국 공공외교의 등장과 강화 - 조직구조와 수행방식을 중심으로 - 차창훈, 2014

한국의 對중국 공공외교 전략과 실행 분석, 백우열, 2015

시진핑 시기 중국의 대외전략 변화와 한반도 정책의 영향, 신종호, 2016

한국 중앙정부 산하기관의 대중국 공공외교 분석, 楊 喆·白 宇 烈, 2018

중국의 소프트파워 외교 전개와 국제정치적 함의, 신종호, 2009,중국의 공공외교 전략과 행태에 관한 연구 : 한국 사례를 중심으로 = A Study On Strategises and Behaviors of China's Public Diplomacy : The Korean Case, 유상철, 2013

제3부

글로벌 이슈

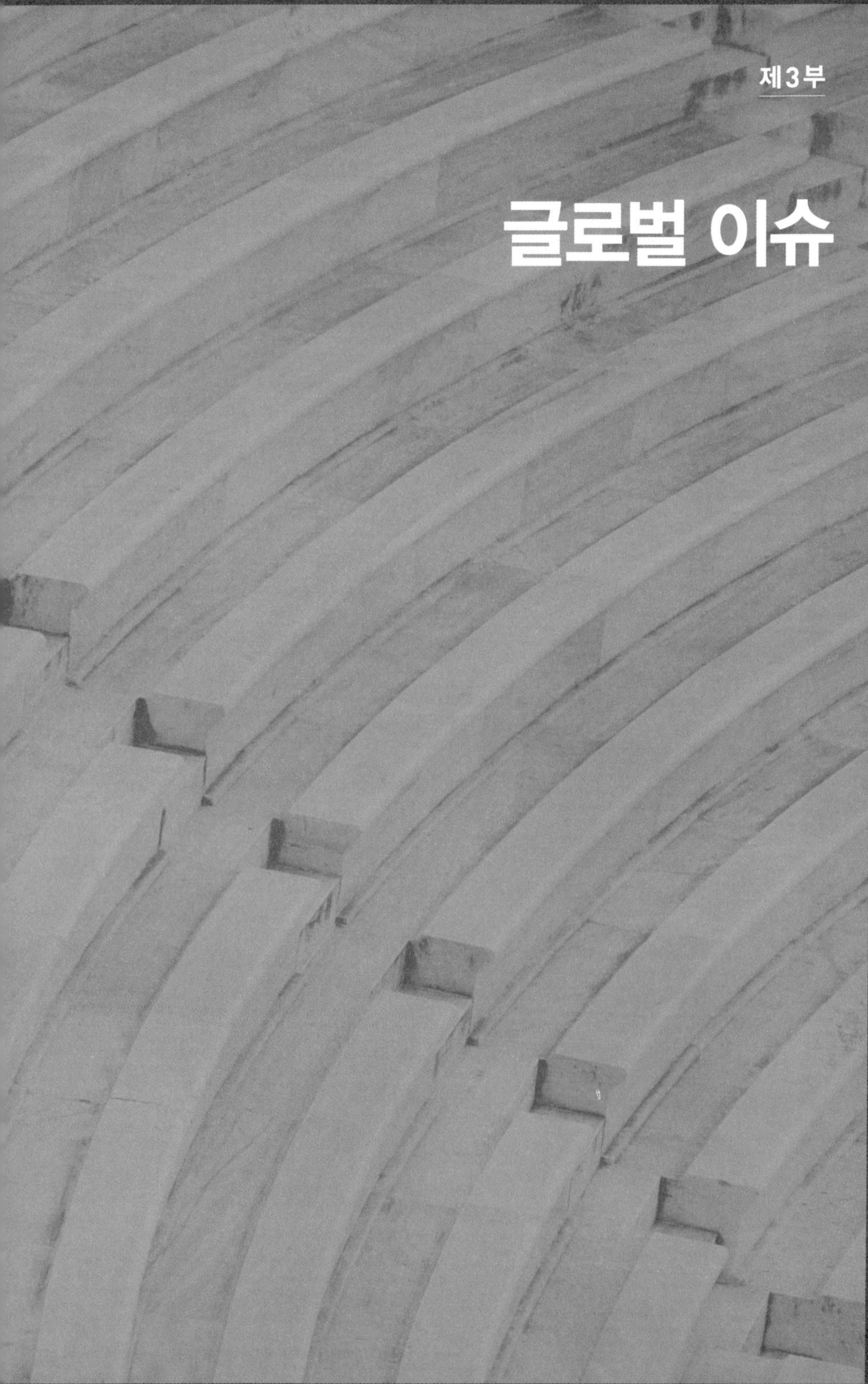

1

글로벌 환경오염과 국가안보

정치외교학과
최은찬

요약 현재 대한민국에서 가장 이슈가 되고 있는 것 중 하나는 바로 국경을 초월하는 환경오염, 특히 미세먼지에 의한 환경안보 문제라고 할 수 있다. 이와 같은 월경성 오염은 과거 황사 및 해양 오염이 가장 대표적이었으나, 근래 중국 발 미세먼지의 영향으로 국민들의 피해가 야기 될 수 있다. 이에 이 논문에서는 월경성 대기 오염을 안보와 연계하여 알아보고자 한다. 안보의 개념 확대로 인해 전통적 안보에서 벗어난 비전통적 안보의 중요성이 대두되어 월경성 오염이 비전통적 안보의 환경 안보와 직결된다. 현재 월경성 대기 오염 중에서 미세먼지의 경우 명확한 원인을 규명하기 불가능하다. 선행 연구에서 이루어진 월경성 대기 오염의 원인을 바탕으로 한국 정부가 취해야 할 대응 방안에 대해 제언을 하고자 한다. 과거 미국과 캐나다의 트레일 제련소 사건을 바탕으로 국제법적 관점을 바탕으로 한국이 직면한 월경성 대기 오염의 국제법적 해결 방안을 알아보고자 한다.

I. 미세먼지와 안보

최근 한국 국민들의 최대 관심사는 미세먼지이다. 미세먼지 농도가 심한 날에는 각종 포털 사이트 실시간 검색에서 '미세먼지'의 검색 순위는 상위권을 기록한다. 뉴스에서도 미세먼지를 주의 깊게 보도하고 있으며, 뉴스 보도 후에는 심심찮게 마스크를 착용한 사람들을 길에서 볼 수 있다. 미세먼지가 높은 날에는 외출을 자제하라는 권고 문자를 심심치 않게 볼 수 있다. 정부 차원에서도 기관지 질병을 앓는 사람과 고령 및 노약자들에게 외출을 자제 할 것을 권고하기도 한다. 국민들 사이에서 미세먼지로 인한 재난 문자는 세금 낭비라는 의견과 미세먼지의 농도가 짙은 날에는 재난이라는 의견이 대립 중이다. 불과 몇 년 전에만 하더라도 미세먼지에 관한 관심도는 많지 않았으며, 미세먼지로 인한 재난 문자는 상상 할 수 없었다. 월경성 오염에는 비단 미세먼지만 있는 것이 아니다. 몇 년 전만 하더라도 많은 국민들은 황사에 관심을 가지고 있었으며, 정부 역시 황사를 대비하기 위한 노력을 하였다. 현재 한국 국민들은 황사에 관한 관심은 미세먼지에 비해 상대적으로 관심도가 낮아졌다. 비록 때에 따라 국민의 월경성 오염에 관한 관심은 달라지기는 했지만 본질적으로 국민의 건강과 삶의 질에 영향을 미치는 것에 관심을 가지고 있다.

국민들의 관심도가 증가함에 따라 한국 정부는 '국가기후환경회의'를 발족하며 국민들의 요구에 응하고 있다. '국가기후환경회'의 운영세칙을 살펴보면 제2조에 국민들의 의견을 수렴하고 논의한다고 정의되어 있으며, 대통령 소속으로 운영되고 있다. 이는 최근 높아진 국민들의 관심을 수렴하고 해결하기 위한 방안으로 발족된 기관으로 자세한 사항을 살펴보면 다음과 같다:

- 미세먼지 문제 해결을 위한 범국가적 대책 마련에 관한 사항
- 산업, 수송, 발전 등 주요 부문의 미세먼지 저감에 관한 사항
- 국내외 미세먼지 배출과 이동 등에 대한 과학적 분석에 관한 사항
- 동북아 미세먼지 저감을 위한 공동연구 등 국제협력에 관한 사항
- 미세먼지 문제 관련 사회경제적 손실 완화와 그 지원에 관한 사항
- 미세먼지로 인한 국민 건강 피해의 예방에 관한 사항
- 미세먼지 관련 국민 이해 증진 및 홍보·소통에 관한 사항
- 미세먼지 문제와 관련된 기후변화 대책에 관한 사항
- 그 밖에 국기후환경회의의 기능과 관련하여 국가기후환경회의의 위원장(이하 "위원장"이라 한다)이 필요하다고 인정하는 사항

운영 세칙을 살펴보면 한국 정부는 국민들의 관심이 높아진 미세먼지와 관련하여 이를 해결하기 위한 노력 중인 것을 알 수 있다. 그러나 월경성 오염은 미세먼지만 있는 것이 아니다. 앞서 언급된 황사 역시도 월경성 오염이지만, 현재 국민들의 관심이 낮아져 황사에 대한 대응 방안은 논의되지 않고 있다. 또한 해양 오염 역시 문제들이 존재함에도 불구하고 국민들의 관심이 상대적으로 적어 오염 여부조차 연구되고 있지 않다.

다른 나라들에 비해 한국 국민들은 안보에 많은 관심을 가지고 있다. 전 세계에서 유일한 분단 국가이면서 휴전국가로 언제든 다시 전쟁이 일어나도 이상하지 않은 나라이다. 북한의 직접적인 위협은 지속적으로 일어나고 있으며, 이를 대비하기 위해 한국 남자들은 군복무가 의무적으로 주어진다. 이러한 전통적인 안보는 예나 지금이나 많은 관심을 받고 있지만, 최근 안보의 개념이 확대되어 가고 있다. 과거에는 앞서 언급한 직접적인 군사적인 안보라면, 현재 안보는 국민의 건강을 해치는 것도 환경 안보의 위협이 될 수 있으며, 기술 안보, 식량 안보 등이 존재한다. 안보라는 개념이 과거 군사적인 것에 한정 되어 있지만, 현재는 앞서 열거한 기술적, 환경적 등 많은 분야에서 안보의 위협이라고 정의되고 있다. 안보의 개념이 확대된 작금에 월경성 오염 역시 한국 안보의 위협이 될 수 있다.

이번 논문에서는 국민들의 많은 관심을 받고 있으며, 건강을 위협하고 있는 월경성 대기 오염의 원인을 알아보고자 한다. 또한 최근 안보 개념의 확대를 적용하여 월경성 대기 오염이 한국의 안보에 위협이 되는지 알아보고자 한다.

Ⅱ. 월경성 오염과 비전통 안보

먼저 안보를 살펴보면 전통적 안보에는 많은 연구가 행해졌으며, 많은 학자들이 국가안보의 개념을 정의 한 것을 볼 수 있다. 먼저 아놀드 월퍼스(Arnold Wolders)에 따르면 "국가 안보란 정확한 의미가 없으며 사용하는 사람에 따라 다른 의미를 나타내는 모호한 개념"이라고 정의 하였으며, 특히 그는 "객관적 의미에서는 취득한 가치에 대한 위협의 부재"라고 주장하였다. 베리 부자(Barry Buzan)의 경우에는 국가 안보를 "위협으로부터의 해방"이라고 정의하며, 국가의 모든 위험 혹은 위협이 존재하지 않는 것을 의미한다고 주장하였다. 전술한 학자들의 주장은 안보란 우리가 흔히 알고 있는 안보의 개념으로, 한국의 상황에 대입하여 본다면 현재 한국의 안보 위협은 북한이라는 존재일 것이다. 한국 전쟁 이후 한국과 북한은 종전이 아닌 휴전 상태로 현재까지 공존하고 있다. 북한은 휴전 이후 지속적인 군사적 도발을 감행하여 한국 안보의 심대한 위협이 되어 왔다. 특히 2010년도에 일어난 연평도 포격 도발 사건은 직접적인 한국 영토에 포격을 가함으로 경제 피해는 물론이고 인명 피해까지 발생하였다. 이러한 상황에서 한국 국민들은 다른 어떤 국가의 국민들보다 안보에 많은 관심을 가지고 있다. 현실주의 관점으로 살펴보면 안보의 위협의 성격은 첫째, 위협은 국경 밖에서부터 가해지는 것이며, 둘째, 위협은 본질적으로 군사적인 것이며, 마지막으로는 이에 대해 군사적인 대응이 필요하다는 것이다. 이에 따라 많은 국가들은 국가 안보를 대외적이며 군사적인 차원에서 대응 방안을 맞추어 나갔다. 가령, 냉전 시기에서는 미국과 소련의 군비 경쟁 및 핵 무기의 발전이 그 대표적인 예가 될 수 있다.

전통적 안보는 비단 한국의 문제가 아니라 주권을 가지고 있는 모든 국가에서 일어날 수 있다. 특히 안보에서 자국의 제일 작은 국가 안보는 국가 생존이며, 이를 위해 현재 많은 국가들은 노력 중이다. 군사적인 위협으로 인해 자국의 생존 문제가 걸린 국가들은 강대국에 편승하는 방안을 선택하거나 혹은 약소국들이 모여 집단 안보 체재를 결성하는 모습들을 살펴볼 수 있다. 극단적으로 자국의 생존을 위해 핵비확산체재(NPT)를 탈퇴하며 핵 무기를 개발 하는 국가 역시 존재한다. 모든 국가가 안보의 위협을 인식하고 있어 전통적인 안보의 연구는 예로부터 많은 연구가 있었으며, 아직까지 사용되고 있다.

앞서 언급한 전통적인 안보와 관련해서는 많은 사람들이 직접적인 위협으로 받아들이고 있다. 전통적인 안보에 대한 관심과 더불어 현재 많은 사람들은 비전통적인 안보에도 관심을 가지는 사람들이 증가하고 있다. 비전통적 안보와 전통적 안보의 가장 큰 차이는 가시적인 위협의 존재 유무로 분류 된다. 즉 전통적인 안보에서는 실질적인 위협의 존재가 실존한다는 것이다. 한국에 입장에서는 실질적인 위협은 북한이며 언제든 한국의 국가이익을 해칠 수 있는 존재이다. 미국의 입장에서 가시적인 위협의 존재는 자신들의 패권을 위협하고 있는 중국의 존재일 수도 있으며 혹은 군사적인 위협을 줄 수 있는 북한의 경우도 가능하다. 하지만 비전통적인 안보에서는 이러한 위협의 존재가 가시적이지 않다. 실질적인 위협이 존재하지 않는 것은 안보의 위협이 아니라는 의견도 존재하며 혹은 안보의 개념의 확대로 무엇이든지 위협이라는 단점 역시 존재한다.

전통적 안보가 아닌 비전통적 안보의 개념에는 크게 네 가지의 개념이 존재한다. 가장 먼저 포괄적 안보의 개념은 군사적 요소와 더불어 비군사 요소까지 포괄하는 개념이다. 즉, 군사적 위협뿐만 아니라 환경, 경제, 기술 등 많은 분야들로 확대된 것이다. 두 번째로는 인간안보로 이는 국가 중심적인 안보에서 개인 및 인류 공동체 중심으로 변화한 것이다. 이에 가장 중요한 것은 인간 혹은 개인이 두려움과 결핍의 해방이 가장 중요한 목표로 설정한다. 특히 UNDP에 따르면 궁핍, 교육, 기후 등 모든 부분이 인간 안보와 직접적인 연관이 있다. 세 번째 개념으로는 협력 안보가 존재한다. 이는 공동 안보라고도 불리며, 이는 냉전 이후 이데올로기적 적군과 아군을 구별 할 수 없다. 이에 잠재적인 위협이 가시화되지 않도록 모든 국가가 협력하여 안보를 도모하는 것이다. 마지막으로는 초국가적 위협으로 이는 국가가 아닌 비국가 행위자로부터 위협이 존재하는 것이다. 비국가 행위자에는 테러리스트 및 마약 밀매 조직, 해적 등이 존재한다.[1] 또한 UNDP는 비전통적 안보에 의거하여 인간 안보, 세계식량기구는 식량 안보, 세계보건기구는 지구보건안보 등 안보의 개념이 점차 확대되어 가는 중이다.[2] 국가는 위협요소로부터 국민과 국민의 재산을 보호해야 하는 책임이 존재한다. 따라서 한국의 안보 정책 역시 비전통적 안보에서 보다 확대된 개념의 안보 정책이 필요하다.

•

1 이재은. 2013. "국가안보 환경의 변화와 국가위기관리: 포괄적 안보 개념 하에서의 국가위기 유형." 한국위기관리논집, 9(2), 177-198.

2 방민석. 2018. "환경안보 차원에서 보는 월경성 대기오염 문제 해결을 위한 정책 과제: 동북아 환경 거버넌스 구축을 중심으로." 평화학연구, 19(1), 227-252.

Ⅲ. 미세먼지와 위험성

글로벌 시대에 들어서면서부터 인간은 국경을 넘어 자유롭게 다른 국가로 이동이 가능하다. 인간은 의식적이든 의식적이지 않든 국경을 의식할 수밖에 없다. 이렇듯 국경이란 인간이 정해 놓은 선이지만 환경의 입장으로는 국경이 존재하지 않는다. 환경 오염은 국경을 넘어 다른 국가로 전파되며 이로 인해 다른 국가에 의도하지 않은 피해를 입히게 된다. 과거부터 월경성 오염은 한국에서 많은 논란거리가 되었다. 과거에는 황사의 많은 관심이 있었으며, 현재에는 미세먼지가 국민들의 주된 관심사이다. 포털 사이트에 '미세먼지' 검색할 경우 많은 글들이 중국의 영향이라는 내용으로 검색된다.[3][4] 현재 많은 국민들이 한국에 피해를 미치고 있는 미세먼지를 중국 발로 확정 이에 대한 정부의 대응 역시 필요하지만 정작 정부는 미세먼지의 명확한 원인을 규명하지 못하면서 적절한 대응 방안을 마련하지 못하고 있다.

월경성 오염에서 미세먼지란 지름이 10나노미터보다 작은 미세먼지와 지름이 2.5나노미터보다 작은 초미세먼지로 분류된다. 특히 초미세먼지는 눈에 보이지도 않을뿐더러 호흡기를 통해 체내로 유입되어 건강에 해롭

3 정가네홍상. 2019. "중국발 미세먼지가 한국의 대기질에 악영향을 준다는 과학적 물증"(2019.06.12)

4 김승옥. 2019. "미세먼지 중국 탓 지나쳐"··· 국민'83%'vs과학계'20~50%'" 『연합뉴스』

다.[5] 더욱이 미세먼지는 1군 발암물질로도 많이 알려져 있어 미세먼지로 인한 국민들의 건강이 심히 염려된다.[6] 먼저 미세먼지의 발생 원인에는 크게 두가지로 자연적인 원인과 인위적인 원인이 존재한다. 인위적인 미세먼지는 자동차의 배기가스, 공장에서 사용되는 석탄 및 석유에서 나오는 미세먼지 등 흔히 우리가 알고 있는 미세먼지다. 자연적인 원인으로는 봄철에 흩날리는 꽃가루, 흙먼지와 같은 것들이 존재한다.

한국의 미세먼지의 원인으로는 각기 다른 의견들이 존재한다. 국립환경과학원의 분석에 따르면 2017년도에 발생한 미세먼지의 상당 부분은 중국의 영향이 상당한 것으로 발표했다.[7] 한국의 고농도 미세먼지의 원인으로는 국내 요인도 존재하지만 해외 요인 역시 상당 부분 기여했다. 2017년 환경부에 따르면 미세먼지의 평상시 국외 요인은 약 30~50%이며, 고농도 미세먼지의 경우는 60~80%라고 발표하였다. 특히 세계보건기구에 따르면 매년 100만명 이상이 대기오염으로 인해 중국에서 목숨을 잃는다고 발표하였다.[8] 2014년 중국환경상황공보는 중국 전역 161개 도시에서 16개 도시를 제외한 145개 도시에서 미세먼지 기준치를 초과한 것으로 발표하였다. 또한 2017년 10~11월의 한국과 중국의 미세먼지는 서로 비례하게 증가하였으며, 2월부터 4월까지 편서풍으로 인해 한국은 중국발 미세먼지의 양이 증가하지만 반대로 중국에서는 미세먼지가 줄어들며,

5 박병도. 2017. "국제법상 월경성 오염에 대한 국가책임 -미세먼지 피해에 대한 책임을 중심으로-." 일감법학, 38(0): 323-353

6 최예용. 2019. "미세먼지는 1급 발암물질, 나도 놀랐다." 『오마이뉴스』

7 이승윤. 2017. "부쩍 심해진 미세먼지 76%는 중국탓…국립환경과학원 분석." 『매일경제』

8 김태성. 2019. "중국의 대기오염 문제가 건강에 미치는 영향." 창원대학교

태평양 바람이 불어오는 시기에는 한국의 미세먼지 양이 줄어들고 중국에서는 미세먼지의 양이 증가한다.[9]

중국의 대기 오염 원인으로는 중국의 경제 발전으로 인해 화석 연료의 사용이 가장 큰 원인이다. 화석 연료 사용에서도 석탄이 가장 많은 미세먼지를 배출하는 것으로 알려져 있는데 중국의 경우 석탄의 의존도는 세계 기준치를 초과하고 있으며, 민간에서 석탄이 가장 많이 쓰이는 연료이다. 중국의 에너지 의존도에서 석탄 이용량은 96만 Mw로 세계 1위를 차지하고 있으며, 중국의 경제 성장으로 인한 자동차의 증가 역시 그 원인이 될 수 있다.

미세먼지는 인체 호흡기를 자극하여 호흡기 질환의 증가와, 폐기능의 감소 및 천식 악화, 폐암 등을 야기 할 수 있다.[10] 또한 전술 하였듯이 세계보건기구에서도 미세먼지를 발암물질로 규정하는 등 미세먼지는 인체에 심각한 피해를 야기한다. 양원호의 논문에 따르면 미세먼지의 피해는 다음과 같다:

미세먼지의 노출에 대한 건강 영향으로는 입원율 증가, 응급실 입원 증가, 호흡기 자극 증상, 만성 호흡기 및 심혈관계질환의 심화, 감소된 폐기능과 조기 사망률의 증가가 확인되었다(Kim, E. Kabir, Kabir, 2015; 명준표, 2016). 연구자들은 미세먼지의 고농도 노출은 저체중 영아 및 영유아 사망과 연관성이 있으며, 호흡곤란, 가슴 조임과 고통, 기침, 감기도 발생

•

9 김승혁, 박지홍, 이선재, 이학주, 장준, 윤수혁, 홍경준. 2018. "중국의 산업화에 따른 미세먼지와 한국의 미세먼지와의 상관관계." 한국환경교육학회 학술대회 자료집, 189-193

10 장안수. 2014. "미세먼지가 건강에 미치는 영향." J.Korean Med.Assoc., 57, 763-768.

시키는 것으로 보고하였다(Guaita, Pichiule, Mate, Linares, & Diaz, 2011). 또한 미세먼지의 노출은 당뇨와 연관성을 나타내기도 하였다(Pearson, Bachireddy, Shyamprasad, Goldfine, & Brownstein, 2010).[11]

Ⅳ. 미국과 캐나다의 트레일 제련소 사건과 국제법

미국과 캐나다의 트레일 제련소 사건은 월경성 오염 해결에 가장 대표적인 사례라고 할 수 있다. 트레일 제련소 사건은 캐나다의 트레일 지역에 있는 제련소에서 아황산가스가 대기 중에 방출 되었고, 대부분의 아황산가스는 대기를 통해 미국 워싱턴 주로 유입 되었다. 이로 인해 미국의 워싱턴 주에 있던 임야와 과수원 및 가옥 등이 피해를 입은 사건이다. 미국과 캐나다는 월경성 오염 문제 해결을 위해 노력하였으나 결과적으로 협상 타결이 이루어지지 않았고 국제 사회에 이 문제를 회부하였다. 위원회는 미국의 손을 들어주었으며, 이로 인해 캐나다는 미국에게 35만 달러를 배상하라고 판결하였다.[12] 특히 판결문에는 “어떠한 국가도 연기에 의하여 타국의 영토 또는 그 영토상의 재산 또는 사람들에게 연기에 의한 손해를

•

11 양원호. 2019. “기후변화에 따른 대기오염물질 농도 변화 및 미세먼지 노출에 의한 건강 영향.” 보건복지포럼, 269(0) : 20-31

12 소병천. 2017. “국외 발생 미세먼지 관련 국제법적 분석 및 대응방안.” 환경법연구, 39(2) : 29-54

발생시키는 방법으로 자신의 영토를 사용하거나 이를 허가할 권리를 갖지 않는다"고 판결을 내렸다.[13] 트레일 제련소 사건의 경우 월경성 오염으로 인해 미국의 피해가 명백한 구조를 띄고 있어 법적 책임을 추궁 할 수 있는 사건이다.[14] 이는 인과관계가 분명하고 복잡하지 않은 사건이라 쉽게 해결이 되었다.

국제법으로 월경성 오염에 대한 책임은 국가로 귀속된다. 유엔국제법위원회에 따르면 국가의 국제위법행위는 당사국이 책임을 수반한다. 즉 모든 국가의 행위는 국가로 귀속되며, 월경성 오염 역시 국가로 귀속되는 것이다. 또한 국제법에서는 월경피해금지의무가 존재한다. 이는 자국에서 일어난 일이 타국으로 피해를 끼치지 않아야 하는 것이다. 더불어 국가는 다른 국가의 환경에 피해를 끼치지 않도록 예방해야 할 의무가 존재한다. 이를 소극적 의무로 국제법은 규정하고 있다.[15] 이에 박병도는 자신의 논문에서 미세먼지를 발생 시키는 행위는 이론적으로 국가 책임을 추궁 할 수 있는 가능성이 있다고 주장하였다.

•

13 박병도. 2017. "국제법상 월경성 오염에 대한 국가책임 -미세먼지 피해에 대한 책임을 중심으로-." 일감법학, 38(0): 323-353

14 상동

15 상동

V. 제언

미세먼지의 원인이 중국이라는 국민들의 인식의 변화는 실질적으로 가져오기 어려울 것으로 예상한다. 더욱이 과학적으로 미세먼지의 원인이 중국이라고 명확하게 규정하지도 못할 것이며, 이에 미국과 캐나다의 트레일 제련소 사건과 같이 국제법으로도 미세먼지의 문제를 해결하기란 불가능하다. 그럼에도 불구하고 미세먼지로 인한 피해는 지속되고 있어 정부의 대처 방안이 매우 중요하다고 할 수 있다. 미세먼지로 인한 피해는 국가의 환경 안보와 매우 밀접한 관련이 있다. 따라서 현 정권은 미세먼지의 원인을 명확히 규명하는 것이 우선적으로 해결해야 할 문제이다. 미세먼지의 원인을 규명하지 못하는 것은 국가의 환경 안보에 위협을 야기할 것이다. 미세먼지로 인한 피해 상황이 집계되지 않고 있지만 분명히 노약자 혹은 기관지 취약자들은 많은 피해를 입고 있다. 따라서 미세먼지의 원인을 규명하고, 이를 해결하지는 못하더라도 억제 할 수 있는 방안을 마련해야 하며, 피해 예방책을 강구해야 할 것이다. 또한 월경성 오염은 비단 미세먼지뿐만 아니라 월경성 해양 오염 및 월경성 대기 오염의 모든 것을 아우를 수 있는 방안을 모색해야 한다. 국가기후환경 회의를 발족한 것은 월경성 오염에 대한 첫 국가적 단체에 의의를 가지지만, 이는 국민들의 의견을 수렴하기 위한 것에 그치고 있다. 한국 정부의 외교적 노력 및 방안은 구체적으로 수립되지 않았다. 이에 월경성 오염에 대한 심각성을 정부는 인지해야 하며, 이에 대한 상세 대응 방안을 마련해야 한다.

Ⅵ. 참고문헌

이재은. 2013. "국가안보 환경의 변화와 국가위기관리: 포괄적 안보 개념 하에서의 국가위기 유형." 한국위기관리논집, 9(2), 177-198.

방민석. 2018. "환경안보 차원에서 보는 월경성 대기오염 문제 해결을 위한 정책과제: 동북아 환경 거버넌스 구축을 중심으로." 평화학연구, 19(1), 227-252

박병도. 2017. "국제법상 월경성 오염에 대한 국가책임 -미세먼지 피해에 대한 책임을 중심으로-." 일감법학, 38(0): 323-353

김태성. 2019. "중국의 대기오염 문제가 건강에 미치는 영향." 창원대학교

김승혁, 박지홍, 이선재, 이학주, 장준, 윤수혁, 홍경준. 2018. "중국의 산업화에 따른 미세먼지와 한국의 미세먼지와의 상관관계." 한국환경교육학회 학술대회 자료집, 189-193

장안수. 2014. "미세먼지가 건강에 미치는 영향." J.Korean Med.Assoc., 57, 763-768.

양원호. 2019. "기후변화에 따른 대기오염물질 농도 변화 및 미세먼지 노출에 의한 건강 영향." 보건복지포럼, 269(0) : 20-31

소병천. 2017. "국외 발생 미세먼지 관련 국제법적 분석 및 대응방안." 환경법연구, 39(2) : 29-54

2

글로벌 난민 문제와 한국의 대응
— 독일 사례를 교훈으로

정치외교학과
조은정

요약 본 논문의 목적은 한국의 난민 현황과 난민 제도에 대한 조사를 바탕으로, 난민 수용을 적극적으로 수용한 국가인 독일에서 발생한 문제점을 극복하는 방안을 찾고, 이를 통해 한국의 적절한 난민 정책 방향을 찾는 것이다. 한국의 적절한 난민 정책에 대해 탐구한 결과, 다음과 같은 결론을 도출했다. 한국은 난민을 효율적으로 수용하기 위해서 난민 수용에 앞서 제도를 체계적으로 구축해야 하며, 난민 뉴스나 캠페인 등을 통해 난민에 대한 부정적인 시민의 인식을 개선하고, 난민 수용에 큰 도움을 주는 시민단체 형성에 노력을 기울어야 한다. 또한 난민법과 가짜난민에 대한 처벌을 강화하고, 점진적으로 난민 수용을 늘려가는 정책을 펼치며, 한중일 난민 협력을 이끌어내는 방향으로 정책을 실시해야 한다. 이러한 결과를 도출하기 위해서 서론에서 난민에 대해 정의하고, 본론에서 제주도 예멘 난민 사건을 비롯한 한국의 난민 현황과 제도, 난민에 대한 인식을 조사하여 배경지식을 설명하였다. 또한, 한국이 난민을 수용해야 하는 지에 대해 의문을 가진 사람이 있을 수 있기 때문에 한국이 난민을 수용해야 하는 정당성을 설명하였다. 그 후 한국보다 먼저 난민을 수용한 독일의 사례를 살펴봄으로써 난민 수용의 부작용을 예측하고 이를 보완하는 정책을 탐구하였다.

I. 서론

1. 연구 필요성

최근 전 세계적으로 난민이 증가하고 있고, 이로 인한 난민문제도 점점 심각해지고 있다. Eurostat의 유럽연합 외부 출신 난민들의 난민 신청 건 수에 대한 자료를 보면, 난민 신청 수가 2012년까지 점진적으로 증가하다가 이후 급격히 증가하여 2016년에는 약 130만 건의 난민 신청이 있었다는 것을 알 수 있다.[1] 게다가 요즘에는 유럽뿐만 아니라 대한민국에도 난민들이 오고 있다. 법무부 출입국, 외국인정책 본부의 조사 결과, 2018년 5월 말 기준으로 국내 난민 현황을 살펴보면, 누적 난민 신청자는 4만 470명이고, 난민신청 후 국내 체류자는 3만 2651명, 난민 인정은 839명, 인도적 체류는 1540명, 불인정은 만 982명이다.[2] 특히 지난 2018년에 제주도에 예멘 난민 500여 명이 대거 입국한 사례도 있다. 난민 인권센터의 자료를 보면, 2018년 12월 31일 기준으로 2018년 한 해동안 총 16173건의 난민 신청이 전국에서 접수되었고, 144명이 난민 지위를 인정받고, 인도적 체류자는 1988명이 있었다.[3] 이 자료를 통해 한국의 2018년 난민 인정률이 3%일 정도로 난민 수용률이 낮은 것을 알 수 있다. 그뿐 아니라 한국이 더이상 난민 문제를 외면할 수 없는 상황이며, 난민 문제에 한 발 물어나 있을 상황이 아니라는 것도 알 수 있다. 이렇게 한국의 난민 인정률이 낮음에도 불구하고, 한국이 왜 난민을 수용해야 하는지 의문을 가지는 사람이 있을 수 있다. 이에 대해 난민은 단순히 한 국가의 힘으로 해결할 수 없는 세계적인 문제이며, 난민의 인권과 생명 보호를 위해 함께 힘을 모아야 할 필요가 있다고 말할 수 있다. 또한, 우리나라가 6.25전쟁 당시 전쟁 피난민으로서 도움을 받았던 것을 돌려주기 위해서라도 난민을 도와야

•

1 Eurostat, 유럽외부 난민들의 유럽연합(28개국)에서의 난민 신청 수, 2006~2016, 그래프1, https://blog.naver.com/dhun7240/221142193496, (검색일 : 2019.06.12)

2 배용진, 주간조선, 이민국가로 가는길 난민과 혐오증 사이, http://news.chosun.com/site/data/html_dir/2018/06/29/2018062902353.html, (검색일 :2019.06.12)

3 난민인권센터, 법무부 난민과, (통계) 국내 난민 현황 (2018.12.31기준), https://nancen.org/1938,(검색일 .2019.06.12)

하며, 난민 수용으로 인한 이득도 있다. 그러므로 한국도 세계적인 문제인 난민 문제를 해결하기 위해 타국과 함께 노력해야 하고, 이러한 점에서 한국의 난민 수용 정책의 방향성에 대해 연구할 필요가 있다.

2. 연구 목적

난민 현황과 한국의 난민 수용 제도에 대한 조사를 바탕으로, 난민 수용을 가장 많이 한 국가인 독일에서 발생한 문제점을 극복하는 방안을 찾고, 이를 통해 한국의 적절한 난민 정책 방향 찾는 것이 본 논문의 연구 목적이다. 독일은 4만 명의 난민을 수용했을 정도로, 유럽 중 난민 수용을 가장 많이 했던 국가였으므로 다른 국가에 비해 난민 수용에 대한 결과(이점과 문제점)가 더 잘 드러날 것이라고 예측한다. 그리고 독일이 초기의 난민 수용에 대해 긍정적인 태도를 취했던 것과 다르게 점점 난민 수용을 반대하는 추세로 가고 있는 원인을 분석하면, 한국이 난민 수용을 할 경우 발생할 수 있는 문제도 미리 예측할 수 있기 때문에 이를 통해 난민 수용의 문제점에 대한 대응책도 찾고자 한다.

3. '난민'에 대한 정의

1) 1951년 난민 협약과 1967년 난민 의정서

한국의 적절한 난민 정책에 대해 탐구하기 앞서 난민에 대한 이해를 돕기위해 난민의 국제적 정의를 살펴볼 것이다. 국제적으로 합의된 난민의 정의는 난민 협약과 난민 의정서를 통해 알 수 있다. 1951년 제네바에서 체결된 난민의 지위에 관한 협약은 국제사회에서 통용되고 있는 다자조약이며, 난민 협약 또는 제네바협약이라고 불린다. 난민 협약의 제1조 A항을 보면 난민을 '1951년 1월 1일 이전에 발생한 사건의 결과로 인종, 종교, 국적, 특정의 사회집단의 구성원인 것 또는 정치적 견해를 이유로 박해를 받을 우려가 있는 위험을 갖기 때문에 국적국 외에 있는 자로 그 국적국의 보호를 받을 수 없는 자 또는 그러한 공포를 갖기 때문에 그 국적국의 보호를 받는 것을 바라지 않는 자'로 정의하고 있다는 것을 알 수 있다.[4] 즉 이 협약에서는 난민을 제2차 세계대전의 결과 발생한 유럽지역 난민으로 한정하고 있다. 이 협약은 난민 정의를 최초로 규정함으로써 난민을 법적으로 보호할 수 있는 계기를 마련하는 데 큰 역할을 하였지만, 난민의 개념에 시공간적 제한을 두었다는 한계가 있다. 이러한 한계를 보완한 것이 1967년에 체결된 난민의 지위에 관한 의정서이다. 난민 협약에 명시된 '1951년 1월 1일 이전에 발생한 사건의 결과로서'라는 전제는 난민 의정서

4 김현숙, 인권적 관점에서 본 한국 난민정책 연구 (2015), p 5

에서 삭제되었고, 난민의정서를 통해 타국에서 난민신청자의 인권보호를 위해 강제송환을 금지해야 한다는 원칙을 규정했다.

2) 한국의 난민법

본 논문이 한국의 난민 정책에 초점을 맞추고 있기 때문에 한국에서 난민을 어떻게 정의하는 지 알아볼 필요가 있다. 2012년 제정된 한국의 난민법을 살펴보면, 한국에서의 난민의 정의는 난민협약과 난민의정서의 내용과 같다는 것을 알 수 있다. 다만 한국은 '박해를 받을 우려가 있는 충분한 근거가 있는 공포'를 입증할 수 있는 자를 난민으로 인정하기 때문에 내전, 기근, 자연재해 등에 의한 피난민을 난민으로 보지 않으나, 인도적 차원에서 체류 허가를 주기도 한다.[5]

3) 본 논문에서의 난민 정의

난민 협약과 난민 의정서, 한국의 난민법에서 합의된 난민의 정의를 고려하여, 본 논문에서 난민을 '인종, 종교, 국적, 정치, 특정 사회집단의 구성원이라는 이유로 박해를 받을 우려를 갖고 있으며, 국적국의 보호를 방을 수 없는 자 혹은 그러한 공포를 갖기 때문에 국적국의 보호를 바라지 않는 자'로 정의하겠다. 다만, 국제적 합의와 한국의 난민법과 차별점이 있

•

5 김현숙, 인권적 관점에서 본 한국 난민정책 연구 (2015), p 5~8

다면, 북한 이탈주민을 난민에서 제외함을 명시한다는 점이다. 현재, 북한 이탈주민이 난민인지에 대한 찬반 논란이 있는데, 이 논문에서 난민을 논의할 때는 북한이탈주민을 난민에 포함하여 연구하지 않겠다. 이는 한국의 경우, 타국과 달리 북한과 한 민족이라는 정서가 있어서 다른 국적의 난민에 비해 배척하는 경향이 적고, 지금까지 난민 정책과 별개로 탈북자에 대해 접근해왔기 때문에 앞으로 새롭게 부각되는 난민 문제에 있어 탈북자보다 그 이외의 난민에 초점을 맞추는 것이 타당하기 때문이다.

Ⅱ. 본론

1. 제주도 예멘 난민 사건

1) 원인

제주도 예멘 난민 사건의 주요 원인은 유럽의 난민 정책 변화와 제주도의 무사증제도이다. 2015년부터 시작된 시리아 내전과 유럽난민 사태으로 난민정책에 관해 급격한 변화를 겪고 있는 유럽의 정치적 상황의 영향으로, 난민이 유럽으로 이동하는 것에 어려움이 증가하였다. 이로인해 같은 이슬람 종교권인 말레이시아로 가는 예멘인이 많았는데, 말레이시아의 경우 체류심사기간이 90일로 한정되어 있었으며, 90일이 지나면 다시 제

3국으로 이동해야 하는 제약이 있었다. 이러한 상황에서 2017년 12월에 제주도와 말레이시아를 운항하는 직항편이 시작되자 난민들이 제주도로 이동하기 편리해졌기 때문에 제주도의 무사증제도를 통해 제주도로 유입하는 예멘 난민이 증가하였다.

2) 현황

지난 2018년, 제주도에 내전을 피해 500여명의 예멘 난민이 대거 입국했고, 그 중 484명이 난민 신청을 했다. 난민들은 생존을 위해 한국을 찾아왔지만, 국민들의 난민 수용을 거부하는 여론은 거셌다. 2018년 6월 13일에 청와대 국민청원 및 제안 게시판에 올라온 '난민 신청 허가 폐지' 청원이 5일 만에 22만 건을 돌파하는 것을 통해 국민 여론이 부정적이었다는 것을 알 수 있다. 게다가 sns를 통해 제주도 난민 범죄에 대한 소문과 타국의 난민범죄에 대한 사례들이 확산되면서 난민에 대한 여론이 점점 악화되었다. 이를 고려한 법무부가 출입국관리법을 근거로 제주 예멘 난민에 대해 출도제한 조치를 내렸다. 이에 난민이 제주지방법원에 체류허가 지역제한 처분취소소송을 제기했고, 헌법재판소는 예멘 난민신청자의 열악한 인권 상황을 개선할 것을 정부에 촉구하는 성명을 발표하기도 했다.[6] 그 당시 제주도의 난민 심사관과 전문통역직원도 부족하여 예멘 난민 심사에만 6~8개월이 걸리는 열악한 상황이었다. 그리고 난민 심사 결과, 제

---

6 Jeong Hwa Hong, Eun Hye Kin, A Review of Refugee Policy in South Korea, (2019) p57

주도 예멘난민 484명의 신청자 중 2명만 난민으로 인정되고, 인도적 체류 허가는 412명, 단순 불인정은 56명, 난민 신청을 철회했거나 출국했을 때 이뤄지는 진권이 종료된 사람은 14명이었다. 이때, 난민으로 인정된 예멘인 2명은 언론인 출신으로, 후티 반군과 관련된 비판적인 기사를 작성해서 납치, 살해 협박을 받았을 뿐만 아니라 향후에도 박해 가능성이 높은 것으로 판단되었기 때문이다. 비록 난민 수용의 결과는 매우 미흡한 수준이었지만, 이 과정에서 얻은 소득도 있었다. 한국은 예멘 난민 사례를 통해 확인한 한국의 난민법의 한계를 깨닫고, 난민법개정의 필요성을 느꼈다. 이로인해 2018년 5월부터 7월까지 8건의 난민법 개정법률안 및 폐지안이 발의되었다. 이는 한국의 난민 등에 대한 편견 및 혐오인식을 해소시키고 이주민과의 사회통합을 촉진시키기 위한 환경을 조성하기 위한 목적이었다.

2. 한국의 난민 수용

1) 한국의 난민 제도 및 법률

한국은 1992년 12월에 난민의 지위에 관한 협약 및 난민 협약 의정서에 가입한 후, 1993년 개정된 출입국관리법을 통해 난민인정절차를 규율하였다. 이후, 2001년과 2008년, 2010년까지 출입국관리법의 난민 관련 규정을 개정해왔다. 그리고 난민법에 대한 근본적인 개선 요구가 국내외적으로 지속된 것을 배경으로 2012년에 난민법이 제정되었다. 대한한국의 난민법 제정은 당시 아시아 최초의 단일법이라는 의의가 있었다. 난민법을 통해 한국은 난민에 대한 개념을 구체적으로 정의하고, 난민의 인정절차와 처우 및 복지에 관해서도 구체화된 내용을 명시했다.[7]

다음으로 한국의 난민인정제도를 살펴보면, 한국에서 난민인정의 결정권이 법무부장관에게 있다는 것을 알 수 있다. 이는 법률 제76조의 2에서 "법무부 장관은 난민의 인정에 관한 신청이 있을 때 그 외국인이 난민임을 인정할 수 있다."라고 명시되어 있는 것을 통해 확인할 수 있다. 한국에서 난민인정신청을 하기위해서는 한국에 입국한 날로부터 60일 이내에 해야 한다. 물론 질병이나 한국에 머무는 동안 난민의 사유가 발생했을 때에는 예외를 두기도 한다. 난민을 신청하기 위해서는 스스로 본인이 난민이라는 것을 입증하는 서류와 사진을 제출해야 한다. 또한 면접과 신청에 대한 사실 조사가 이루어진다. 난민 인정을 받지 못한 사람은 출입국관리법 제 76조 4에 따라서 통지를 받은 날로부터 일주일 이내에 법무부장관에게 이의 신청을 할 수 있다.

2) 한국 시민들의 난민에 대한 인식

한국 시민들의 난민에 대한 인식을 설문조사와 여론조사를 통해 알아볼 것이다. 먼저, 서울대 산학협력단이 법무부 연구용역을 통해 발표한 '한국형 이민통합 정책지수 개발 연구' 보고서에서 한국인 2000명을 대상으로 내국인(일반국민)과 외국인 이민자 간의 사회갈등 수준에 대해 설문

•

7 Jeong Hwa Hong, Eun Hye Kin, A Review of Refugee Policy in South Korea (2019) p.51~52

조사한 결과, 난민에 대해 부정적으로 인식하는 비율이 가장 높은 것으로 조사됐다.[8] 이 조사는 일반 국민들이 인식하는 이민자들에 대한 사회갈등 및 사회통합 정도를 조사하기 위해 이뤄졌다. 난민의 경우, 사회갈등 수준이 심각하다고 인식하는 인원의 비율이 84.9%에 달했다. 반면 긍정적으로 인식하는 비율은 3.1% 수준에 그쳐 사회갈등의 정도가 가장 심각한 것으로 나타났다. 아울러 이민 2~3세대 자녀도 부정적 인식이 22.4%로 조사되었다. 이와 달리 외국인 유학생(8.4%), 영주권자 및 귀화자(11.4%), 외국인 전문인력(16.0%) 등은 사회갈등의 정도가 심각하다는 응답보다 심각하지 않다고 긍정적으로 인식하고 있는 인원의 비율이 높았다. 또한, 보고서에서 "난민과 외국인 근로자의 경우 부정적인 인식과 긍정적인 인식의 격차가 50% 이상 차이남에 따라 상대적으로 다른 집단과 비교해 사회통합 수준이 제한적인 것으로 살펴볼 수 있다"라고 밝혔다. 이와 함께 외국인 이민자 유형별로 한국인들이 느끼는 사회적 거리감에 대한 설문조사도 실시한 결과, 난민이 최하위권에 위치했다. 그리고 '난민이 우리나라에 들어오는 것을 제한하고 싶다'는 응답이 40.9%(818명)를 나타냈고, '단기간 머물러도 좋다'는 22.4%(448점)로 나타났다. 즉, 이 보고서를 통해 한국인들이 특히 난민에 대해 높은 거리감을 보여주고 있다는 것을 알 수 있다.

다음으로, 여론조사기관 리얼미터에서 2018년 6월 18일부터 7월 4일까지 500명을 대상으로 실시한 '2차 제주도 예멘 난민 수용에 대한 국민 여론 조사'를 살펴보면, 찬성이 37.4%이고, 반대가 53.4%로 국민들이

•

8 파이낸셜뉴스, 한국인 10명 중 8명은 난민에 부정적…사회적 거리감도 최하위, http://www.fnnews.com/news/201902041352527110, (검색일 : 2019.06.12)

난민 수용에 반대하는 경향이 크다는 결과가 나타났다.[9] 그리고 2018년 6월 26일에 제주도민 540명을 대상으로 한 여론 조사에 따르면, 제주도 난민 범죄에 대해 매우 불안하다가 53%, 어느정도 불안하다가 36.5%, 안심할 수 있다에 9.1%가 응답하였다.[10] 같은 문항으로 제주도민을 제외한 전국의 1217명에게 조사한 결과, 매우 불안하다가 41.9%, 어느정도 불안하다가 43.8%, 안심할 수 있다가 11.5%로 나타났다. 그리고 제주도 예멘 난민에 대해 출도금지 조치를 취한 것에 대해 제주도민을 제외한 전국 1217명 중, 86.4%는 예멘 난민이 육지로 나갈 경우 불법체류자가 될 가능성이 높기 때문에 판정이 날때까지 제주도에 머물러야 한다고 응답했으며, 난민 인정 여부와 상관없이 인권과 처우개선을 위해 자유로운 이동을 보장해야 한다에는 7.8%가 응답했다. 같은 문항에 대한 제주도민은 72.3%가 출도금치 제한을 찬성하는 비율이 72.3%였고, 반대하는 입장이 15.3%였다. 또한, '무비자 입국 정책 개선이 필요하다"라는 문항에 제주도민은 81.2%, 제주도를 제외한 전 국민은 72%의 응답률을 보였다. 난민법 개선 및 폐지에 대한 문항에 대해서는 제주도민이 51%, 제주도를 제와한 전국민이 40.8%로 난민법을 개선하거나 폐지하는데 동의하는 태도를 보였으며, 제주도민 81.1%와 전국민 68.4%는 난민심사기간을 단축해야 한다고 응답했다. 이러한 여론 조사 결과를 통해 국민들, 특히 제주도 예멘 난민 사건을 겪은 제주도민들이 난민 범죄에 대해 더 큰 우려를 표하며, 난

•

9 리얼미터, 제2차 제주 예멘난민 수용에 대한 국민여론, https://blog.naver.com/dreamteller/221320283000, (검색일 : 2019.06.12)

10 여론조사공정(주), 제주도민 89.5%, 전국민 85.7%, 예멘 입국자로 인해 "불안하다", https://blog.naver.com/dreamteller/221308222359, (검색일 : 2019.06.12)

민을 부정적으로 바라보고 있을 뿐만 아니라 무비자 입국 정책과 난민법, 난민심사기간에 개선이 필요하다고 생각함을 알 수 있다.

3) 한국의 난민 수용률이 낮은 원인

위에서 난민 수용에 대한 한국인의 인식을 살펴본 결과를 바탕으로 한국의 난민 수용률이 낮은 원인을 찾을 수 있다. 설문조사와 여론조사의 결과를 통해 난민에 대한 한국 국민들의 인식이 부정적이며, 특히 난민 범죄에 대한 우려가 난민 수용률이 낮은 주요 원인 중 하나라는 것을 알 수 있다. 또한, 국민의 인식적 측면뿐만 아니라, 한국의 제도적 측면에서도 난민을 수용하기 어려운 구조가 주 원인임을 찾을 수 있다. 한국의 난민관련 제도와 난민 인정률을 앞서 살펴본 결과, 한국의 난민 인정 심사 결과가 까다로울 뿐만 아니라 난민 심사 및 복지 등에 대한 인력 부족으로 인해서 난민 심사에만 많은 시간이 소요되고, 난민들이 제대로 된 생활을 보장받을 수 없는 환경이라는 것을 알 수 있다. 특히 난민 수용 심사 절차에서 난민이 스스로 자신이 난민임을 입증해야 하는데, 이는 난민 입증의 책임을 난민에게 떠넘기는 동시에 난민 본인이 난민임을 입증하는 것의 어려움을 배려하지 않는 체계이다.

3. 한국이 난민을 수용해야 하는 정당성

1) 한국이 난민을 수용해야 하는 근거

한국이 난민을 수용해야 해야 한다는 주장에 대해 다섯 가지 논거를 들 수 있다. 첫 번째, 인도주의적 관점에서 난민을 수용해야 한다. 인도주의란 모든 인간은 인간이라는 점에서 동등한 자격을 갖추고 있다는 생각 하에 인류의 공존을 꾀하고, 복지를 실현시키려는 박애사상이다. 현재 우리나라는 난민 협약에 가입하고, 아시아 최초로 난민법을 제정하는 등 난민 문제에 대해 관심을 기울이고 있지만, 1994년부터 2018년까지 난민 신청자 약 4만 명 중 839명만이 난민으로 인정되었다. 즉, 대한민국은 난민인정률이 매우 낮은 편에 속한다. 이는 한국의 난민 인정 절차가 복잡하고, 난민문제가 우리와 무관하다는 생각 때문이다. 하지만 난민문제는 우리와 무관하지 않으며, 함부로 그들의 난민 요구를 거절할 수도 없다. 왜냐하면 난민문제는 세계적인 문제일 뿐만 아니라 그들은 종교, 정치, 사상 차이로 인해 자신의 나라에서 살 수 없어 먼 타국까지 도피해온 사람들이기 때문이다. 생명에 위협을 느껴서 살고자 한국을 찾아온 사람들에게 과연 여러 잣대를 세우며 난민으로 인정하지 않는 것이 타당한 지 의문이다. 본질적으로 그들도 우리와 같은 인간이고, 인간답게 살고 존중받을 권리가 있다. 하지만2017년 9월 2일에 터키해안에 떠밀려온 아일란 쿠르디 사건을 통해 알 수 있듯이, 그들은 자국에서 인간다운 삶을 살고 있지 못할 뿐만 아니라 난민이 되어 타국으로 이동하는 과정에서조차 인권을 보호받지 못하는 상황이다. 또 하나의 자료를 살펴보면, 2011년부터 8년간 이어진 시리아 내전의 여파로 2017년 기준으로, 인도주의적 지원이 절실하 시리아인은 1350만 명에 달하며, 이 중 630만 명은 국적국 안에서 집을 잃은 국내 실향민이고, 수십만 명은 타국의 보호를 찾아 위험한 해로를 통해 자국을 탈출하고, 300만 명의 5세 이하 시리아 아동은 전쟁 중이 아닌 세상을 아예 알지 못한다고 한다.[11] 이처럼 고향을 잃고 위험을 느껴 위험한 절차를 걸쳐 타국으로 떠나 난민들이 많은 상황에서 우리가 이들을 돕지 않으면 난민들은 살 곳을 찾아 헤매면서 사고를 당할 위험성이 매우 크기 때문에 인도주의적 관점에서 그들이 최소한 인간답게 살도록 보호하기 위해서라도 난민을 수용해야 한다.

두 번째, 난민 수용이 한국에 경제적 이득을 가져올 수 있다. 일부 사람들은 난민을 수용할 경우, 난민에 대해 막대한 지원금이 사용되기 때문에 경제적으로 도움이 되지 않을 거라고 주장하기도 한다. 그러나 우리보다 난민을 먼저 수용한 국가들의 사례를 보면, 오히려 난민 수용으로 인해 경제적으로 발전할 수 있다는 것을 알 수 있다. 파리 경제대학원, 클레르몽 오베르뉴대 국제개발연구센터, 파리 외곽 낭테르대 경제분석 연구소의 경제학자와 수학자들이 유럽연합과 OECD 통계 및 경제 전망 자료를 바탕으로 1985~2015년 약 30년간 유럽 15개국에 유입된 난민이 미치는 경제

•

11 유엔난민기구, 시리아 내전, 7년 째로 접어들어, https://www.unhcr.or.kr/unhcr/program/board/detail.jsp?boardTypeID=10&searchSelect=&keyWord=&currentPage=2&menuID=001006001003&finishIsYN=&boardID=8736&boardCategory=%EB%B3%B4%EB%8F%84%EC%9E%90%EB%A3%8C&mode=detail,(검색일:2019.06.12)

적 효과를 연구분석하여 2017년 6월에 발표했다.[12] 네덜란드, 노르웨이, 덴마크, 독일 등 15개국을 조사한 결과, 난민 인정을 확대하고 3~5년이 지난 후부터 1인당 국내총생산이 증가했으며, 세수도 오히려 1%가량 늘었다고 한다. 이는 대부분의 난민이 경제활동이 가능한 인구이며, 현지인이 꺼려하는 3D직업군 등에 주로 종사하기 때문이다. 특히 우리나라의 경우, 고령화사회로 접어든 시점에서 난민이 부족해진 산업인력을 보충하고, 단순노동직에 주로 투입될 경우, 내국민의 일자리 수요에 해당하는 공급을 보존하여 실업률도 감소하는 결과를 이끌어낼 것이다. 또한, 난민 지원 비정부 기구인 텐트재단의 보고서에서 '난민 보호 및 조사에 1유로를 투자하면 5년 내 2유로의 경제효과가 발생한다.'라는 연구결과를 발표했으며, 이를 통해 난민 수용이 국가 경제 성장에 도움이 된다는 것을 알 수 있다. 추가적으로, 독일의 사례를 더 탐구해보면, 독일은 2015년과 2016년에 난민을 포함한 이주민 110만 명을 수용하면서 큰 경제 성장을 이뤘다. 지난 10년 간 평균 경제성장률이 1.4%였던 것에 비해 2016년의 경제성장률은 1.9%를 기록했다. 이에 대해 독일의 경제학자들은 난민의 유입이 경제를 활성화하는 데 큰 역할을 했다고 말한다. 또한 급격한 인구의 증가로 가정소비가 2%p 증가한 것이 경제 활성화의 큰 축을 담당했으며, 4.3%p 증가한 건축 시장도 경제 성장에 영향을 끼쳤다.

세 번째, 외교적 차원에서 난민을 수용해야 한다. 한국의 경제 규모는

12 주간동아, 난민 받으면 국가 경제에 도움 된다, http://weekly.donga.com/3/all/11/1377893/1,(검색일:2019.06.12)

세계 12위로, 한국은 명백한 경제 강대국에 속한다.[13] 이렇게 경제적으로 여건이 되는데도 불구하고 난민을 수용하지 않는 것은 이기심에서 비롯된 행위라고 간주될 수 있다. 그리고 이 때문에 한국이 타국의 비난을 받을 수 있고, 심할 경우, 외교적 소외나 마찰이 발생할 수도 있다. 특히 우리나라의 경우 6.25전쟁 당시 타국으로부터 많은 지원을 받은 전적이 있기 때문에 난민을 외면할 경우, 더 강력한 비판을 받을 수 있다. 실제로 UN난민 도움의 첫 사례가 6.25전쟁 당시 피난민을 도와준 것이고, 한국 전쟁 때 우리를 도와준 시리아, 이집트 등의 나라에서 현재 내전으로 인해 많은 난민이 발생하고 있다. 그러므로 우리에게 도움을 준 그들이 한국에 도움을 요청하는 것이므로 이들을 외면해서는 안된다.

네 번째, 난민은 단순히 한 국가의 문제가 아니라 세계적 차원의 문제이며, 한 국가의 힘으로 해결할 수 없는 사안이므로 모든 국가가 힘을 모아 함께 난민을 수용하여 세계적인 문제를 해결하기 위해 노력해야 한다. 현대 사회에서 우리는 지구 공동체에서 살고 있고, 국가 간 상호작용이 필연적이다. 난민 문제에 대해서도 국가 간 상호작용이 발생한다. 여러 국가가 개입된 전쟁으로 인해 난민이 발생하기도 하고, 난민 문제가 여러 나라에 영향을 끼칠 수 있다. 또한, 사상이나 전쟁 등의 이유로 발생하는 난민 문제를 당사국의 힘만으로 해결하기 매우 어렵다. 그러므로 여러 국가가 힘을 모아서 난민 문제를 해결하고, 그들이 인간다운 삶을 살 수 있도록 도와주어야 한다.

•

13 중앙일보, 한국 GDP 순위 세계 11위서 12위로 하락, https://mnews.joins.com/article/22888816#home, (검색일:2019.06.12)

마지막으로, 국제협약의 유효성을 지키기 위해서 우리는 난민 수용에 보다 적극적이어야 한다. 지구공동체 측면에서 지구에 존재하는 많은 국가들은 상호작용을 하는데, 상호작용에서 중요한 것은 바로 신뢰이다. 신뢰가 있기에 국가가 형성되고, 서로 거래할 수 있고, 공동체를 형성하거나 협약을 맺을 수 있다. 그러므로 국제 협약을 지킴으로써 신뢰를 저버리지 않는 것이 중요하다. 이러한 점에서 대한민국은 UN난민 협약 가입국으로서 난민 협약을 지켜야 할 의무가 있다. 단지 한국에 피해가 될 것 같다는 우려만으로 이러한 협약을 이행하지 않는다면, 전인도적인 가치를 추구하는 방향을 이끌어가는 국제법의 효력 자체를 무마시킬 수도 있다. 따라서 한국을 포함한 여러 국가는 신뢰 형성과 유지를 위해 난민에 관련된 국제법의 의무를 수행하고, 난민을 보호하기 위해 노력해야 한다.

2) 한국의 난민 수용 반대 입장에 대한 반박

한국의 난민 수용에 대해 반대하는 입장을 살펴보고 이에 대해 반박함으로써 한국이 난민을 수용해야 한다는 것을 알 수 있다. 반대하는 입장에서는 자국민의 안전 위협과 문화 차이로 인한 갈등 발생, 난민 지원으로 인한 경제적 손실 등의 논거를 들 수 있다. 자국민의 안전이 위협된다는 근거에 대해서는 난민이 범죄를 일으킨다는 것은 잘못된 선입견이며, 한국인의 범죄를 예방하기위해 법을 제정하듯이, 난민 범죄 예방과 대처를 위한 법을 마련하면 된다고 반박할 수 있다. 또한, 문화 차이로 인해 갈등이 발생할 수 있다는 논거에 대해서는 난민 수용을 통해 오히려 문화의 다양성을 직접 배우고 느낄 수 있는 기회로 삼을 수 있다고 반박할 수 있다. 특히 현재는 세계화로 인해 많은 사람들이 국적이나 인종, 성별에 상관없이 어울리는 사회로 변하고 있다. 이러한 시대에 특정 문화를 배척하거나 서로 다른 문화 차이로 인한 갈등을 두려워해서 피하는 것은 적절하지 않은 태도이며, 오히려 다른 문화를 접함으로써 문화의 다양성과 다름의 의미에 대해 배워야 할 시기이다. 또한 난민이 아니더라도 이미 다문화 가정이나 외국인노동자, 해외여행 등으로 인해 다양한 문화를 접하고 있는 시점에서 굳이 난민 수용으로 인한 문화 차이만을 피해야 할 이유는 없다. 다음으로, 난민에 대한 지원으로 인해 경제적 손실이 발생한다는 주장에 대해서는 오히려 난민을 수용함으로써 경제적 이득이 발생한다는 것을 밝히고 싶다. 물론, 난민 수용에 대한 경제적 결과에 해서는 손실인지 혹은 이득인지에 대해 여전히 논란이 있다. 하지만 앞서 우리보다 먼저 난민을 수용한 독일이나 다른 유럽 국가들의 사례를 통해 알 수 있듯이, 난민을 수용함으로써 오히려 경제적 이득이 될 수 있다.

4. 독일의 난민 수용 과정에서 나타난 문제점

한국이 난민을 수용하기 위해서는 우리보다 먼저 난민을 수용한 독일에서 난민 수용 후 발생한 문제점을 파악하여 이에 대한 대비책을 미리 세우는 것이 좋다. 이러한 이유로 본 논문은 독일의 난민 수용 과정에서 나타난 문제, 한계들을 살펴볼 것이다.

독일은 난민 수용을 통해 경제적으로 발전했다는 성과가 있지만, 난민 수용으로 인한 부작용도 발생했다. 독일이 난민을 적극적으로 수용했을 당시, 지금의 한국 상황과 비슷하게, 난민과 관련된 제도가 미흡했다. 게다가 난민 제도가 제대로 갖춰지지 않은 상황에서 독일이 급격하게 과도한 난민을 수용하였기 때문에 난민 관리에 더 어려움이 발생했다. 결국, 난민 수용에 대한 시민들의 지지에도 불구하고 독일은 난민 수용을 효과적으로 관리하지 못했고, 이로 인해 시민들의 지지도 낮아지게 되는 결과가 나타났다. 그뿐 아니라 급격한 난민 수용으로 인해 난민을 관리하는 데 한계가 발생하여 난민 범죄가 일어나기도 했다. 대표적인 난민 범죄 사례에는 쾰른 집단 성폭행 사건이 있다. 난민이 범죄를 일으켰다는 사실으로 인해서 난민에 대한 국민들의 인식이 급격하게 악화되었다. 쾰른 집단 성폭행 사건과 같은 난민 범죄로 인해서 자국민의 안전이 위협당할 수 있다는 문제점이 드러났을 뿐만 아니라, 이 사건으로 인해 난민에 대한 부정적 인식이 심화되었다. 심지어 정부가 쾰른 집단 성폭행 사건의 용의자 중 시리아 출신 난민 신청자가 있다는 사실을 고의적으로 은폐하려고 했기 때문에 난민에 대해 부정적 여론이 더욱 확산되었다. 실제로 1월 2일 작성된 경찰 업무일지에서 신원 확인 시, 대다수가 연방이민난민청이 발급한 난민신청서를 제시했다고 하며, 여기에 국적이 기록되어 있기때문에 확인이 가능했음에도 불구하고 쾰른 경찰국장과 쾰른 시장은 출신국과 신분지위를 비롯한 용의자의 신분에 대한 세부정보가 없다고 밝혔다.[14] 이렇게 정부가 난민에 대해 국민에게 잘못된 정보, 정확하지 않은 정보를 제공하고, 정보를

14 고형규 특파원, 연합뉴스, https://www.yna.co.kr/view/AKR20160108200900082, "쾰른 성폭력 주범은 시리아 난민" 독일 확인하고도 은폐, (검색일:2019.06.12)

은폐한 것도 난민 수용의 부작용을 발생시키는 요소가 될 수 있다.

요약하자면, 독일은 난민제도 및 법률이 미흡함에도 불구하고 난민을 과대 수용했기 때문에 난민 관리에 어려움을 겪었으며, 이로인해 난민 범죄가 일어나서 자국민의 안전까지 위협당하는 부작용이 나타났다. 그리고 이러한 문제를 극복하기 위해 난민을 수용하기에 앞서 시민의 지지보다 난민 제도 구축을 선행해야 한다는 방향성을 찾을 수 있다. 또한, 난민 범죄 예방과 처벌에 관한 법을 제정한 후, 난민을 적절한 수준으로 수용하고, 지속적으로 난민 관리 및 행정에 노력을 기울어야 한다. 또 난민에 대해 아무리 부정적인 정보라고 해도 이를 은폐하거나 조작하지 않음으로써 난민 정책에 대해 정부가 투명하게 운영한다는 신뢰성을 확보해야 한다.

5. 난민에 대한 적절한 한국의 대응방안

1) 제도 및 법률 마련

독일의 사례를 통해 알 수 있듯이, 난민 수용에 앞서 체계적인 제도 및 법률 마련이 반드시 이루어져야 한다. 난민 심사 및 관리를 효율적으로 진행하기 위해서 난민 관련직 인력을 보충해야 하며, 이와 관련된 제도가 구축되어야 한다. 난민 복지 및 행정 부문에 심층적인 지식을 갖춘 전문가 양성이 필요하며, 난민 행정직 공무원을 증원해야 할 필요성이 있다. 특히 난민과의 의사소통을 위한 통역사를 선발해야 한다. 그리고 난민에 대한 다양한 교육 프로그램을 제작하여 난민에 대한 정보를 많은 사람들에게 제공해야 한다. 또한 난민의 인권을 보호하기 위해서 최소한의 의식주 제도 마련이 필요하다. 독일의 난민 관련 개정 법안 중, '난민을 신청할 경우 초기 수용센터나 공동 숙소를 마련하여 거주하게 한 다음, 식량과 의류, 건강 및 개인위생 및 생활용품을 금전보다 현물로 지급한다.'라는 제도를 참고해도 좋을 것 같다.[15] 그리고 국가에서 난민이 의식주를 계속 지원하는데 어려움이 있다는 점을 고려해서 난민들이 자립하여 살아갈 수 있도록 일자리를 찾기 쉽게 도와주는 정책을 만들어야 한다. 이때, 한국인이 꺼려하는 노동중심의 일자리를 연결해 줄 경우, 난민의 입장에서도 일자리를 얻을 수 있어서 이득이고, 한국도 부족한 인력을 채울 수 있어서 이득일 것이다. 그리고 임시직의 형태로 고용되지 않게 안정적인 일자리를 찾아주어야 난민들도 안정된 삶을 살 수 있고, 한국에 잘 적응하여 부적응으로 인한 범죄도 줄일 수 있을 것이다. 또한 난민에 대한 상담, 교육 프로그램을 제공하여 한국에 잘 정착할 수 있도록 도울 필요가 있다. 특히 나이가 어린 난민은 낯선 환경에 더 적응하기 어렵기 때문에 더욱 집중적으로 교육과 상담을 진행할 필요가 있다.

2) 시민 인식 개선

제도가 마련되어 있어도 국민들의 인식이 개선되지 않으면 난민을 수용하기 어렵기 때문에 시민 인식 개선도 필수적이다. 난민 인식 개선 캠

15 김영술, 독일의 난민 수용과정에서 나타난 정책 변화의 연구 (2018), p113

페인을 통해 난민의 종교, 특히 이슬람교에 대한 혐오감을 줄이고, 난민의 인권과 이슈, 현황을 알려주는 난민 뉴스 프로그램을 만들어야 한다. 그리고 시민들의 인식 개선을 통해 시민단체를 형성하여 시민단체 주도 하에 난민 선입견 줄이는 활동, 난민 인권 수호 활동 등을 할 수 있도록 해야 한다. 특히 난민 수용에 있어서 시민단체의 역할이 중요한데, 이는 시민들의 자발적 참여로 형성한 난민 지원과 환영 문화가 필요하기 때문이다. 독일의 사례를 살펴봐도 시민들의 자발적 참여가 없었다면 독일 내 난민 수용에 대한 요구가 충족되지 않았을 것이라는 것을 알 수 있다. 게다가 시민단체를 통한 시민들의 자원봉사는 여러 측면에서 난민과 사회 구성원 간의 통합에 기여한다. 독일의 경우 프로 아쥘과 모아빗 힐프트, 키론 등의 시민단체가 있었으며, 이러한 단체들이 독일의 난민 수용 후 혼란을 줄이는 데 도움을 주었다.[16]

3) 국제 연합 유도

난민문제는 한 국가의 노력만으로는 해결할 수 없는 문제이기 때문에 난민에 대한 국제 협력을 유도하는 것도 필요하다. 대한민국의 경우 한중일 중심으로 협력하여 난민 수용을 할 수 있을 것이다. 한중일 난민 협력을 통해 한중일 간의 협력 관계도 강화하고, 국제사회에서의 신뢰도도 높일 수 있을 것이다. 특히 중국의 경우 미국과의 패권 경쟁에서 타국의 신

16 김문주, 독일의 난민위기와 시민사회의 역할, 2015-2018 (2018), p32~53

뢰 측면이 부족한 점을 난민 수용을 통해 보완할 수 있다는 점을 어필하여 협력을 이끌어낼 수 있을 것이다.

6. 문제점과 한계 예측 및 한계 최소화 방안

1) 예측되는 한계 및 독일 난민 수용의 문제점

위에서 제시한 방법을 토대로 한국이 난민을 수용하게 될 경우, 다음과 같은 한계 및 문제점이 발생할 우려가 있다. 먼저, 독일과 달리 현재 대한민국은 국민들이 난민을 반대하는 상황이기 때문에 정부가 국민의 여론에 반하는 난민 지원 정책을 만들고, 난민 관련 시민단체가 형성되는 데 어려움이 있다. 또한, 한중일 난민 협력을 시도할 경우, 중국과 일본이 난민 수용에 협조하지 않으려고 할 가능성이 높다. 일본과 중국의 경우, 난민을 수용하면 자국에 이익이 되지 않는다고 생각해서 협력의 필요성을 느끼지 못하거나 난민 수용의 필요성을 느끼지 않는다는 이유로 협력하지 않으려고 할 수도 있다. 그리고 난민 범죄가 발생하거나 가짜난민이 난민법을 이용하여 한국에 들어올 가능성도 존재한다. 마지막으로, 인도적 체류자 문제가 발생할 수 우려도 있을 뿐 아니라 난민에 대한 가짜 뉴스로 여론 조작이 이루어질 수 있다는 한계가 있다.

2) 한계 및 문제점에 대한 해결방안

정부가 난민 지원 정책을 만들 수 있는 환경을 조성하고 난민과 관련된 시민단체를 만들기 위해 난민에 대한 시민의 인식 개선이 필요하다. 난민 인식 개선의 방법으로는 앞에서 제시했던 난민에 대한 정보를 전달하는 난민 뉴스 제작, 난민에 대한 캠페인 실시 등이 있다. 그리고 한중일 난민 협력이 이루어지기 어렵다는 문제에 대해서는 중국과 일본에 난민수용을 필요성을 제시하고, 중국과 일본이 난민을 수용해야 하는 이유를 들어서 난민을 수용할 수밖에 없는 상황을 만드는 것도 하나의 방법이 될 수 있다. 특히 중국의 경우, 현재 중국이 미국과의 패권경쟁 중인데 미국에 비해 타국의 신뢰도면에서 많이 부족한 상황이다. 이러한 상황에 난민을 수용함으로써 강대국으로서 세계적인 문제 해결을 위해 앞장서는 모습을 보여주고, 난민의 인권을 보호할 경우, 타국의 신뢰를 얻을 수 있으므로 이를 이용하여 중국을 설득해야 한다. 또한 독일처럼 한꺼번에 수용할 수 없을 정도로 많은 난민을 수용하기보다 난민 수용을 조금씩 늘리는 방식으로 차근차근 난민을 수용해야 한다. 그리고 난민 범죄에 대한 법률을 강화하고, 난민을 수용하기 전 제도를 정비하여 난민 수용 후 제도와 인력부족으로 겪는 문제를 사전에 방지해야 한다. 특히 가짜 난민과 난민 범죄에 대한 처벌 수위를 매우 강화하고, 난민에 대한 관리를 철저히 함으로써 난민범죄를 예방해야 한다. 심사를 통해 가짜 난민을 판별할 수 있는 기준을 세우고, 난민에 대한 조사를 철저하게 해서 범죄 전적이 있는지를 반드시 확인해야 한다. 인도적 체류자로 분류된 사람들이 일으키는 문제를 예방하기 위해서 인도적 체류자도 효율적으로 관리할 수 있는 체계를 만들고, 그들의 의식주나 일자리, 한국 거주기간에 대한 법을 정비하는 것이 필요하다. 마지막으로 정부가 난민에 대해 진실된 정보를 국민들에게 제공함으로써 국민의 신뢰를 잃지 않은 채로 난민에 대해 정확한 대응을 하기 위해 노력해야 한다.

Ⅲ. 결론 및 제언

최근 전 세계적으로 난민이 증가하고 있을 뿐만 아니라 2018년 제주도 예멘 난민 사건을 통해 알 수 있듯이 대한민국도 더이상 난민 문제에 무관하지 않다. 이러한 상황에서 세계적인 문제인 난민 문제를 해결하기 위해 한국도 난민을 수용해야 할 필요성이 있다. 그래서 본 논문을 통해 한국의 난민 수용 현황 및 제도에 대한 조사를 바탕으로, 난민 수용을 많이 한 대표적인 국가인 독일의 사례를 참고하여, 적절한 한국의 난민 정책의 방향성을 찾고자 한다.

국제적 합의와 한국의 난민법을 참고하여 본 논문에서 난민의 정의를 '인종, 종교, 국적, 정치, 특정 사회집단의 구성원이라는 이유로 박해를 받을 우려를 갖고 있으며, 국적국의 보호를 받을 수 없는 자 혹은 그러한 공포를 갖기 때문에 국적국의 보호를 바라지 않는 자'로 정의하였으며, 북한이탈주민은 난민에서 배제하였다. 이는 한국의 경우, 타국과 달리 북한과 한 민족이라는 정서가 있어서 다른 국적의 난민에 비해 배척하는 경향이 적고, 지금까지 난민 정책과 별개로 탈북자에 대해 접근해왔기 때문에 앞으로 새롭게 부각되는 난민 문제에 있어 탈북자보다 그 이외의 난민에 초점을 맞추는 것이 적절하기 때문이다.

2018년에 발생한 제주도 예멘 난민 사건은 유럽의 난민 정책 변화와 제주도의 무사증제도가 주요 원인이며, 대다수의 대한민국 국민들은 난민에 대해 부정적 입장을 보였다. 난민 심사 결과, 484명의 신청자 중 2명만 난민으로 인정되고, 인도적 체류허가는 412명, 불인정은 56명, 난민 신청을 철회하거나 출국시 이뤄지는 진권 종료자는 14명이었다.[17]

한국은 1992년 12월에 난민의 지위에 관한 협약 및 난민 협약 의정서에 가입한 후, 1993년 개정된 출입국관리법을 통해 난민 관련 규정을 개정했으며 지금까지 개정해왔다. 그리고 난민법에 대한 근본적인 개선 요구가 국내외적으로 지속되자 2012년에 난민법을 제정하였다. 난민인정제도 측면에서 살펴보면, 한국의 난민 인정제도는 법무부장관에게 있으며, 난민을 신청하기 위해 난민 본인이 스스로 난민이라는 것을 입증하는 서류와 사진을 제출하고 면접도 걸쳐야 한다.

난민에 대한 한국 시민들의 인식은 부정적인 편이다. 이는 제주도 난민 사건 당시 난민을 반대하는 국민 청원이 20만 명을 돌파한 사례와 서울대 산학협력단이 법무부 연구용역을 통해 발표한 '한국형 이민통합 정책지수 개발 연구' 보고서에서 한국인 2000명을 대상으로 설문조사를 진행한 결과, 난민의 경우, 사회갈등 수준이 심각하다고 인식하는 인원의 비율

•

17 허호준, 제주 예멘인 2명 난민 인정… 484명 중 인정률 '0.41%', http://m.hani.co.kr/arti/society/area/874426.html#cb, (검색일:2019.06.12)

이 84.9%에 달했다는 연구결과 등을 통해 알 수 있다.[18]

한국의 난민 수용률이 낮은 이유는 난민에 대한 국민의 부정적 인식, 특히 난민범죄에 대한 우려와 제도적 측면에서 난민을 수용하기 어려운 구조이기 때문이다.

한국이 난민을 수용해야 하는 정당성을 '인도주의적 관점에서 난민을 수용해야 한다', '난민 수용이 한국에 경제적 이득을 가져다준다', '외교적 차원에서 난민을 수용해야 한다', '난민문제는 세계적인 문제이며 한 국가의 힘으로 해결할 수 없다', '국제협약의 유효성을 지키기 위해 난민협약에 가입한 국가로서 그 의무를 다해야 한다'라는 근거를 들어 설명할 수 있다. 그리고 자국민의 안전이 위협된다는 반박에 대해 난민이 범죄를 일으킨다고 일반화하는 생각은 잘못된 선입견이며, 난민 범죄 예방 및 대처를 위한 법을 체계적으로 마련해야 한다고 반박할 수 있다. 또한, 문화 차이로 인한 갈등의 경우, 난민 수용을 통해 오히려 문화의 다양성을 직접 배울 수 있는 기회로 삼을 수 있으며, 난민 지원으로 인해 경제적 손실이 발생하는 것이 아니라 다른 나라의 사례를 통해 알 수 있듯이, 오히려 경제적으로 이득이 된다고 반박할 수 있다.

독일의 난민 수용 과정에서 나타난 문제점을 탐구한 결과, 독일은 난민제도 및 법률이 미흡함에도 불구하고 난민을 과대 수용해서 난민 관리에 어려움을 겪었으며, 이로 인해 난민범죄가 일어나서 자국민의 안전까지 위협하는 부작용이 나타났다는 것을 알 수 있다. 그리고 이러한 문제를 극

•

18 파이낸셜뉴스, 한국인 10명 중 8명은 난민에 부정적…사회적 거리감도 최하위, http://www.fnnews.com/news/201902041352527110, (검색일 : 2019.06.12)

복하기 위해 난민을 수용하기에 앞서 시민의 지지보다 난민 제도 구축을 선행해야 한다는 방향성을 찾을 수 있다. 또한 난민 범죄 예방과 처벌에 관한 법을 제정한 후 난민을 적절한 수준으로 수용하고, 지속적으로 난민 관리 및 행정에 노력을 기울어야 한다. 그리고 난민에 대해 아무리 부정적인 정보라고 해도 이를 은폐하거나 조작하지 않음으로써 난민정책에 대해 정부가 투명하게 운영한다는 신뢰성을 확보해야 한다.

독일의 난민 수용 과정에서 나타난 문제점을 고려하여 난민에 대한 적절한 한국의 대응방안을 제도 및 법률 측면, 국민들의 인식 측면, 국제 협력의 측면에서 살펴볼 수 있다. 독일의 사례를 통해 알 수 있듯이, 난민 수용에 앞서 제도 및 법률 마련이 반드시 이루어져야 한다. 따라서 난민 심사 및 관리를 효율적으로 진행하기 위한 난민 전문가 양성 및 공무원 선출이 필요하며, 난민의 인권 보호를 위한 최소한의 의식주 제도 마련과 일자리 제공이 필요하다. 또한 한국에 잘 적응할 수 있도록 교육과 상담 제도도 잘 마련될 필요성이 있다. 제도 구축도 중요하지만 난민을 수용하기 위해 국민들의 인식개선도 필수적이므로, 난민 인식 개선 캠페인과 난민 뉴스 프로그램, 시민단체 형성 등을 통해 난민에 대한 시민들의 부정적 인식을 개선해야 한다. 그리고 난민문제는 한 국가의 힘으로 해결할 수 없는 사안이기 때문에 난민에 대한 국제 협력, 특히 한중일 간의 협력을 유도해야 한다.

위에서 제시한 방향으로 난민 정책을 실시하게 될 경우 예측되는 한계에는 '국민들의 부정적 인식 하에 정부의 난민 정책 개선과 시민단체 형성이 어렵다.', '중국과 일본이 한중일 난민 협력에 동참하지 않을 가능성이 높다.', '난민 범죄나 가짜난민의 우려가 있다.', '인도적 체류자 문제와 난민에 대한 가짜 뉴스로 여론이 조작될 수 있다.' 등이 있다. 이에 대해 캠페인이나 난민 뉴스 등을 통해 시민의 인식 개선을 통해 난민 지원 정책을 실시하고, 시민단체를 형성할 수 있는 배경을 만들어야 하며, 타국의 신뢰도 등의 이유를 들어 중국과 일본의 협력을 이끌어야 한다. 또한 난민 범죄와 가짜난민에 대한 처벌 수위를 높임으로써 이를 예방하고, 인도적 체류자도 효율적으로 관리할 수 있는 연락망 시스템을 구축하여 난민 외 사람들 사이에 발생할 수 있는 문제도 미리 예방해야 한다. 마지막으로, 정부가 난민에 대해 진실된 정보를 국민들에게 제공함으로써 국민의 신뢰를 유지한 채로 난민에 대해 정확한 대응을 해야 한다.

즉 한국은 독일의 사례를 참고하여 난민을 효율적으로 수용하기 위해서 제도적 구축을 선행해야 하며, 난민 뉴스나 캠페인을 통해 시민의 인식을 개선하고 난민 관련 시민단체 형성에 노력을 기울어야 한다. 또한 난민법과 가짜난민에 대한 처벌을 높이고 독일과 다르게 천천히 난민 수용을 늘려가는 정책을 펼치고, 한중일 난민 협력 또한 이끌어내기 위해 노력해야 하는 방향으로 정책을 실시해야 한다.

이러한 내용을 담은 본 논문은 세계적인 문제인 난민 문제에 대한 한국의 난민 수용 필요성을 제기하고 난민 수용의 정당성을 설명할 뿐만 아니라 한국보다 앞서 난민을 수용한 독일의 난민 수용 과정을 살펴봄으로써 난민 수용의 문제점을 미리 파악하고 이에 대해 대비할 수 있는 방안을 제시했다는 데 의의가 있다. 다만 본 논문에서 탈북자에 대한 논의를 제외하였기 때문에 탈북자가 난민인 지에 대한 탐구와 탈북자에 대한 한국의 적절한 정책을 탐구하는 연구가 추가적으로 나오면 본 논문과 함께 한국이 앞으로 난민과 북한이탈주민에 대해 어떤 정책을 실시해야 하는지 그 방향성을 더 명확하게 찾을 수 있을 것으로 예상하는 바이다.

Ⅳ. 참고문헌

고형규 특파원, 연합뉴스, https://www.yna.co.kr/view/AKR20160108200900082, "쾰른 성폭력주범은 시리아 난민" 독일 확인하고도 은폐, (검색일: 2019.06.12).

김문주, 독일의 난민위기와 시민사회의 역할, 2015-2018 (2018).

김영술, 독일의 난민 수용과정에서 나타난 정책 변화의 연구 (2018).

김현숙, 인권적 관점에서 본 한국 난민정책 연구 (2015).

난민인권센터, 법무부 난민과, (통계)국내 난민 현황(2018.12.31기준), https://nancen.org/1938,(검색일 : 2019.06.12).

리얼미터, 제2차 제주 예멘난민 수용에 대한 국민여론, https://blog.naver.com/dreamteller/ 221320283000, (검색일 : 2019.06.12).

배용진, (주간조선) 이민국가로 가는길 난민과 혐오증 사이, http://news.chosun.com/site/data/html_dir/2018/06/29/2018062902353.html, (검색일 :2019.06.12).

여론조사공정(주), 제주도민 89.5%, 전국민 85.7%, 예멘 입국자로 인해 "불안하다" - 여론조사공정(주), https://blog.naver.com/dreamteller/221308222359, (검색일 : 2019.06.12).

유엔난민기구, 시리아 내전, 7년 째로 접어들어,

https://www.unhcr.or.kr/unhcr/program/board/detail.jsp?boardTypeID=10&searchSelect=&keyWord=&currentPage=2&menuID=001006001003&finishsYN=&boardID=8736&boardCategory=%EB%B3%B4%EB%8F%84%EC%9E%90%EB%A3%8C&mode=detail, (검색일:2019.06.12).

주간동아, 난민 받으면 국가 경제에 도움 된다, http://weekly.donga.com/3/all/11/1377893/1, (검색일:2019.06.12).

중앙일보, 한국 GDP 순위 세계 11위서 12위로 하락,

https://mnews.joins.com/article/22888816#home, (검색일:2019.06.13).

파이낸셜뉴스, 한국인 10명 중 8명은 난민에 부정적…사회적 거리감도 최하위, http://www.fnnews.com/news/201902041352527110, (검색일 : 2019.06.12).

허호준, 제주 예멘인 2명 난민 인정… 484명 중 인정률 '0.41%', http://m.hani.co.kr/arti/society/area/874426.html#cb, (검색일:2019.06.12).

Eurostat, 그래프1, 유럽외부 난민들의 유럽연합(28개국)에서의 난민 신청 수, 2006~2016, https://blog.naver.com/dhun7240/221142193496, (검색일 : 2019.06.12).

Jeong Hwa Hong, Eun Hye Kin, A Review of Refugee Policy in South Korea (2019)

3

베네수엘라 위기
— 무엇이 문제이고 국제사회는 어떤 입장인가?

국제학부
박정수

요약 베네수엘라의 혼란은 살인적인 인플레이션과 최악의 경제위기로 인해 정치적 및 인도주의적 위기가 닥치면서 발생했다. 이 위기를 두고 세계는 미국 중심의 후안 과이도를 지지하는 국가들, 러시아 중심으로 마두로를 지지하는 국가들, 재선거를 원하는 국가들, 의견 표명을 하지 않은 국가들로 입장이 나뉘고 있다. 이 논문에서는 국제사회의 분열된 입장들과 한국의 입장을 분석하고, 한국이 취해야 할 입장에 대해 개인적 의견을 제시하고자 한다. 또한 베네수엘라 사태를 두고 국제사회가 나아가야 할 방향도 제시하고자 한다.

I. 서론

1. 연구 목적

본 논문의 목적은 현재 베네수엘라 위기의 원인을 파악하고 현황을 살펴보고자 한다. 그리고, 이 위기에 대한 국제사회의 입장 차이를 분석하고 국제사회 내의 각 입장들이 전개될 방향을 제시할 것이다. 이 위기가 남미 지역은 물론 미국, 러시아 및 국제사회에 어떠한 파급력이 있는지 분석하고 한국의 입장의 배경과 이유까지 설명하고자 한다. 마지막으로, 이 이슈에 대해 국제사회가 나아가야 할 방향을 제시하고자 한다.

이 주제를 선정하게 된 이유는 현재 국제사회가 베네수엘라 위기에 집중하고 있고 많은 국가들이 미국과 러시아를 중심으로 입장을 표명하고 있는 상태로 이 위기의 중요성을 강조하기 위해 선정하였다. 베네수엘라 위기는 국제사회가 많은 관심과 우려를 가질 정도로 심각한 이슈이다. 베네수엘라는 차베스 정권, 마두로 정권 등을 거치며 매우 심각한 위기에 빠졌다. 극심한 정부의 타락과 경제적 위기로 인해 인도주의적 위기가 발생하고 2015년 이후에 3백만명 이상이 해외로 도피했다.[1] 인플레이션과 굶주림이 최고조에 달하고 있고 건강 위기가 촉발되었지만, 식량과 약품이 너

1 Alex Ward, "Why thousands of protesters — and Trump — are demanding Venezuela's president step down," https://www.vox.com/world/2019/1/23/18193533/venezuela-maduro-protest-guaido-pence-trump-23-enero (검색일: 2019.6.02).

무 비싸서 사람들이 구입할 수 없는 상황이다. 베네수엘라 내의 심각한 의약품과 식량 부족 및 질병 확산 위기는 인도주의적 비상사태에 해당하여 국제사회가 관심을 갖고 인도주의적 지원을 하고 있다. 또한, 마두로가 두 번째 임기의 선거를 사기 선거로 진행하면서 국내 폭동은 물론, 전 세계적으로 베네수엘라 이주민이 많은 국가들에서도 폭동이 일어났다. 또한, 많은 외국 정부들이 (브라질, 칠레, 캐나다 등) 마두로의 두 번째 임기의 선거를 공정한 선거로 인정하지 않고 보이콧하게 되면서 많은 국가들이 정치적으로도 관심을 갖기 시작했다. 이처럼, 베네수엘라 위기는 국제사회에서 심각한 위기로 여겨지고 있으며 국제사회의 관심이 절실히 필요하다.

이러한 맥락을 염두에 두고 이 논문의 본론에서 전개할 세부 논지는 다음과 같다. 우선 베네수엘라의 극심한 위기를 불러온 원인들을 살펴보고 경제위기와 정치 위기의 현황을 통해 위기의 심각성을 살펴보려 한다. 또한, 이 위기에 대한 국제사회의 입장을 정리하고자 한다. 현재 이 위기를 두고 국제사회는 미국 중심의 후안 과이도를 지지하는 국가들, 이와 대립하는 러시아 중심의 마두로를 지지하는 국가들, 재선거를 원하는 국가들, 의견 표명을 하지 않은 국가들로 나뉘어 있다. 베네수엘라 위기가 국제사회에 어떠한 영향을 미치고 있는지 파악하고 조명하려 한다. 또한 베네수엘라 위기에 대해 한국이 표명한 입장과 이에 대한 배경 및 이유까지 알아보고자 한다. 해결방안은, 아직 해결되지 않은 이슈로써, 이 위기에 대해 국제사회가 나아가야 할 방향과 지향점을 중점으로 하고자 한다.

베네수엘라는 현재 극심한 인플레이션으로 인해 심각한 식량과 약품 부족, 말라리아, 범죄, 이민율 모두 상승하여 경제와 사회가 모두 붕괴된 상황이다. 하루에 물가가 3% 이상씩 올가가고 있으며 연간 물가 상승률이 무려 4만%가 넘었고 국제통화기금(IMF) 관계자는 올해 말까지 연가 물가 상승률이 100만%에 이를 수 있다고 경고했다.[2] 경제적, 정치적, 인도주의적 위기에 빠진 베네수엘라를 두고 국제사회는 많은 관심을 가지고 있고 미국과 러시아를 중심으로 많은 의견들이 제시되고 있다. 이 논문을 통해 국제사회의 미국 주도와 러시아 주도로 분열된 입장들을 분석하고 베네수엘라 위기가 국제사회에 끼치는 파급력을 분석하고자 한다.

Ⅱ. 본론

1. 베네수엘라 위기의 원인

베네수엘라는 한때 라틴아메리카에서 가장 부유한 나라였으며 세계에서 가장 큰 석유 매장량을 보유하고 있는 매우 강력한 석유국이다. 베네수엘라의 민주 정부는 한때 세계적으로 칭찬 받았다. 그러나 오늘 베네수엘라의 민주 정부 기관들과 경제는 극심한 위기에 빠져 있다. 그리고 평

2 Ben Chu, "Venezuela: How the most oil rich nation on earth was brought to the brink of collapse," https://www.independent.co.uk/news/business/analysis-and-features/venezuela-nicolas-maduro-economy-crisis-oil-prices-explained-history-hugo-chavez-a8494696.html (검색일: 2019.6.02).

범한 국민들이 그 대가를 혹독하게 치르고 있다. 심각한 위기 때문에 의약품과 식량부족은 물론, 2018년까지 약 300만 명이 나라를 떠났고 남은 사람들은 간신히 연명하고 있다. 위기가 매우 심각하여 국민 평균 체중이 11kg 줄었다고까지 하는 상황이다.

베네수엘라는 왜 이렇게까지 심각한 위기에 빠졌는가. 베네수엘라 위기의 원인을 살펴보고자 한다. 베네수엘라는 차베스 정권 때 산업을 국유화하고 막대한 정부 자금을 사회복지 프로그램에 투입하여 베네수엘라의 정치경제를 변형시켰다. 2000년대 초반의 대규모 석유번영으로 1조 달러 가량을 국고로 끌어들이면서 차베스는 이 석유 수익을 빈곤층의 복지를 위해 사용하여 실업률과 빈곤율을 절반으로 줄이면서 국민들의 지지를 얻었다.[3] 즉 베네수엘라 정부의 국고는 독점적으로 석유 수익에 의존했다. 머지않아, 차베스는 민주적 균형을 해체하고 법정을 핵심 지지층 출신들을 세우고 정부를 비판하는 기자들을 제한하는 법을 통과시키는 등, 끊임없이 그의 권력에 대한 견제를 제거하는 방법을 모색했다.[4] 2013년에 차베스의 부통령이자 후계자인 마두로가 정권을 잡게 되면서 차베스 정권의 권위주의를 유지하려고 노력했으나 실패하여 극심한 경제적, 사회적, 정치적 위기를 초래했다. 석유 수익에 의존하는 베네수엘라는 2014년에 국

•

3 Alex Ward, "Why thousands of protesters — and Trump — are demanding Venezuela's president step down," https://www.vox.com/world/2019/1/23/18193533/venezuela-maduro-protest-guaido-pence-trump-23-enero (검색일: 2019.6.02).

4 Alex Ward, "Why thousands of protesters — and Trump — are demanding Venezuela's president step down," https://www.vox.com/world/2019/1/23/18193533/venezuela-maduro-protest-guaido-pence-trump-23-enero (검색일: 2019.6.02).

제 연료 가격이 폭락함과 동시에 베네수엘라 경제도 하락했다.[5] 이로 인해 자금을 조달할 다른 다양한 대안이 없는 베네수엘라는 라틴아메리카에서 가장 부유한 국가에서 취약한 국가로 변형했다. 이로 인해, 현재 인플레이션이 100만%가 넘어섰고, 올해 1000만%에 이를 수 있다는 예측도 있다. 의약품과 식량이 부족하고 300만 명 이상이 해외로 이주했고 2019년에만 200만 명 이상이 난민이 될 것이라고 예측된다.[6] 이 결과로 마두로는 극도로 지지율이 떨어졌고 2015년 12월에 20년 만에 처음으로 베네수엘라 투표자들은 국회에서 야당에 2/3의 과반을 주었다.[7] 이 계기를 통해 국회의원들이 마두로 대통령의 권력을 견제하고 경제를 되돌려놓는 것이 국민들의 바람이었다. 그러나 마두로의 우방으로 둘러싸인 베네수엘라 대법원은 2016년에 경제에 대한 국회의 권한을 박탈하고, 2017년에 국가의 법과 헌법을 개정하기 위한 국회 교체 투표를 진행하여 독재자 마두로의 우방들이 545의석 모두 차지했다.[8] 이 결과 베네수엘라인들은 소리 높여 항의하기 시작하여 오늘날의 베네수엘라 위기에 이르게 되었다.

•

5 Alex Ward, "Why thousands of protesters — and Trump — are demanding Venezuela's president step down," https://www.vox.com/world/2019/1/23/18193533/venezuela-maduro-protest-guaido-pence-trump-23-enero (검색일: 2019.6.02).

6 Alex Ward, "Why thousands of protesters — and Trump — are demanding Venezuela's president step down," https://www.vox.com/world/2019/1/23/18193533/venezuela-maduro-protest-guaido-pence-trump-23-enero (검색일: 2019.6.02).

7 Brian Walker, Tiffany Ap, "Venezuela's opposition party wins parliament in a blow to Maduro," https://edition.cnn.com/2015/12/07/americas/venezuela-oelections/index.html (검색일: 2019.6.03).

8 Alex Ward, "Why thousands of protesters — and Trump — are demanding Venezuela's president step down," https://www.vox.com/world/2019/1/23/18193533/venezuela-maduro-protest-guaido-pence-trump-23-enero (검색일: 2019.6.02).

2. 베네수엘라 위기 현황

베네수엘라는 세계에서 가장 높은 인플레이션을 보이며 4년 사이에 GDP가 35% 하락한 경제 위기의 상황이 마두로 대통령에 대한 반발을 촉발시켰다.[9] 마두로가 정권에 들어선 2013년 이후부터 베네수엘라는 현저하게 악화하였고 80%의 베네수엘라인들은 마두로가 해임되길 원한다.[10] 그러나 마두로는 물러서지 않고 베네수엘라를 권위주의 통치에 더 가깝게 만들었다. 마두로는 정권을 유지하였고 2018년에 선거를 공표했다. 마두로는 가장 인기 있는 야당 지도자들을 선거출마를 금지시켜 자신의 승리를 공고히 하여 68%의 득표로 이겼다.[11] 베네수엘라인들은 물론, 많은 국제기구와 북아메리카, 남아메리카, 유럽의 많은 민주주의 국가들은 그 선거를 사기 선거라고 불렀다. 결국 마두로는 2019년 1월 10일에 두 번째 임기를 시작했지만, 이는 국민들을 화나게 하여 많은 사람들이 시위에 참여해 마두로를 횡령자라고 부르며 그는 베네수엘라의 합법적인 지도자가 아

---

9 Vox Staff, "Presidential crisis in Venezuela," https://www.vox.com/world/2019/1/24/18196026/venezuela-president-protest-maduro-guaido (검색일: 2019.6.02).

10 Vox Staff, "Presidential crisis in Venezuela," https://www.vox.com/world/2019/1/24/18196026/venezuela-president-protest-maduro-guaido (검색일: 2019.6.02).

11 Alex Ward, "Why thousands of protesters — and Trump — are demanding Venezuela's president step down," https://www.vox.com/world/2019/1/23/18193533/venezuela-maduro-protest-guaido-pence-trump-23-enero (검색일: 2019.6.02).

니라고 항의하기 시작했다.[12]

마두로의 두 번째 임기가 시작되면서 마두로 대통령 퇴진 운동이 전개되고 과이도는 국제사회에 존재감을 알리기 시작했다. 후안 과이도는 베네수엘라 국회의장이며 반정부 시위를 이끄는 정치가이다. 과이도가 퇴진 운동 중심에 서게 된 것은 제233조 '시위에서 '권력 강탈자가 집권하면 국회의장이 국가 지도자가 된다.' 헌법 조항을 근거로 1월 23일 수도 카라카스에서 스스로 임시 대통령임을 선언하고 과도정부 수립과 자유선거를 약속했기 때문이다.[13] 그 결과, 현재 마두로 대통령과 과이도 의장의 무력 대치가 벌어지고 있고 베네수엘라는 한 국가 내에 대통령이 둘이 되었고 반정부시위가 진행되고 있다. 2019년 4월 30일 과이도는 중무장 군인들과 함께 군사 봉기와 마두로 축출을 촉구했다.[14] 베네수엘라 국방부 장관, 대법원장, 대통령 경호실장 모두 이 날 과이도의 편에 서겠다고 했지만, 실제로 당일에는 마두로의 편에 서면서 군부가 마두로에게 완전한 충성을 보였다. 이렇게 군사 봉기는 실패하고 베네수엘라의 대부분 최고급 지위자들과 군사는 여전히 마두로 편에 서 있는 게 현실이다. 베네수엘라는 경제위기에서 극심한 정부의 타락으로 정치 위기까지 겪고 있다.

•

12 Alex Ward, "Why thousands of protesters — and Trump — are demanding Venezuela's president step down," https://www.vox.com/world/2019/1/23/18193533/venezuela-maduro-protest-guaido-pence-trump-23-enero (검색일: 2019.6.02).

13 Vox Staff, "Presidential crisis in Venezuela," https://www.vox.com/world/2019/1/24/18196026/venezuela-president-protest-maduro-guaido (검색일: 2019.6.02).

14 한겨레, "베네수엘라 과이도, 군사 봉기 시도…마두로 "군부 충성 확고," http://www.hani.co.kr/arti/international/america/892190.html#csidx4f3380f10029ab0a2abd8b23ab2e3ab (검색일: 2019.6.03).

3. 베네수엘라 위기의 국제사회 입장 차이 분석 및 등장배경

베네수엘라 위기에 간섭하려는 국가들이 많다. 현재 국제사회에서 베네수엘라 정부의 정당성을 두고 다양한 의견들이 존재한다. 미국 중심의 후안 과이도를 지지하는 국가들, 이와 대립하는 러시아 중심의 마두로를 지지하는 국가들, 재선거를 원하는 국가들, 의견 표명을 하지 않은 국가들로 입장이 나뉘어 있다. 각 입장들을 분석하고 입장들이 등장하게 된 배경, 주장 및 이유를 분석하고자 한다. 결론적으로 국제사회 내의 각 입장들이 전개될 방향을 제시하고자 한다. 베네수엘라를 둘러싸고 국제사회도 분열하여 입장이 나뉘었는데 냉전 시대와 같은 역사를 반복한다. 미국 중심의 국가들이 있고, 이와 대립하는 러시아와 중국은 서방 제국주의의 지원을 받는 내부의 적과 싸우며 궁지에 몰린 사회주의 지도자를 지지하는 현재 상황이 냉전 시대와 매우 유사하다. 이 혼란이 베네수엘라 내부 문제를 넘어서 더 뿌리 깊은 문제라는 것을 알 수 있다. 미국에 충성스러운 동맹국들은 미국과 함께 과이도를 지지하고 이와 대립하는 러시아에 충성스러운 동맹국들이나 좌파 정부가 집권하는 국가들은 마두로를 옹호한다.

1) 미국 중심의 후안 과이도를 지지하는 국가들

우선, 미국 중심으로 후안 과이도를 지지하는 국가들을 살펴보고자 한다. 미국은 과이도를 아낌없이 지지하고 있고 유럽연합, 라틴아메리카에서는 멕시코를 제외한 모든 리마그룹 국가들 (아르헨티나, 브라질, 칠레, 콜롬비아, 코스타리카, 과테말라, 온두라스, 파라과이, 페루), 호주, 캐나다, 이스라엘 등은 모두 반정부 세력인 과이도를 임시 대통령으로 인정한다.[15] 마두로는 반미, 미국은 반마두로다. '나의 적의 적'원칙을 따라 미국은 과이도를 아낌없이 지지했고 이를 뒤따라, 아메리카 대륙의 대부분 국가들도 과이도를 지지하기 시작했다. 유럽연합과 리마그룹은 과이도를 지지하지만, 마두로를 축출하기 위한 군사적 개입은 반대한다. 이들은 평화로운 협상과 정치적 과정을 통한 국제적으로 관측된 선거를 원한다.

대표적으로 과이도를 지지하는 미국 입장을 살펴보고자 한다. 트럼프 행정부는 2018년에 반군 베네수엘라 장교들과 비밀회담을 통해 쿠데타 가능성을 의논하고 군사 개입 가능성까지 거론하고 있을 정도로 베네수엘라에 관심이 깊다.[16] 베네수엘라 위기에 트럼프 대통령은 쿠바까지 압박하고 있다. 베네수엘라의 위기는 인신매매, 국제범죄, 무기, 마약 수출 등을 악화시키기 때문에 미국 국가 안보의 문제이기도 하다. 또한, 패권국으로서 미국은 전통적으로 세계 각지의 민주주의를 위한 투쟁과 반사회주의적 국가에 대한 타겟팅을 적극적으로 하여 이 위기에 많은 관심을 가지고 있다. 트럼프 정부는 2017년 5월부터 베네수엘라의 부패와 비민주적 관행 등의 이슈를 거론하며 주로 마두로 핵심 지지층 관료들과 마두로의 부인

15 BBC, "Maduro and Guaidó: Who is supporting whom in Venezuela?," https://www.bbc.com/news/world-latin-america-47053701 (검색일: 2019.6.03).

16 Alex Ward, "Why thousands of protesters — and Trump — are demanding Venezuela's president step down," https://www.vox.com/world/2019/1/23/18193533/venezuela-maduro-protest-guaido-pence-trump-23-enero (검색일: 2019.6.02).

에게까지 고강도 제재를 가하기 시작했다.[17] 그러나 지속하는 압박에도 불구하고 마두로는 굴복할 기미를 보이지 않고 오히려 미국이 베네수엘라에 대해 쿠데타를 조직하고 있다고 주장한다.

미국은 왜 이렇게까지 베네수엘라에 적극적으로 개입하려는 것일까. 이 갈등의 뿌리는 매우 깊다. 차베스 정권은 미국 주도의 신자유주의적 세계화를 거부하면서 미국에 거슬리는 존재가 되었다. 또한 '먼로 독트린'을 통해 미국이 베네수엘라 문제에 개입하려는 이유를 알 수 있다. 이 정책을 통해 유럽 국가는 미국 문제에 간섭하지 않고 미국은 유럽 문제에 관여하지 않기로 했다.[18] 미국을 유럽 열강 세력권에서 떼어내고 미국은 미국 지역에서 영향력을 행사하도록 두겠다는 외교정책이다. 이 때문에 미국은 베네수엘라 내의 러시아 권력이 강화되는 것을 가만히 지켜보지 못한다. 유럽은 왜 과이도를 지지하는 것일까. 이탈리아와 그리스를 제외한 유럽연합은 과이도를 지지하는 상태이다. 유럽연합의 17개국이 과이도를 지지하며 이 국가들은 베네수엘라의 완전한 민주주의의 회복을 원하고 인권과 정당한 선거가 보장되는 것을 원해서 과이도 대통령을 지지한다.[19] 또한 부패하고 불법적인 마두로 정권의 탄압이 끝나길 바라며 대부분의 유럽연합 국

•

17 Alex Ward, "Why thousands of protesters — and Trump — are demanding Venezuela's president step down," https://www.vox.com/world/2019/1/23/18193533/venezuela-maduro-protest-guaido-pence-trump-23-enero (검색일: 2019.6.02).

18 이하경, "[글로벌 돋보기] '세계 경찰' 아니라더니…트럼프의 베네수엘라 개입 이유는?," http://news.kbs.co.kr/news/view.do?ncd=4193367&ref=A (검색일: 2019.6.03).

19 Aljazeera, "European nations recognise Guaido as Venezuela's acting president," https://www.aljazeera.com/news/2019/02/european-nations-recognise-guaido-venezuela-acting-president-190204122026259.html (검색일: 2019.6.04).

가들은 과이도를 옹호한다. 베네수엘라의 인접 국가들인 멕시코를 제외한 모든 리마 그룹 국가들도 (캐나다, 아르헨티나, 브라질, 칠레, 콜롬비아, 코스타리카, 과테말라, 온두라스, 파라과이, 페루) 과이도를 지지한다.[20] 이 인국들은 베네수엘라를 떠난 이주민들이 주변 국가들로 피난 가면서 베네수엘라 위기의 직접적인 영향을 느꼈다. 그래서, 베네수엘라에 평화와 민주주의가 회복되고 국민들이 독재로부터 해방될 수 있도록 하는 바람이다.

2) 러시아 중심의 마두로를 지지하는 국가들

미국과 대립하는 러시아 중심의 마두로를 지지하는 국가들이 있다. 러시아는 우고 차베스 정권 때부터 베네수엘라와 유대관계를 맺어왔다. 좌파 정부가 집권하는 중국, 터키, 볼리비아, 쿠바도 모두 마두로를 지지한다.[21] 이란, 시리아, 니카라과도 마두로를 지지한다. 과이도의 임시 대통령 선언 이후, 러시아와 중국은 미국과 유럽연합을 과도한 개입으로 "과도한 내정 간섭은 국제법 위반이고 민주절차에 어긋난다"며 비난하였다.[22]

러시아는 베네수엘라에 군사 및 경제 지원을 지속해서 해주고 있다. 러시아가 베네수엘라에 간섭하는 이유는 무엇인가. 우선 가장 중요한 이

---

20 BBC, "Maduro and Guaidó: Who is supporting whom in Venezuela?," https://www.bbc.com/news/world-latin-america-47053701 (검색일: 2019.6.03).

21 BBC, "Maduro and Guaidó: Who is supporting whom in Venezuela?," https://www.bbc.com/news/world-latin-america-47053701 (검색일: 2019.6.03).

22 김인오, "과이도vs마두로 시위 맞불…혼란 깊어지는 베네수엘라," https://www.mk.co.kr/news/world/view/2019/05/286486/ (검색일: 2019.6.03).

유는 경제적 이유다. 베네수엘라의 대부분의 군사 장비는 러시아에서 구매했으며 베네수엘라는 러시아에게 매우 저명한 소비자다. 또한, 러시아 정부와 러시아 국영 석유회사 로스네프트는 마두로 정부에 수십억 달러의 융자를 공여했고 로이터 통신은 2006년 이후, 적어도 17억 파운드를 공여했다고 한다.[23] 즉 러시아는 베네수엘라 석유 프로젝트에 수많은 투자를 했고 상당한 지분을 가지고 있다. 또한 러시아가 베네수엘라에 간섭하는 데에는 정치적 이유도 있다. 러시아는 국제사회에서 권력 있는 국가가 되기 위해 많은 노력을 하였고 베네수엘라는 러시아를 글로벌 강국으로 투영하기 위한 푸틴의 능력에 중요한 역할을 한다. 러시아는 베네수엘라와의 긴밀한 관계를 통해 미국에 도전하고 아메리카 지역에서 반미 동맹을 만들 수 있었다. 그래서, 남미에 권력을 휘둘러서 미국의 힘을 지체하려는 의도와 과이도가 대통령이 되면 베네수엘라가 더욱 친미가 될 수 있어서 이것을 막으려는 강한 의지가 있다.[24] 또한 서반구에 반미 동맹이 있다는 지정학적 가치, 러시아 국영기업들이 보유한 베네수엘라 석유 사업 및 군사 계약 등 러시아는 베네수엘라에 있는 자신의 국익을 잃을 수도 있어 두려워한다. 러시아는 베네수엘라의 정치적 위기를 러시아에 대한 미국의 전복으로 보고 있으며, 마두로 지지는 자국의 원칙을 지키는 것과 정당방위라

23 BBC, "Maduro and Guaidó: Who is supporting whom in Venezuela?," https://www.bbc.com/news/world-latin-america-47053701 (검색일: 2019.6.03).

24 Rocio Carra Labrador, "Maduro's Allies: Who Backs the Venezuelan Regime?," https://www.cfr.org/article/maduros-allies-who-backs-venezuelan-regime (검색일: 2019.6.06).

고 판단한다.[25]

중국이 마두로를 지지하는 이유에는 경제적 이유가 있다. 중국은 베네수엘라의 사회주의 정권을 지정학적 동맹이자 중요한 무역 파트너로 본다. 러시아가 베네수엘라에 많은 투자를 하였지만, 중국이 단연 베네수엘라의 최대 외국 채권자다. 지난 10년 동안, 베이징은 카라카스에 개발 프로젝트 투자와 그 대가로 향후 석유 수송을 위해 약 700억 달러를 대출해주었으며, 마두로 정권은 중국에 약 130억 달러의 부채를 지고 있다. 2018년 9월 시진핑 국가주석은 "모든 도움을 제공하겠다"고 약속하고 5억 달러 규모의 크레디트라인을 추가로 증설했다.[26] 정치적인 측면에서 베네수엘라에 대한 중국의 충성도는 카라카스의 채무상환 능력에 달려 있고 최근에 중국은 베네수엘라의 지불 불이행에 대해 점점 경계하여 야당과 일부 의사소통을 해왔다.[27] 그러나 중국도 러시아와 함께 유엔의 베네수엘라의 내정 간섭에 반대한다.

쿠바는 중남미에서 베네수엘라와 비슷한 이념을 가지고 있는 베네수엘라의 강력한 후원국이며 마두로 정권에 많은 보안과 군사 고문들을 제공해 군 서열들을 감시하고 많은 정보를 제공한다. 2000년부터 베네수엘라는 의약품이나 의사, 선생님 및 전문가 같은 분야에서 지원을 받는 대가

25 Anatooly Kurmanaev, "Why is Russia Helping Venezuela?," https://www.nytimes.com/2019/03/08/world/americas/russia-venezuela-maduro-putin.html (검색일: 2019.6.06).

26 Rocio Carra Labrador, "Maduro's Allies: Who Backs the Venezuelan Regime?," https://www.cfr.org/article/maduros-allies-who-backs-venezuelan-regime (검색일: 2019.6.06).

27 BBC, "Maduro and Guaidó: Who is supporting whom in Venezuela?," https://www.bbc.com/news/world-latin-america-47053701 (검색일: 2019.6.03).

로 쿠바에 값싼 석유를 제공하여 현재 베네수엘라에 약 2만 명의 쿠바인들이 거주한다.[28] 볼리비아도 제국주의가 다시 남아메리카의 민주주의와 자결에 큰 치명타를 입히려 하고 있지만, "우리는 다시 미국의 뒷마당이 되지 않을 것이다"라고 강력히 말했다.[29]

3) 재선거를 원하는 국가들

베네수엘라의 야당과 유럽연합은 베네수엘라에 재선거를 요구하며 유럽연합은 재선거 계획에 동의하지 않으면 추가 조치를 하겠다고 경고했다. 그러나 마두로는 이는 무례한 위협이라며 반박했다.[30] EU는 남아메리카 국가들과 국제 위기 그룹을 이끌고 90일 시한을 정한 새로운 선거를 모색하기로 합의했다. 이 그룹의 목적은 베네수엘라를 민주적인 방식으로 평화적이고 민주적인 자유로운 선거로 동행하는 것이다.[31] 그리고 이탈리아와 그리스를 제외한 대부분 EU의 17개국은 새로운 자유롭고 투명한 신뢰할 수 있는 대통령 선거가 있을 때까지 과이도를 유일한 합법적인 임시 대

•

28 Rocio Carra Labrador, "Maduro's Allies: Who Backs the Venezuelan Regime?," https://www.cfr.org/article/maduros-allies-who-backs-venezuelan-regime (검색일: 2019.6.06).

29 The Associated Press, "Many Latin American governments support Venezuela's Guaido," https://www.apnews.com/a2afc95ea98147ba998b718c15f7d7d7 (검색일: 2019.6.07).

30 김선미, "베네수엘라 마두로 "야당과 대화 용의…재선거는 NO," http://www.newspim.com/news/view/20190130000977 (검색일: 2019.6.07).

31 Robin Emmott, Alissa de Carbonnel, "EU parliament recognizes Guaido as Venzuelan interim president." https://www.reuters.com/article/us-venezuela-politics-eu/eu-parliament-recognizes-guaido-as-venezuelan-interim-president-idUSKCN1PP1HQ (검색일: 2019.6.07).

통령으로 인정하기로 했다. 바라드카르 이란 총리는 유럽연합은 "자신을 대통령이라고 선언하기보다는 자유롭고 공정한 선거의 승자를 지지하기"를 원한다고 말하였다.[32] EU는 베네수엘라에 국제적으로 관리되는 자유롭고 공정한 선거가 있어야 하고, 베네수엘라 국민들이 그들의 정부를 선택할 권리가 있어야 한다고 주장한다.

4) 의견 표명을 하지 않은 국가들

국제사회의 다양한 입장들 중 의견 표명을 하지 않거나 두 대통령 중 누구의 편에도 서지 않은 중립적인 국가들이 있다. 멕시코와 우루과이는 중립적인 입장을 표명했고 두 국가 모두 중재를 제의했지만, 과이도는 제안을 거절하면서 멕시코와 우루과이가 돕고 싶다면 중립을 지킬 수 없다고 말했다.[33] 멕시코는 대부분의 아메리카 대륙 입장들과 다른 입장이다. 로페스 오브라도르 정권 아래 전통적인 "엄격한 비간섭, 국제 분쟁에 대한 평화적 해결"이라는 외교정책으로 돌아왔다.[34] 그래서 베네수엘라 위

•

32 Jorge Valero, "EU reluctant to recognise self-proclaimed Venezuela president, calls for elections," https://www.euractiv.com/section/global-europe/news/eu-reluctant-to-recognise-self-proclaimed-venezuela-president-calls-for-elections/ (검색일: 2019.6.07).

33 Sinikka Tarvainen, "Venezuela's Guaido rejects mediation by 'neutral' countries," http://www.dpa-international.com/topic/venezuela-guaido-rejects-mediation-neutral-countries-190201-99-819249 (2019.6.08).

34 Katie Dangerfield, "Maduro vs. Guaido: Venezuela is split between leaders and the world is taking sides," https://globalnews.ca/news/4883630/venezuela-maduro-guaido-presidents/ (2019.6.07).

기에 간섭하고 싶지 않고 좌파인 오브라도르는 과이도 지지자 명단에 멕시코의 이름을 추가하는 것을 반복적으로 거부했다.[35] 또한 멕시코는 모든 국가들에게 이 위기에 대한 평화적인 해결책을 모색할 것을 촉구했으며 UN은 인도주의적 원조를 통해 분쟁을 해결하는 것을 도와야 한다고 말하였다. 멕시코 대통령은 양극화가 심한 문제에 관여해서 편을 들고 싶지 않아서 의견을 표명하지 않고 중립적일 것이라고 주장했고 베네수엘라와의 외교관계에 변화가 없다고 말했다.[36] 유럽에서 이탈리아는 과이도를 지지하는 우파 연맹과 그를 반대하는 5성운동 사이의 로마 연합정부 내 분열로 인해 베네수엘라 사태에 대해 중립적 입장을 선언했다. 이탈리아에서는 미국이 하는 모든 것이 안 좋게 보이는 오래된 인식이 있어서 베네수엘라에서 일어나고 있는 일이 미국 정치의 일부라고 믿는다. 또한 이탈리아는 새 대통령 선거를 지지하지만 베네수엘라의 내부 정치에 어떠한 간섭도 반대한다. 좌파 그리스 정부도 과거와는 달리 마두로에 대해 지지를 표명하지 않고 베네수엘라인들의 평화로운 해결책과 재선거만이 위기를 벗어날 수 있는 길이라고 말했다. 슬로바키아는 과이도를 임시 대통령으로 인정하지 않지만, 작년 마두로 재임 선거 결과도 인정하지 않는다.[37]

•

35 Dave Graham, Sharay Angulo, "Mexico president declines to take sides in Venezuela crisis," https://www.reuters.com/article/us-venezuela-politics-mexico/mexico-president-declines-to-take-sides-in-venezuela-crisis-idUSKCN1QF1R7 (2019.6.08).

36 The Associated Press, "Many Latin American governments support Venezuela's Guaido," https://www.apnews.com/a2afc95ea98147ba998b718c15f7d7d7 (검색일: 2019.6.07).

37 Aritz Parra, "European Union calls for 'free and fair elections' to end standoff in Venezuela," https://www.usatoday.com/story/news/world/2019/04/30/european-union-says-free-fair-elections-solution-venezuela-antonio-tajani-maduro-guaido/3631688002/ (검색일: 2019.6.07).

5) 국제사회내 각 입장들이 전개될 방향

두 대통령으로 나눠진 베네수엘라의 운명은 앞으로 어떻게 전개될까. 대부분의 국가들은 과이도 대통령을 지지하고 있는 상태다. 그래서 러시아, 중국, 그리고 쿠바가 마두로의 지지를 철회하면 마두로 정권의 실패가 증명될 수 있다. 반면에 그들이 원조를 늘리면 베네수엘라 사태는 더 장기화할 수도 있다. 트럼프 대통령은 베네수엘라 사태 해결을 위해 군사적 옵션을 포함한 모든 옵션이 테이블 위에 있다고 선언했다.[38] 하지만 군사적 옵션은 많은 국가들이 반대하고 미국도 아직은 외교적 수단을 우선시하고 있으며 러시아와 중국을 성급히 자극하기도 어렵다. 트럼프는 대선 레이스를 앞두고 라틴아메리카의 표심을 고려해서 선불리 베네수엘라에 개입 강도를 높일 것 같지는 않다.

러시아 입장에서는 마두로를 계속 지지한다면, 미국에 대한 베네수엘라 야당의 의존도를 높여 새 정부를 로비하여 로스네프트의 계약과 러시아 무기 계약 모두 취소될 수 있다. 그리고 러시아가 계속 마두로를 지지한다면 단기적으로는 러시아가 투자한 프로젝트들이 안전하지만, 모든 것을 잃을 수 있기 때문에 더 늦기 전에 협상테이블에 와야 한다. 러시아는 마두로 대통령을 확고히 지지하다가 최근 몇 주 사이에 야당과의 협상을 지지하거나 미국과 베네수엘라에 대한 회담을 제의하는 쪽으로 나아갔

38 D. Parvaz, "Trump considers military options in Venezuela that experts say will 'freak out' the hemisphere," https://thinkprogress.org/trump-military-option-venezuela-destablize-region-6e51c49b1c87/ (검색일: 2019.6.09).

다.[39] 이는 러시아 국방안보기관이 취한 강경 입장과는 대조적이다. 또한, 미국의 제재 의협은 베네수엘라에서 사업하던 러시아 기업들을 두렵게 하여 많은 기업들이 철회했다. 러시아는 베네수엘라 사태에 발언권을 갖기를 원하고 미국의 목소리도 점점 커지고 있다. 이러한 현황에서 베네수엘라 위기에 대해 제일 목소리가 큰 미국, 러시아, 중국, 쿠바, EU, 그리고 리마 그룹의 앞으로의 결정들을 지켜보아야 한다.

4. 베네수엘라 위기가 국제사회에 끼치는 영향

베네수엘라의 위기로 UN의 인도주의적 지원은 물론, 많은 국가들이 경제원조를 제공하고 있다. 제일 큰 파급력을 받은 국가들은 인접 국가들인 라틴아메리카다. UN에 따르면, 2017년에 베네수엘라 인구의 약 10%에 가까운 340만 명이 주변 중남미 국가들로 이주했다. 페루가 50만 6000명으로 두 번째로 제일 많은 베네수엘라인들을 보유하고 있으며, 칠레는 28만 8000명, 에콰도르는 22만 1000명이다. 아르헨티나, 브라질, 멕시코도 수 만명의 이주민들을 받았다.[40] 이로 인해 라틴아메리카에는 베네

•

39 Anatooly Kurmanaev, "Why is Russia Helping Venezuela?," https://www.nytimes.com/2019/03/08/world/americas/russia-venezuela-maduro-putin.html (검색일: 2019.6.06).

40 Megan Janetsky, "Across Latin America, Venezualans reel from a crisis that has no end in sight," https://www.worldpoliticsreview.com/articles/27764/across-latin-america-venezuelans-reel-from-a-crisis-that-has-no-end-in-sight (검색일: 2019.6.09).

수엘라인들에 대한 차별이 고조되고 있다. 라틴 아메리카 전 지역에 대규모의 인구 흐름에 의해 야기된 문제들이 점점 느껴지고 있다.

베네수엘라의 위기로 제일 큰 영향을 받는 남미는 아이러니하게 베네수엘라 문제에서 중요한 역할을 하지 않는다. 이는 남미가 베네수엘라 위기 해결을 위한 조치를 나서지 않은 대가를 치르고 있는 것이다. 남미 대륙은 자국 내에서 해결해야 할 경제적 및 정치적 문제도 많고 다른 국가를 도와줄 역량도 부족하다. 남미는 역사적으로 미국과 같은 외부의 간섭을 많이 받은 긴 역사를 가지고 있다. 그래서 1980년대에 남미가 민주주의로 이행하면서 이 지역은 외부로부터의 간섭을 줄이고 역내 단합 강화를 가장 중요한 외교 정책 목표로 삼았다.[41] 그러나 이는 제대로 실행되지 않아 남미는 베네수엘라 사태에 중요한 역할을 하지 못하여 아이러니하게 오늘 베네수엘라의 운명을 결정하는 것이 이들이 배척하려던 외부, 즉 미국과 러시아가 되어버렸다.

이 위기의 중요한 역할은 미국과 러시아지만, 남미 대륙에 퍼지고 있는 베네수엘라 난민 문제도 심각하다. 이에 대응하기 위한 협력을 강화하는 방안이 필요하다. 예를 들어 남미 지도자들의 역내 정상회의를 열고 베네수엘라 난민들을 어느 곳으로 이주시키고 거주지를 제공할지 등의 문제 논의가 필요하다. 페루, 칠레, 에콰도르처럼 난민 문제로 가장 큰 타격을 받는 국가들에 대한 보상금을 마련하는 방안 등을 모색해야 한다.

41 Oliver Stuenkel, "How South America Ceded the Field in Venezuela," https://www.foreignaffairs.com/articles/south-america/2019-01-31/how-south-america-ceded-field-venezuela (검색일: 2019.6.09).

베네수엘라 위기가 남미 지역 외에 미국, 러시아 및 국제사회에는 어떠한 파급력을 주는지 분석하고자 한다. 우선 베네수엘라 국영 석유회사(PDVSA)에 대한 미국의 제재는 베네수엘라 국민들의 기아와 의약품 부족으로 이어져 베네수엘라인들은 더 살기 어려워진다. 러시아와 중국은 베네수엘라에 투자한 개발 및 석유 프로젝트가 많고 베네수엘라가 이 국가들에 많은 빚을 지고 있어서 이 위기로 모든 것을 잃을 수 있어서 이 라틴아메리카 국가에 강경하게 간섭하려는 것이다.

5. 한국의 베네수엘라 위기 입장 및 이유 분석

국제사회가 베네수엘라 사태에 대해 다양한 입장을 표명한 가운데, 한국도 후안 과이도를 임시 대통령으로 인정한다고 선언했고 민주적이며 새로운 자유롭고 투명한 선거를 원한다고 말했다.[42] 한국 외교부의 선언은 미국에 동조해 새로운 정권을 창출하려는 베네수엘라 우파의 의지를 지지하겠다는 뜻이다. 또한 한국도 베네수엘라가 직면한 인도주의적 위기를 해결하기 위해 국제사회의 노력에 적극적으로 동참할 것이라고 덧붙였다. 그러나 한국은 베네수엘라 위기에 더 목소리를 높여 의견을 내세우지 않는다. 우선 한국 정부가 과이도를 임시 대통령으로 인정하면서 이러한 비판을 받았다. 국내 진보정당을 중심으로 우리 정부가 미국 제국주의 국가의

•

42 MOFA, "MOFA Spokesperson's Statement on Crisis in Venezuela," http://www.mofa.go.kr/eng/brd/m_5676/view.do?seq=320410 (2019.6.10).

내정간섭 행위에 동조했다고 비판하였다.[43] 당원모임은 베네수엘라 위기는 베네수엘라 국민들이 결정해야 할 문제인데 한반도는 3.1 운동 정신에 역행하여 미국의 내정간섭에 동조했다는 비판을 받았다.

베네수엘라 위기에 대한 한국 정부의 추가적인 입장 보도는 많이 없다. 그래서 한국이 이 위기 상황에 대해 추가적인 입장이 없는 이유와 앞으로 나아갈 방향에 대한 개인적 의견을 제시하고자 한다. 한국은 국내 정치적 문제도 많고 베네수엘라 위기는 너무 먼 나라의 문제라 국내 문제들에 비해 하찮아 보일 수도 있다. 그래서 이 사태에 대해 강력한 입장 표명이 없는 것 같다. 그러나 대부분의 국가들이 미국이나 러시아 뒤에 줄 서 있는 상태에서 위기가 더 장기화한다면 향후 한국은 미국을 따를 것 같다는 것이 개인적 의견이다. 한국은 미국과 동맹관계이며 역사적으로 미국에 많은 도움을 받아왔다. 미국이 한국 전쟁 때 한국을 도와주면서 우리나라는 미국에 의존하기 시작했고 미국의 영향을 많이 받아 자유민주주의 국가로 성장했고 동북아시아의 지역 안보와 평화에도 미국의 역할이 컸다. 그래서 한국은 역사적으로 미국의 도움을 많이 받고 미국과의 동맹관계로 인해 미국 뒤에 줄 서서 과이도를 지지할 것이라고 예측한다.

43 유하라, "한국, 베네수엘라 과이도 지지 선언 "미국 내정간섭 행위 동조···3.1운동 정신 역행," http://www.redian.org/archive/130350 (검색일: 2019. 6.10).

Ⅲ. 결론

1. 베네수엘라 위기의 국제사회 입장과 지향점

베네수엘라 위기는 점점 고조되고 있으며 '한 나라 두 대통령 사태'인 혼돈의 베네수엘라 위기의 심각성을 알리고 국제사회의 입장을 정리해보고자 한다. 국제사회는 미국 중심의 후안 과이도를 지지하는 국가들, 이와 대립하는 러시아 중심의 마두로를 지지하는 국가들, 재선거를 원하는 국가들, 의견 표명을 하지 않은 국가들로 세계는 엇갈린 반응을 보였다. 경제적 및 정치적 위기가 장기화할 수록 제일 큰 피해를 보는 것은 굶주리고 의약품 및 식량 부족, 질병 확산 등으로 시달리는 베네수엘라 국민들이다. 미국, 러시아, 중국, 그리고 쿠바가 하루빨리 협상테이블에서 타협해서 내정간섭을 할지, 새 선거를 열지, 베네수엘라 국민들이 스스로 선택할 수 있도록 할지를 정해야 한다. 그러나 대부분의 남미 국가 정치 문제와 같이, 베네수엘라 내의 가장 큰 세력은 마두로를 지지하는 베네수엘라의 군사와 핵심 지도층이다. 그래서 베네수엘라 군사와 지도층이 과이도를 지지할 수 있도록 설득하는 것이 가장 중요하다.

세계적인 편 가르기에 동참하고 싶지 않은 국가들도 있지만, 세계는 마두로 퇴진을 지지하는 미국 중심의 국가들과 현 대통령 정권의 존속을 지지하는 러시아 중심의 국가들로 팽팽히 맞서고 있다. 대부분의 국가들은 과이도를 임시 대통령으로 인정하고 러시아, 중국, 쿠바, 볼리비아 등이 마두로를 지지하고 있는 상태다. 베네수엘라 사태는 아직 해결되지 않은 이슈로써, 국제사회는 어떠한 방향으로 나아가야 할까. 대부분의 국가들이 과이도를 지지하고 합법적 당국을 옹호하는 상태에서 러시아, 중국, 그리고 쿠바가 마두로의 지지를 철회하여 협상테이블로 나오면 이 이슈는 해결될 수 있다. 민주주의를 강탈당한 베네수엘라는 현재 국민들이 시위하며 자유와 민주주의를 추구하는 것처럼 국민들의 편에 서서 민주적이고 자유적인 공정하고 투명하고 신뢰할 수 있는 선거를 거쳐 합법적으로 대통령을 뽑을 수 있는 새로운 선거가 필요하다는 것이 개인적인 주장이다. 최대한 군사적 개입의 가능성까지 가지 않도록 미국, 리마 그룹, 유럽연합 등이 모여 러시아와 중국과 베네수엘라 사태를 협상해야 한다. 또한, 마두로를 지지하는 베네수엘라 내 군사와 핵심 지도층을 과이도 편에 서도록 군사에게 보상금이나 관직을 마련하는 등의 장려책을 제공해야 한다.

이렇게 러시아, 중국, 쿠바와 베네수엘라 군사를 협상테이블로 불러 협상할 수 있으면 베네수엘라 위기는 군사적 개입의 가능성을 배제하고 민주적 방향으로 나아가 민주적이고 공정하고 투명한 자유 선거를 위해 노력할 수 있을 것이다. 예를 들어 남미 국가들은 마두로 정권의 고위급 관리들에게 망명을 허락해주는 장려책을 마련할 수 있다. 이는 달갑지 않은 일이지만 타협이 필요하고 이를 통해 마두로 정권의 우방을 설득시킬 수 있다. 궁극적으로는 무력의 가능성이 존재하므로 과이도와 마두로 두 대통령 사태가 국제사회의 무력 대결로 이어지지 않기를 바라는 바이다.

Ⅳ. 참고문헌

김선미. "베네수엘라 마두로 "야당과 대화 용의…재선거는 NO." http://www.newspim.com/news/view/20190130000977 (검색일: 2019.6.07)

김인오. "과이도vs마두로 시위 맞불…혼란 깊어지는 베네수엘라." https://www.mk.co.kr/news/world/view/2019/05/286486/ (검색일: 2019.6.03).

이하경. "[글로벌 돋보기] '세계 경찰' 아니라더니…트럼프의 베네수엘라 개입 이유는?" http://news.kbs.co.kr/news/view.do?ncd=4193367&ref=A (검색일: 2019.6.03).

유하라. "한국, 베네수엘라 과이도 지지 선언 "미국 내정간섭 행위 동조···3.1운동 정신 역행," http://www.redian.org/archive/130350 (검색일: 2019. 6.10).

한겨레. "베네수엘라 과이도, 군사 봉기 시도…마두로 "군부 충성 확고." http://www.hani.co.kr/arti/international/america/892190.html#csidx4f3380f10029ab0a2abd8b23ab2e3ab (검색일: 2019.6.03).

Alex Ward. "Why thousands of protesters — and Trump — are demanding Venezuela's president step down." https://www.vox.com/world/2019/1/23/18193533/venezuela-maduro-protest-guaido-pence-trump-23-enero (검색일: 2019.6.02).

Ben Chu. "Venezuela: How the most oil rich nation on earth was brought to the brink of collapse." https://www.independent.co.uk/news/business/analysis-and-features/venezuela-nicolas-maduro-economy-crisis-oil-prices-explained-history-hugo-chavez-a8494696.html (검색일: 2019.6.02).

Brian Walker, Tiffany Ap. "Venezuela's opposition party wins parliament in a blow to Maduro." https://edition.cnn.com/2015/12/07/americas/venezuela-oelections/index.html (검색일: 2019.6.03).

Vox Staff. "Presidential crisis in Venezuela." https://www.vox.com/

world/2019/1/24/18196026/venezuela-president-protest-maduro-guaido (검색일: 2019.6.02).

BBC. "Maduro and Guaidó: Who is supporting whom in Venezuela?." https://www.bbc.com/news/world-latin-america-47053701 (검색일: 2019.6.03).

Aljazeera. "European nations recognise Guaido as Venezuela's acting president." https://www.aljazeera.com/news/2019/02/european-nations-recognise-guaido-venezuela-acting-president-190204122026259.html (검색일: 2019.6.04).

Rocio Carra Labrador. "Maduro's Allies: Who Backs the Venezuelan Regime?." https://www.cfr.org/article/maduros-allies-who-backs-venezuelan-regime (검색일: 2019.6.06).

Anatooly Kurmanaev. "Why is Russia Helping Venezuela?." https://www.nytimes.com/2019/03/08/world/americas/russia-venezuela-maduro-putin.html (검색일: 2019.6.06).

The Associated Press. "Many Latin American governments support Venezuela's Guaido," https://www.apnews.com/a2afc95ea98147ba998b718c15f7d7d7 (검색일: 2019.6.07).

Robin Emmott, Alissa de Carbonnel. "EU parliament recognizes Guaido as Venzuelan interim president." https://www.reuters.com/article/us-venezuela-politics-eu/eu-parliament-recognizes-guaido-as-venezuelan-interim-president-idUSKCN1PP1HQ (검색일: 2019.6.07).

Jorge Valero. "EU reluctant to recognise self-proclaimed Venezuela president, calls for elections."https://www.euractiv.com/section/global-europe/news/eu-reluctant-to-recognise-self-proclaimed-venezuela-president-calls-for-elections/ (검색일: 2019.6.07).

Sinikka Tarvainen. "Venezuela's Guaido rejects mediation by 'neutral' countries." http://www.dpa-international.com/topic/venezuela-guaido-rejects-mediation-neutral-countries-190201-99-819249 (2019.6.08).

Katie Dangerfield. "Maduro vs. Guaido: Venezuela is split between leaders and the world is taking sides." https://globalnews.ca/news/4883630/venezuela-maduro-guaido-presidents/ (2019.6.07).

Dave Graham, Sharay Angulo. "Mexico president declines to take sides in Venezuela crisis." https://www.reuters.com/article/us-venezuela-politics-mexico/mexico-president-declines-to-take-sides-in-venezuela-crisis-idUSKCN1QF1R7 (2019.6.08).

Aritz Parra. "European Union calls for 'free and fair elections' to end standoff in Venezuela." https://www.usatoday.com/story/news/world/2019/04/30/european-union-says-free-fair-elections-solution-venezuela-antonio-tajani-maduro-guaido/3631688002/ (검색일: 2019.6.07).

D. Parvaz. "Trump considers military options in Venezuela that experts say will 'freak out' the hemisphere." https://thinkprogress.org/trump-military-option-venezuela-destablize-region-6e51c49b1c87/ (검색일: 2019.6.09).

Megan Janetsky. "Across Latin America, Venezualans reel from a crisis that has no end in sight." https://www.worldpoliticsreview.com/articles/27764/across-latin-america-venezuelans-reel-from-a-crisis-that-has-no-end-in-sight (검색일: 2019.6.09).

Oliver Stuenkel. "How South America Ceded the Field in Venezuela." https://www.foreignaffairs.com/articles/south-america/2019-01-31/how-south-america-ceded-field-venezuela (검색일: 2019.6.09).

MOFA. "MOFA Spokesperson's Statement on Crisis in Venezuela," http://www.mofa.go.kr/eng/brd/m_5676/view.do?seq=320410 (2019.6.10.).

4

탈식민주의 관점에서 바라본 중국의 대아프리카 외교

정치외교학과
이화진

요약 서구권 국가들과 다른 형태의 원조 방식을 추구하며 신흥강국으로 부상한 중국은 아프리카에 대한 막대한 원조를 진행하며 영향력을 넓히고 있다. 중국은 정경분리와 내정 불간섭주의를 표방하며 경제적 동반자 관계임을 주장한다. 그럼에도 불구하고 중국이 행하는 외교정책에 내재된 식민성을 바로잡기 위해서 탈식민주의적 관점에서 문화 ODA를 제시하고자 한다. 문화 ODA를 통한 문화적 접근은 수원국인 아프리카 국가들이 지닌 전통문화를 보존하고, 그들이 보유한 문화유산을 보호하고 개발함으로써 빈곤 감소와 문화 발전의 토대를 이루는 것을 의미한다. 아프리카에 대한 중국의 일방적인 원조의 지속성에는 분명 한계가 존재할 것이다.

단기적인 관점에서 현재 중국의 對아프리카 외교정책은 중국에게 막대한 이익이 되는 것처럼 보이지만, 장기적인 관점에서 아프리카는 중국에 지속적으로 많은 것을 요구하며 의존할 것이고 이렇게 일방적인 관계를 유지하는 것은 중국에게 큰 부담이 될 것이다.

I. 서론

1. 연구 주제

필자는 본 논문에서 '중국의 對아프리카 외교정책'에 대해 탈식민주의적 관점에서 문제점을 지적하고 아프리카에 대해 중국이 외교정책을 펼치는 데에 있어 나아가야 할 지향점에 대해 제시하고자 한다. 현재 중국은 아프리카에 차관을 제공하거나 기술원조를 하는 등의 공적개발원조를 행하고 있다. 아프리카는 과거 서구열강에 의해 식민지배를 받았다. 이후 '식민지'의 개념이 사라지면서 아프리카는 아프리카만의 '정체성'을 형성할 것처럼 보였다. 그러나 중국이 활동영역을 넓히면서 아프리카에 경제, 에너지, 자원, 교육 등 여러 부분에 대해 지원을 시작했고, 중국과 아프리카는 공여국-수원국의 관계를 형성하게 되었다. 중국은 현재 아프리카에 증여, 차관, 배상, 기술원조 등을 행하고 있다. 중국은 공적개발원조는 중국의 가치관과 이익이 내재되어 있는데, 이는 곧 중국의 지원이 아프리카의 식민지화로 이어질 수 있다는 것이다. 이에 따라 1) 對아프리카 정책의 배경 및 전개에 대해 살펴보며, 2) 對아프리카 외교정책을 행한 국가들 중 중국을 중심으로 위계적인 관계를 형성하는 정책(외교정책의 기조, 경제원조, 자원 및 에너지외교)과 이에 대한 문제점을 제기하며, 3) 중국의 對아프리카 외교정책에 대해 탈식민주의적 관점에서 지향점을 제시하고자 한다.

2. 연구 배경 및 목적

아프리카 원조에 대해 유럽연합 국가들과 중국은 오랜 시간 동안 대립적인 시각을 펼쳐 왔다. '원조 문화'는 공여국(유럽연합, 중국 등)이 원조를 행할 때, 수원국(아프리카)에 대해 일련의 규칙 및 규범들을 요구함으로써 공여국의 발전경험이 자연스레 수원국에 정착되는 것을 부정할 수 없다. 유럽연합(EU)은 인권, 굿 거버넌스 등의 국제사회가 규정해놓은 규범을 강조하며 경제협력개발기구의 개발원조위원회(DAC: 벨기에, 캐나다, 프랑스, 독일, 이탈리아, 포르투갈, 영국, 미국, 네덜란드, 일본 등)를 통해 무상원조를 기반으로 하는 다자적 국제원조체제를 형성해왔다. 반면에 중국은 내정불간섭원칙을 고수하며 양자관계라는 틀에서 무역, 투자 영역과 연계되어 있는 부분에서 원조를 점차 늘려나가고 있다. 아프리카는 2000년대에 들어서면서 원조가 핵심적인 원조 지역으로 부상하게 되었다. 유럽연합 국가들과 중국이 아프리카에 행하는 원조의 성격은 확연히 다른데, 유럽연합은 21세기 국제원조 체제를 개혁하는 실험장으로써, 중국은 에너지와 자원외교 그리고 소프트파워를 행하는 실험장으로써 아프리카에 주목하였다. 이에 따라 아프리카에 대한 유럽연합과 중국의 원조방식에서 기인한 차이는 아프리카를 중심으로 유럽연합과 중국 간의 갈등적이고 경쟁적인 원조 행태로 이어진다.

이러한 공여국과 수원국 간의 계급구조가 필연적으로 형성되므로 공여국 중국이 아프리카에 행하는 정책 및 지원에 대해 탐구하고자 한다. 중국은 표면적으로 정경분리와 내정불간섭을 원칙으로 내세우며 식민구조를 지양하고 있음을 주장한다. 그럼에도 불구하고 아프리카에 대해 중국이 행한 정책들을 살펴봤을 때, 아프리카에 상당부분 간섭하고 있는 모순적인 상황이 발생하고 있다. 경제적 이익을 실현하기 위해 아프리카로 하여금 지하자원을 확보하려 원조 및 투자를 행하고 있으며, 아프리카를 새로운 시장으로써 인식하고 있다. 또한 전통적인 양자관계를 강화하려는 노력의 일환으로 정상외교를 다자외교로 확대하기로 했다. 필자는 한 국가가 원조를 행하는 데에 국익추구가 필연적이라는 데에는 동의한다. 그러면서도 한편으로는 중국의 지원이 아프리카로 하여금 과거 서구권 국가들로부터 형성된 지배-피지배 구조보다 훨씬 더 위계적이고 종속적인 상하구조를 형성할 것이라고 본다. 따라서 탈식민주의적 관점에서 중국의 對 아프리카 외교정책의 내용과 지향점, 그리고 한계에 대해 논의할 것이다. 이에 대해 문화적 접근을 기반으로 한 원조가 중국과 아프리카 간의 위계를 완화할 수 있다고 간주하여, 문화 ODA와 아프리카만의 고유한 정체성 형성을 위한 지향점을 제시할 것을 목표로 연구를 진행하려 한다.

Ⅱ. 본론

1. 對아프리카 정책의 배경 및 전개

1) 서구권 국가의 對아프리카 정책

경제협력개발기구(Organization for Economic Cooperation and Development, OECD)의 개발원조위원회(Development Assistance Committee, DAC)는 국제개발협력체제 및 국제원조체제의 핵심적인 조직이다.[1] 1960년에 원조를 행하는 주요 국가들이었던 독일, 미국, 벨기에, 영국, 이탈리아, 포르투갈, 프랑스, 캐나다가 개발원조 그룹을 형성하고 이어 네덜란드와 일본이 참여하면서 DAC가 활동하게 된다. DAC에 속한 국가들은 개발도상국 원조액의 대부분을 지원하며 ODA 비전과 미션 그리고 원칙 등에 대해 논의하고 조정한다. OECD DAC는 공적개발원조를 개발도상국의 경제발전이나 복지증진을 주목적으로 중앙정부이든 지방정부이든 정부에 의해 개발도상국이나 다자기구에 지원되는 자금으로서 증여율이 25% 이상인 양허성 조건의 자금으로 정의한다.[2] DAC 회원 선진 공여국이 구축한 국제원조체제는 상호 조화를 중심으로 이루어지며 무상원조

•

1 이숙종. "EU와 중국의 對아프리카 ODA문화 : 갈등과 협력 논쟁을 중심으로." 『국제지역연구』 Vol.21 No.1. (2012), p.58.

2 이숙종 (2012), p.62.

로 행해진다. 또한 수원국 정부의 권한을 중요시 하는 비구속성 성격의 원조로 진행된다. 원조는 거버넌스 개혁이라는 조건 하에 진행되며, 상업적 활동과 원조가 엄격하게 분리되어 행해져야 함을 주장하며 수원국의 빈곤퇴치를 우선으로 한다. 아프리카에 영향력을 행사하며 지배적인 관계를 형성했던 EU의 경우엔 민주화가 더딘 수원국들을 지적하며 비민주적인 국내정치를 외면하여 무조건적으로, 혹은 상업적으로 원조를 행해서는 안됨을 명확히 주장한다. DAC의 공여국들이 공유하는 ODA 모델은 개발도상국 경제발전과 복지를 주요 목표로 하는 비구속적 양허성 공적 원조만을 ODA로 규정할 뿐만 아니라 DAC 공여국들의 원조행위를 규칙과 규범에 따르는 규율 및 레짐을 포함하고 있다.[3] 그 이유는 양허성이 낮은 차관 및 수출신용들이 감당하기 힘든 부채로 이어질 수 있기 때문이며 규범을 준수하는 레짐을 추구함으로써 수원국으로 하여금 거버넌스, 투명성, 책무성 등의 개혁을 요구하여 발전을 도모하려 한다. 즉 수원국을 배려한 투자를 행하여 공여국의 기업 및 압력으로 비생산적인 프로젝트가 진행되는 것을 방지해야 한다는 것이 선진 공여국의 주장이다. 선진 공여국의 대표집단인 EU의 경우 세계 원조의 큰 부분을 점하고 있고, 원조를 설계하는 데에 전문성을 지니며, 정책-실행 간의 일관성을 추구하고, 조정 및 조화를 추구하는 역할을 지속적으로 표방하였다. 이와 더불어 굿 거버넌스, 인권, 국제법, 선진국과 개도국 간의 연대 등을 추구하면서 의미 있는 개발정책을 연구 및 실시해왔다. 즉 EU의 아프리카 전략을 살펴보면, 상

3 이숙종 (2012), p.69.

호 인정과 존중, 정치적 상업적 협력에 기초한 연계 발전 파트너십, 외부로부터 강요되지 않고 수원국이 전략과 개발정책을 통제하는 오너십 3가지 원칙을 추구한다.[4] 이를 실현하기 위한 방안으로 평화, 안보, 굿거버넌스의 가치를 중시하며, 빈곤을 감축하고 거시경제의 안정을 도모하고, 경제성장을 촉진시키기 위해 노력하고 있다. 뿐만 아니라 인프라 파트너십과 교통 프로그램, 취약층에 대한 사회 안전망 구축과 교육 및 보건 지원, 고용정책, 환경정책 등을 망라하고 있다.[5] 이를 통해 EU 공여국들이 궁극적으로 추구하고자 하는 것은 아프리카의 오너십과 원조 공여국들의 조화를 다자체제로 구축함으로써 안정적인 원조체제를 형성하는 것이다. EU는 규범세력(normative power)으로써 국제사회에서 인권, 민주주의, 굿 거버넌스 등의 가치를 확산시키고 수호하는 역할을 하는데, 이것을 아프리카에 대한 원조에 투영하여 규범적 영향력을 확대하고자 했던 것이다.

2) 중국의 對아프리카 정책

중국 외교정책의 일환인 대외원조정책에 대해 보면, 1950년대의 경우, 냉전시대에 이념의 대립 하에서 반제국주의, 반패권주의, 반식민주의 이념을 내세우며 개발도상국들과 우호적 관계를 형성하려 하였다. 개혁개방 이후 80~90년대에는 급속한 경제성장을 추진하였는데, 지속가능한 성장을 위해 에너지 자원을 확보하고 새로운 시장을 개척함으로써 동력을

•

4 이숙종 (2012), p.75

5 이숙종 (2012), p.76.

얻고자 하였다. 2000년대에 이르러서는 강대국으로서의 역할을 수행하려는 의지를 보이면서 자원 확보는 물론, 해외직접투자의 시장을 개척하려는 목적 하에 대외원조정책이 이루어졌다. 중국의 아프리카에 대한 대외원조정책은 시대에 따라 목적이 약간씩 변하는 듯 하지만 큰 맥락에서는 자국의 이익을 추구하는 것을 바탕으로 하고 있다. 즉 표면적으로는 인도주의적인 원조를 내세우고 있지만, 중국식의 '호혜주의와 내정불간섭', '상환 시 현물로 결제가능', '최소 25%의 무상증여 포함' 등은 기존 서방국가들의 원조 체제 및 관행과 상반된 모습을 보인다.

고도의 경제성장을 이룬 중국은 원조에 대해 수원국의 입장에서 벗어나 공여국으로 거듭났다. 중국은 개혁개방 이후에 경제성장이 이루어지면서 미국과 함께 국제사회에서 G2로 자리매김 하였는데, 국제무대에서 부상한 중국의 경제력과 군사력에 상응하는 소프트파워적인 면모를 보여주는 도구로서 대외원조를 행한다는 것이다. 이로 하여금 중국은 국제사회에서 대국의 책임감 있는 이미지를 형성하고, 영향력을 확대하며 지위를 견고히 하고자 한다. 기존과 다른 원고공여방식으로 대외경제규모를 넓혀가는 중국의 움직임에 따라 국제원조체제를 지지하던 국가들이 중국의 대외원조방식에 주목하였다. 앞서 말했듯이 미국, 일본, 유럽연합(EU) 등의 선진국과 세계은행, 국제통화기금 등이 형성한 국제원조체제는 대외원조를 행하는 조건으로 아프리카로 하여금 인권개선과 개혁을 하도록 요구했으나, 중국은 이와 상반된 정책을 펼친다. 경제발전을 위해 내정불간섭 원조를 내세우며, 아프리카 국가들이 필요로 하는 실질적인 지원을 해줄 것을 표방하고 있다. 그러나 중국의 대외원조정책이 자국의 정치적 혹은 경제적 이익 추구와 완벽하게 분리될 수 없기에 비난의 목소리가 대두되고 있는데, 중국의 對아프리카 외교정책은 자국의 경제성장을 도모하는 데에 필요한 에너지 및 자원을 확보하려는 목적이 내재되어 있기 때문이다. 책임감 있는 강대국으로서의 역할을 수행하려는 중국은 국제기구와의 협력적인 원조를 확대하는 등의 노력을 보이고 있지만, 원조체제의 과정이 분절화되고 투명성이 결여되어 있기에 지적의 대상이 된다는 것이다.

2. 탈식민주의적 관점에서 본 중국의 對아프리카 외교정책

1) 조화로운 균형자

중국은 외교 원칙으로 내정불간섭을 표방하고 있다. 외부자가 중국의 내정에 간섭하는 것에 대해 민감하기 때문이다. 중국의 인권 문제는 티베트 민중봉기, 천안문 사태와 같은 일련의 사태를 겪으면서 미국과 같은 서구 국가들의 인권에 대한 논의의 쟁점으로 대두되어 왔다. 그러던 중 90년대 중반 이후, 인권 유린에 대해 유엔 인권위원회로부터 수 차례 비난을 받았던 중국에 아프리카 국가들이 중요한 역할을 하게 된다. 일부 아프리카 국가들이 중국의 입장을 지지하는 성명을 제시하고 에티오피아 의회의 경우에는 2006년 '반분열국가법'이라는 중국의 법안을 지지하는 결의안을 통과시킴으로써 중국의 난처한 입장을 옹호해주기도 했다.[6] 중국이

•

6 백주현, 조원빈. "중국의 대 아프리카 외교전략 변화." 『국제지역연구』 Vol.20 No.5. (2017), p.129.

표방하는 내정 불간섭주의는 자국에 국한된 것이 아니라 아프리카에도 연계된다. 아프리카 국가들에 대해 중국이 추구하는 내정 불간섭주의의 의미는 순수 비즈니스 전략으로 접근하겠다는 것인데, 이는 수단의 사례에서 확인할 수 있다. 수단은 두 차례의 내전을 겪으며 인권 유린으로 미국과 서방 국가들의 질타를 받게 된다. 이때 중국은 내정 불간섭주의 정책의 일환으로 수단의 인권정책에 대해 아무런 의사를 밝히지 않은 채, 정유소를 건설하고 송유관을 설치하였다. "Business is Business"를 언급하며 비즈니스와 정치가 분리되어야 한다는 정경분리 기조를 강조하면서 수단 문제는 수단 내에서 해결되어야 함을 명시했다. 이와 더불어 서방의 국가들로 하여금 보편적인 것이라고 여겨지는 민주주의 체제를 아프리카 국가들에 강요하며 수입과 수출을 제한하는 것은 옳지 않은 일이라 주장하였다. 중국의 정경분리 정책은 아프리카 국가들이 반감을 갖지 않으면서 중국의 지원을 긍정적으로 인식하고 발전을 도모할 수 있는 기조임이 분명하다. 정치적 요소가 결합되면 갈등으로 이어지기 쉬운데, 정치와 경제를 분리하여 경제적 측면에서 협력을 진행하고, 이후 교류를 통해 일정부분 정치적 협력까지 도모할 수 있다면 금상첨화일 것이다. 그러나 중국이 표방하는 정경분리, 내정 불간섭주의 하에 진행되는 원조들을 살펴보면 진정 정경분리 및 내정 불간섭주의를 기반으로 하는 것인지에 대한 의문이 제기된다. 이와 더불어 아프리카 국가들의 경제발전은 물론 사회적, 정치적 안정이 이루어지고, 이후에 민주화가 실현되었을 경우에, 인권이나 군사적 충돌(분쟁)에 대해 정경분리, 내정 불간섭 기조 하에 소극적인 태도로 교류를 이어나가게 되면 궁극적으로는 혼란과 비난으로 이어질 가능성이 있다. 정경분리, 내정 불간섭주의를 표방하는 중국의 기조와 실제로 중국이 행하고 있는 여러 외교 정책들의 본질에서 발견되는 중국의 정치적 이익의 모순으로 대변되는 미묘한 균형자(Delicate balancer)가 아닌 G2의 위상에 부합하는 정치와 경제의 조화로운 균형자(Harmonious balalncer)로서의 역할을 항상 염두에 두고 對아프리카 정책을 펼쳐야 할 것이다.[7]

2) 경제외교

중국의 對아프리카 외교정책은 경제이익을 기반으로 전개된다. 중국은 현재 대외원조, 해외직접투자 등을 통해 아프리카와 경제적으로 우호적인 관계를 형성하고 확대하려 노력하고 있다. 신흥 원조공여국으로 등장한 중국은 '남남협력'을 내세우며, 막대한 원조를 아프리카에 행하고 있다. 특히 FOCAC를 통해 구체적으로 아프리카 원조를 행하고 있으며, 3년 주기로 정기적인 포럼을 통해 개발원조를 약속하고, 경제협력을 공고히 하고 있다. 그러면서도 중국은 대만에 대해 '하나의 중국'을 지지하며 아프리카 국가들 중에서 대만을 국가로 인식하고 외교관계를 형성 및 유지하는 국가에는 경제원조를 일절 제공하지 않음으로써 정치적 이익도 추구하고 있다. 중국의 원조는 통상적으로 DAC 소속 선진 공여국이 주도하는 국제원조 체제와 대조되는 모습으로 모델화되어 왔다.[8] 중국의 금융기관들은 서방기업들에게 요구되는 엄격한 책임성과 투명성의 원칙에 얽매이지 않고

•

7 안승준. "중국의 대 아프리카 외교 정책 : 수단의 석유자원과 관련하여." 『Asian Journal of African Studies』 Vol.32 No.-, (2012), p.127.

8 이숙종 (2012), p.65.

자국의 기업에 저리로 융자를 제공함으로써 낮은 금리로 제공된 자금이 아프리카에 진출한 중국 기업의 경쟁력을 높일 수 있는 기회로 이어진다.[9] 즉 중국이 행하는 아프리카에 대한 경제원조는 중국의 시장과 정치적 이익을 추구하는 방법으로써 아프리카에 주어지는 이익보다 중국이 얻는 이익이 훨씬 더 크다는 것을 확인할 수 있다.

對아프리카 인프라 건설 사업 또한 중국의 경제외교의 일환으로 큰 효과를 거두는데, 이를 통해 중국의 기업을 아프리카로 이전함으로써 이익을 추구하고 있다. 인프라 건설 사업의 시작은 이후에 지속될 인프라 공사 시장을 선점할 수 있으며, 공사에 대한 대가로 관련 사업의 사용권과 이후에 얻어지는 자원을 확보할 수 있다는 것이다. 무엇보다도 공사를 진행하는 데에 있어 대부분의 과정을 중국 기업이 담당하게 되는데, 인프라 건설 사업이 아프리카에 지원한다는 명목 하에 전개되지만, 사업 진행 과정이나 완료 이후에 중국이 지속적으로 관여하고 영향력을 행사할 수 있다는 점에서 아프리카 자체에 대한 발전이 아니며 위계적인 구조로 이어질 수 있다는 한계가 존재한다.

중국 정부는 중국과 아프리카 간의 활발한 교역을 지지하고 있다. 많은 품목들이 오가고 있는데, 중국이 아프리카로부터 수입하는 것들은 원자재(비금속자원, 광물자원)의 비중이 높고, 수출 품목의 경우, 노동집약적인 제품(기계, 섬유, 플라스틱 등) 위주이다. 이를 통해 중국이 아프리카로부터 중간재를 수입하고 공업 제품으로 가공하여 아프리카로 수출하고 있는 구조

•

9 백주현, 조원빈 (2017), p.122.

임을 확인할 수 있다.[10] 이러한 무역구조가 흔히 선진국과 개발도상국 간에 전개되는 행태라고 하지만, 이것이 표면적으로 드러나지 않는 식민구조를 형성한다.

뿐만 아니라 중국은 아프리카를 새로운 소비시장으로 인식하고 있다. 중국은 아프리카 시장에 저가전략으로 선점하고 있으며, 수출구조를 점차 고부가가치 산업을 중심으로 재편하고 있다는 것이다. 고속 경제 성장을 이룬 중국의 시장경제화는 선진국으로 하여금 무역마찰을 야기했다. 즉 국내 경제의 악화로 아프리카가 해외시장으로 대두되게 되고, 아프리카로 제조업 공장을 이전한 것이다.

3) 자원 및 에너지외교

중국은 아프리카의 천연자원을 확보함으로써 경제이익을 추구하고 있다. 제조업을 중심으로 발전한 중국은 자원과 에너지의 소비 역시 고속 성장에 비례하여 급증했다. 이는 중국이 세계 제2위의 에너지 소비 대국으로 자리매김하도록 하였으며, 1993년과 1997년에 각각 석유 순수입국, 자원 순수입국이 되었다. 적신호가 켜진 에너지 안보 상황을 타개하고자 중국은 안정적인 석유 공급과 전략 자원의 공급의 수요가 불가피한 핵심이익으로 자리잡게 되었다. 이에 따라 중국은 해외 에너지 시장에 적극적으로 진출하게 되는데, 아프리카의 미탐사 지역이 중국의 핵심적인 원유조달

10 백주현, 조원빈 (2017), p.125.

처로써 각광받게 된다. 중국의 공세적인 아프리카 진출은 석유를 확보하고 광물자원을 수입하기 위한 것이었다.

아프리카에 대한 중국의 자원 및 에너지외교는 2000년대로 접어들면서 확대되었다. 이전의 아프리카에 대해 중국이 행한 외교는 유엔총회의 지지를 점하려는 외교적 목적이 뚜렷했으나, 원조백서에서 확인할 수 있듯이 중국 경제 발전과 더불어 1980년대 동안 경제적 성격으로 변환되었다. 이에 따라 1990년대 양자 및 다자 원조체제를 구축하게 되고, 이후에 자원과 에너지 공급을 중심으로 아프리카에 대한 원조가 본격적으로 행해지게 된다. 중국은 과거 식민지배를 받았던 아프리카에 대해 반식민지 이념을 내세워 동맹을 맺는 것을 초월하여 아프리카는 투자통상 파트너로써 인식한다는 관점의 전략을 내세우고 있다. 이에 대한 원인을 중국의 지속적 산업화에 필요한 자원과 에너지를 확보하기 위한 지역이 아프리카이며, 중국이 자국의 경제발전과 관련하여 성공모델을 아프리카에 전파함으로써 우위를 점하려는 국익추구에서 기인한 것이라고 본다.

4) 아프리카 내부의 반응

아프리카 대륙을 식민지배 했던 유럽 국가들은 자국의 식민지들을 중심으로 활동 영역을 넓혀갔다. 이와 달리 중국은 자원부국이라 일컬어지는 아프리카 내 국가들뿐만 아니라 그 외의 아프리카 국가들과의 경제협력도 진행함으로써 아프리카 대륙 전체에 대한 경제적 영향력을 확대하였다. 이러한 중국의 對아프리카 외교정책에 대해 아프리카 국가들의 반응은 긍정적인 측면과 부정적인 측면이 공존한다. 중국이 아프리카 대륙에 지원을 하는 가장 큰 목적이 자원일 것임을 인지한 아프리카 국가들은 중국으로 하여금 자국이 자원식민지가 될 수 있다는 것에 대한 경계를 항시 갖고 있다. 그럼에도 중국이 자원 확보를 목적으로 아프리카 대륙에 막대한 투자 및 원조를 진행하고 있다는 점에서 결국 중국의 對아프리카 투자가 아프리카 대륙의 전반적인 경제성장에 도움이 될 것이라는 주장 또한 큰 지지를 받는다.

중국은 대륙을 자원식민지화하고 있다는 아프리카 대륙의 반발을 의식하여 아프리카 국가들에 대한 원조확대, 부채탕감, 무역특혜 제공 등 비 자원 분야에서의 경제협력을 확대하였다.[11] 중국이 아프리카로 하여금 얻을 수 있는 국가 이익은 중국경제의 성장과 연계된 원자재 공급원, 수출시장 등에 국한되지 않는다. 아프리카 국가들이 반둥회의 이후 미국을 경계하면서도 사회주의 국가개혁을 강력하게 주장하는 구소련보다는 중국과의 외교적 관계를 형성하는 것을 원했기에 중국은 아프리카 대륙의 정치경제적 문제에 깊이 관여해왔음을 확인할 수 있다. 1950년대 말부터 1960년대 초를 거치면서 아프리카 국가들에게 외세 강점의 역사적 경험을 공유하면서 극빈의 농업중심 국가로 공감대를 형성함과 동시에 아프리카와 중국의 협력관계에 있어 중국이 미국과 소련의 극단적 이념 확산에 대한 대응을 지원할 것을 약속하며 반제국주의 운동을 격려한 것이 중국과 아프리카 간의 공감대 형성으로 이어졌다.[12]

•

11 최동주. "21세기 중국-아프리카 관계에 대한 비판적 분석." 『한국아프리카학회지』 Vol.28 No.1. (2008), p.224.

12 최동주 (2008), p.225.

독립 초기 실용주의적인 중국의 사회주의는 아프리카 국가 지도자들로 하여금 지지를 받았다. 특히 농업분야의 교역을 지속적으로 유지하면서 유럽 식민통치국가와의 불평등하고 불균등한 무역구조를 해소하는 데 큰 도움을 얻을 수 있었다. 또한 인도적 지원으로 아프리카 국가들이 형성하고자 하는 국가이미지를 만들어내는 데에도 큰 기여를 했다. 그러나 중국의 문화혁명기가 지속되고, 구소련과 적대적인 관계가 지속됨에 따라 아프리카는 이전과 다르게 중국을 인식하게 된다. 아프리카 내의 분쟁에 대해 중국이 어떠한 역할도 하지 못함으로써 중국과 아프리카 간의 관계가 흔들리게 된다. 그러나 1989년 6월 중국은 천안문 사태를 겪으며 국제사회에서 고립될 위기에 처하게 되고 아프리카 국가들의 지지를 얻어 국제사회로 편입하고자 하였다. 이 시기에 아프리카 국가들 역시 중국에 대해 우호적인 입장을 표명했는데, 당시 아프리카 국가들의 대부분이 국제사회에서 보편적인 가치라 일컬어지는 민주주의에 대한 압력에 시달리고 있어 강대국 중국과의 외교적 관계를 형성함으로써 국제사회의 압력에 맞서고자 하였다.

국제사회가 가하는 이념적인 부분에서 압력은 아프리카로 하여금 중국과의 협력하도록 하였으나, 때때로 중국의 지원이 못마땅한 수준에 이르는 경우에 대해서는 불만을 표하기도 하였다. 즉, 중국의 외교정책과 지원이 시대에 따라 변화하고 있고, 이에 대해 아프리카 내부의 반응 역시 시시각각 변화하고 있다. 민주화의 가치를 일방적으로 주입하려는 국제사회에 대해 아프리카는 중국의 지원을 얻어 대응하려 하고 있다. 다만 중국과 협력하는 것이 경제 및 자원, 에너지외교 등의 가시적인 이익과 연계된 분야로 확장되고 있고, 이 부분에 대해서도 중심적이고 핵심적인 역할은 중국의 의지에 따라 좌지우지 되므로 이에 대한 걱정과 경계심은 항시 존재한다는 것이다.

3. 탈식민주의적 관점에서 중국의 對아프리카 외교정책 지향점

1956년 7월 이집트 대통령 나세르의 수에즈 운하 국유화 선언을 기점으로 1960년 한 해에만 무려 17개국의 아프리카 국가들이 독립에 성공해 '아프리카의 해'가 만들어지는 등 아프리카 국가들이 정치적 독립을 이루었다. 그럼에도 불구하고 아프리카 국가들을 논하는 데에 있어 식민성과 관련된 담론이 정치 환경에서 제기되고 있다. 다양한 공여국들로부터 막대한 원조를 받고 있음에도 불구하고 아프리카 국가들이 최빈국가로 분류되는 상황에 대해, 특히 신흥 공여국으로써 아프리카에 많은 원조를 행하고 있는 중국의 對아프리카 외교정책에 대해 살펴보았으며, 그 과정에서 식민성을 찾을 수 있었다. 아프리카 국가들만의 정체성이 형성되지 않은 상태에서 이루어진 원조가 아프리카 국가들을 최빈국으로 이끌었다는 것이다. 탈식민주의적 관점에서 이러한 원조는 주변과 피지배의 관계에서 벗어나지 못했다는 것에서 문제점이 발생한다. 주변부의 입장을 경험하지 못해 공감할 수 없는 서구의 입장에서 수많은 형태의 원조가 아프리카 국가들에게 적절한 지원이 아니었다는 것이다.

이에 대해 아프리카만의 고유한 정체성을 형성하고 이를 기반으로 하는 문화 ODA를 제시하고자 한다. 오늘날 신흥공여국들은 아프리카 국가들에 대해 침략과 침탈의 대상으로 인식한다. 특히 중국은 막대한 원조를 행하면서도 자국의 발전과 이익창출이라는 목적을 원조라는 이름으로 포장하여 아프리카 국가들과 우호적인 관계를 형성하고 있다. 20세기에 이르러 수많은 아프리카 국가들이 독립했지만, 이는 형식적이고 표면적인 형태의 독립일 뿐, 결코 공여국들로부터 형성된 지배-피지배 관계를 벗어날 수 없다는 것이다. 아프리카 국가들의 역사를 살펴보았을 때, 실제로 정치지도자들은 독립 이후에 혼란스러운 상황에 대해 제국주의 또는 자본주의 이념을 강조한 식민지배 시절로의 회귀를 주장했을 정도로, 식민치하에서 만들어진 문화를 간직하고 옹호하는 경우가 많다. 즉 외부로부터 형성된 정치적 가치체계와 인식이 아프리카 국가 내 정체성의 부재와 주변화로 이어져 아프리카의 발전을 저해하고 있다는 것이다.

그러나 아프리카 내에서 정체성을 회복하려는 노력이 아예 없었던 것은 아니다. 실제로 세계 1차 대전 이후 아프리카 국가들이 자국의 정체성을 찾고자 하는 노력이 지속적으로 관찰되어 왔다. 한 예로 아프리카 흑인 시인들이 일으킨 문화운동의 일종인 네그리튀드(Negritude) 또한 민족성 과 정체성 회복을 위한 노력의 일환으로 해석할 여지가 있다. 이 밖에도 1955년 인도네시아 반둥에서 개최된 아시아아프리카회의(Asian-African Conference) 또한 민족성의 회복과 해방을 위한 주변화 세력들의 최초의 움직임이라는 점에서 같은 맥락으로 볼 수 있다. 이외에도 아프리카의 문학의 경우에도 탈식민주의적 성격을 띠고 있는 작품이 대다수이다. 이에 따라 문화를 중심으로 하는 정체성을 형성하고, 관련 원조를 발전시킨다면 아프리카의 발전이 지속적이고 주체적으로 행해질 것이라고 본다. 그렇게 되면 일방적으로 막대한 자본을 투입하여 원조를 행했던 중국을 포함한 신흥 공여국이 이전보다 더 활발하게 교류하고 이익을 취할 수 있을 것이다. 신흥 공여국에서 끊임없이 자본을 투자해서 아프리카 국가를 발전시키는 데에는 한계가 있을 것이므로 아프리카 국가들 내부에서 정체성을 형성하여 주체적이고 능동적인 발전을 도모함으로써 일방적인 원조가 아닌 쌍방향의 교류가 될 수 있도록 해야 할 것이다.

ODA란 개발을 필요로 하는 국가들에게 도움을 주고자 하는 공여국의 공적개발원조를 의미한다. ODA의 범위가 민간 분야의 원조까지 확장되기는 했으나, 필자는 중국의 對아프리카 정책에 대해 연구하고 있음을 고려하여 정부차원에서 행해지는 원조로 국한하고자 한다. 2000년대부터 ODA의 패러다임은 경제원조에서 문화원조로 변화하기 시작했고, 이에 따라 탈식민주의를 반영한 문화 ODA가 아프리카에 요구된다는 것이다. 다만 최근 해외에서 행해지고 있는 국제적 문화ODA의 경향을 보면, 2013년 항저우 선언에서 확인할 수 있듯이 인류지향적이고 다문화주의적 기본 관점을 토대로 수원국의 문화수요를 만족시킬 수 있는 모델을 지향하고 있다는 것에 대해서는 이견이 없다.[13] 그러나 현행 문화 ODA가 국내외를 가리지 않고 공여국의 문화가 우월함을 내세워 일방적으로 홍보하는 사업이 대부분이며, 수원국의 문화 및 경제 전반에 대해 고려하지 않은 채 수원국을 지배의 대상으로 인식하여 침투전략으로 문화 ODA를 내세우고 있다는 점에 대해서는 경계의 태도를 지녀야 할 것이다. 문화 ODA에 대한 개념적 인식과 지속가능한 전략적 모델이 부재하는 상황이므로, 공여국과 수원국 사이에 상호호혜적인 문화교류가 행해질 수 있도록 문화 관

13 박열한, 김상헌. "한국형 문화ODA 현안과 발전방향." 『글로벌문화콘텐츠학회 학술대회』 (2015). p.310.

련 인프라를 구축할 수 있는 방안에 대한 논의가 진행되어야 할 것이다. 이에 따라 중국은 제국주의적 경제 원조국에서 벗어나 문화 공여국으로서 역할모델을 수립해야 할 것인데, 수원국과 우호적 관계 하에 동반자적 성장을 도모해야 할 것이다.[14] 이에 따라 단계별 전략을 강구해 비용을 절감하고 자생력을 강화하여 최종적으로는 수원국 단독으로 문화산업을 진행할 수 있는 문화 ODA 모델을 개발해야 하는데, 이때, 공여국 중심의 문화 ODA가 아닌 수원국의 문화적 자생력을 제고할 수 있는 문화 ODA의 필요성에 주목해야 하며, 문화 ODA가 지속가능한 모델로서 기능하기 위한 방법론을 모색하고 연구를 진행해야 할 것이다.[15] 문화 ODA를 행해야 한다는 것이 아프리카 내에서 중국 경제원조를 통해 이익을 추구하는 행태를 지적하는 것은 아니다. 중국이 하나의 국가로써 국익을 추구하는 것은 너무나도 자연스러운 상황이다. 그러나 중국이 내세운 정경분리, 내정 불간섭주의 등을 내세우면서 정치적 이익을 추구하는 것이 모순적인 상황이라고 생각되며, 이러한 상황이 지속될 경우에 아프리카 국가들은 주체적이고 자발적인 발전을 도모할 수 없게 될 것이다. 이는 곧 중국이 이후에도 일방적으로 아프리카에 대한 지원을 지속해야 한다는 것인데, 장기적인 관점에서 아프리카 내부의 정체성과 정치체제를 형성할 수 있도록 도와줌으로써 일방적인 원조에서 벗어나 쌍방향적인 교류를 진행하는 것이 더 큰 이익으로 이어질 것이라고 본다. 다양한 형태의 공적개발원조가 있지만 그 중에서도 문화에 특히 더 집중해야 하는 이유는 문화 ODA가 경제원조에

14 박열한, 김상헌 (2015), p.311.

15 박열한, 김상헌 (2015), p.312.

치중된 ODA로 인해 해결되지 못한 정신적 빈곤을 해소하고, 아프리카 국가의 국민들로 하여금 민족 정체성과 시민의식, 만족감, 행복을 가져다 줄 수 있으며, 공여국과 수원국 간의 신뢰를 형성하는 데에도 기여할 수 있음을 기대해 볼 수 있기 때문이다.[16]

이때 중국은 스웨덴의 문화 ODA 모델을 기반으로 중국만의 문화 ODA를 구축해야 할 것이다. 스웨덴은 2012년 DAC 회원국 중 문화 분야에 대해 네 번째로 많은 지출을 행하였으며, 스웨덴 문화예술위원회(Sweden Art Council)을 창설하여 세계협력을 위해 설립된 Sweden Institute가 SIDA와 협력하여 문화분야 국제개발문화협력 사업을 하고 있다.[17] SIDA에서 Culture and Media 부서에서 문화 ODA를 도맡아 실현하고 있으며, 1) 문화적 자유와 문화의 다양성, 2) 표현과 표현수단 접근의 자유, 3) 정보와 아이디어의 접근, 4) 갈등의 방지와 관용의 증대, 5) 지역생산, 경제 성장의 고용 등의 목적을 설정하여 관련 사업을 진행하고 있다.[18] 굳이 스웨덴을 언급한 이유는 SIDA의 목적이 전 세계의 가난한 사람을 위한다는 것을 의미하며, 문화 국제 협력으로 하여금 궁극적으로 세계 빈곤 문제를 타개한다는 데 있다. 문화 ODA라 함은 대부분 수원국의 문화 유산을 보호하고 교육을 행할 것을 약속하지만 실질적으로는 자국 문화의 우월성에 대한 홍보로 전락하곤 한다. 이들과 달리 스웬덴은 수원국

16 정환문. "공적개발원조(ODA) 문화 분야의 현황과 필요성." 『한국사회학회 사회학대회 논문집』 (2014)., p.219.

17 정환문 (2014), p.222.

18 정환문 (2014), p.222.

이 처한 문제를 직접적으로 해결하고자 문화 지원 프로젝트를 시행해왔는데, 베트남에서 기자들의 표현의 자유가 억압되어 있다는 문제에 대해 저널리즘 강의를 하고, 아프리카에서 여성의 권리가 존중되지 않고 있다는 문제를 해결하기 위해 라디오 방송으로 여성의 권리를 신장시킬 수 있는 활동을 진행하기도 했다. 이에 따라 중국 역시 아프리카와 지속적인 신뢰 관계를 구축하려면 아프리카를 수원국으로 인지하는 것이 아닌 인도주의적 관점에 초점을 맞춰 아프리카가 처한 어려움을 극복할 수 있도록 이끌어주어야 하며, 이때 문화 ODA가 효과적으로 작용할 수 있다는 것이다.

Ⅲ. 결론 및 제언

1. 연구의 결론 및 제언

아프리카 국가들이 식민지배로부터 벗어나 독립국가로 거듭난 이후에 서구권 국가들로부터 원조를 받아 발전을 도모해왔다. EU는 아프리카로 하여금 국제원조체제 개혁을 단행하고자 하였으며, 보편적인 것이라 여겨지는 인권, 민주화 등의 가치를 전파하고자 했다. 이후에 신흥 공여국이 등장에 대해 아프리카 내부에서는 긍정적인 반응과 부정적인 반응이 혼재되어 나타나기 시작하면서 혼란을 겪게 된다. 대표적인 신흥공여국인 중국은 정경분리와 내정 불간섭주의를 내세우면서 아프리카가 단순히 경제적 동반자이며, 정치적 개입과는 무관함을 표방해왔다. 내정 불간섭주의를 지지하면서 중국과 아프리카 간의 관계는 순수 비즈니스를 목적으로 하며, DAC 회원국들이 아프리카에 민주화의 가치를 주입하려 할 때, 아프리카의 편을 들어주며 긴밀한 공여국-수원국 관계를 맺기도 했다. 그러나 중국이 표방하는 정경분리를 기반으로 하는 원조에는 중국의 국익추구가 내재되어 있었다. 앞서 본론2에서 다뤘듯이 경제외교와 에너지 및 자원외교에서 중국은 자국의 발전에 필요한 천연가스 및 에너지를 확보하기 위해 아프리카로 진출해 자원을 충당하였으며, 경제원조를 명목으로 아프리카에 진출한 중국 기업들은 지속적으로 아프리카에 영향력을 행사할 수 있도록 인프라를 구축하는 등 기반을 다지는 행태를 보였다. 이를 통해 중국과 아프리카 간의 위계적인 구조가 형성되고 아프리카는 중국에 종속된 채로 정체성을 형성하지 못하고 있음을 확인할 수 있다. 중국이 일방적으로 아프리카에게 원조를 행하는 것에 대해 중국은 자국의 영향력을 바다 건너 아프리카까지 확대할 수 있으며 다른 서구 열강들을 견제할 수 있기에 긍정적으로 인식할 수 있다. 아프리카도 중국이 막대한 원조를 해줌으로써 가시적인 경제발전을 이룩할 수 있기에 우호적인 입장을 표명할 수 있다. 그러나 일방적인 원조가 먼 미래에도 지속된다는 보장이 없고, 중국 역시 아프리카에 막대한 자본을 투자하는 것이 부담이 될 수도 있다. 이에 따라 아프리카 국가들은 중국이 만들어낸 무형의 식민구조를 해체하고 자국의 가치를 탐색하여 정체성을 형성함으로써 경쟁력을 지녀야 할 것이다. 아프리카는 과거부터 오랜 세월 식민통치를 받았으며, 이후에는 원조를 통해 또 다른 형태의 피지배 대상이 되었다. 이에 따라 식민성을 극복하여 중국에게 일방적으로 원조를 받는 것이 아닌 경제적 동반자로 거듭나야 한다는 것이다. 지배-피지배 구조가 형성되는 가장 큰 원인은 공여국이 수원국의 역사와 입장을 고려하지 않은 채 자국의 우월성을 바탕으로 지원을 행한다는 것이다. 이에 대한 해결방안으로 문화 ODA를 제시하고자 한다. 경제원조에 주력하던 ODA의 영역이 문화에까지 확장됨에 따라 중국의 對아프리카 외교정책 역시 변화해야 한다는 것이다. 현재 많은 국가들이 원조 수원국에 대하여 문화 ODA를 행하고 있는데, 수원국의 문화유산을 보호하고 교육을 행할 것을 약속하는 문화 DOA가 실질적으로는 자국 문화의 우월성에 대한 홍보로 전락하여 공여국의 문화적 가치를 수원국에 주입하는 경우가 만연하다. 문화 ODA는 빈곤국에 대해 정신적 문제를 해소할 수 있으며, 수원국의 민족 정체성, 시민의식, 만족, 행복 등을 가져다 줄 수 있을 뿐만 아니라 공여국과 수원국 간의 지속적인 교류가 가능할 수 있도록 신뢰 형성에 도움을 주기도 한다. 따라서 중국은 아프리카와 지속적으로 교류하고 상생하기 위해서 문화 ODA에서 발현될 수 있는 식민성을 경계하며 아프리카에 대한 지원을 행해야 한다는 것이다.

2. 연구의 한계점

탈식민주의 이론은 비주류 이론으로 분류된다. 주류이론들에 비해 연구 기간이 짧은 비주류 이론들에 대한 관심이 고조되고 있다. 그럼에도 국가 내 혹은 국가 간에 발생하는 문제는 일반적으로 주류이론을 통해 1차적으로 해결되고 한계를 보완하기 위한 방법으로써 비주류 이론의 접근이 시도된다. 탈식민주의는 주류이론이 설명하지 못하는 '지배-피지배'

의 문제점을 지적하면서 생겨난 이론이므로 중국의 對아프리카 외교정책의 문제점을 보완하고자 본 보고서에서 채택하였다. 그러나 탈식민주의적 관점에서 문화 ODA를 제시한다는 것은 이상적이며, 더욱이 중국은 자국의 문화적, 정치적 가치를 높이 평가하고 이를 원조 수원국으로 하여금 채택하고 옹호하도록 유도하고 있어 수원국의 정체성을 인지하고 이해하는 등의 공감을 행할 수 있을지에 대한 의문이 든다. 다만 중국이 국제사회의 일원으로 목소리를 내려면 보편적인 가치라 여겨지는 인권, 민주주의 등을 외면할 수 없기에 문화 ODA를 필히 행해야 한다고 본다.

Ⅳ. 참고 문헌

김관옥. "중국의 소프트파워 전략과 아프리카 자원외교." 『서석사회과학논총』 Vol.1 No.2. (2008).

김동환, 오병석. "국제사회 : 중국의 대(對) 아프리카 경제정책 변화: 냉전과 탈냉전의 비교를 중심으로." 『국제지역연구』 Vol.14 No.2 (2010).

김은중. "권력의 식민성과 탈식민성: 유럽중심주의와 제3세계주의를 넘어서." 『이베로아메리카硏究』 22:2, 1-35. (2011).

김은중. "트랜스모더니티 혹은 반(反)헤게모니 생태학 : 비판이론의 탈식민적(decolonial) 전환을 중심으로." 『이베로아메리카硏究』 20:1, 149-181. (2009).

박열한, 김상헌. "한국형 문화ODA 현안과 발전방향." 『글로벌문화콘텐츠학회 학술대회』 309-314. (2015).

백소연, 박경철. "문화분야 ODA의 문화예술교육 프로그램 현황 연구", 『한국콘텐츠학회논문지』 Vol.16 No.2. (2016).

백주현, 조원빈. “중국의 대 아프리카 외교전략 변화.” 『국제지역연구』 Vol.20 No.5. (2017).

안승준. “중국의 대 아프리카 외교 정책 : 수단의 석유자원과 관련하여.” 『Asian Journal of African Studies』 Vol.32 No.-, (2012).

은용수. “‘비주류’ IR 이론과 한국의 국제정치문제.” 『국제정치논총』 56(3), 51-88. (2016).

이숙종. “EU와 중국의 對아프리카 ODA문화 : 갈등과 협력 논쟁을 중심으로.” 『국제지역연구』 Vol.21 No.1. (2012).

이효석. “응구기와 시옹오의 범아프리카주의 – 포스트식민 국가를 넘어서는 주변부의 기억과 연대.” 『비교문화연구』 42, 107-129 (2016).

정차근. “중국의 아프리카 자원외교가 한국에 미치는 함의.” 『동아인문학』 Vol.25 (2013).

정환문. “공적개발원조(ODA) 문화 분야의 현황과 필요성.” 『한국사회학회 사회학대회 논문집』 219-224. (2014).

최동주. “21세기 중국-아프리카 관계에 대한 비판적 분석.” 『한국아프리카학회지』 Vol.28 No.1. (2008).

최재덕. “일대일로의 이론과 실제: 중국의 지역패권주의 강화와 일대일로 사업 추진에서 발생된 한계점.” 『한국동북아논총』 Vol.23 No.3 (2018).

한양환. “21세기 아프리카의 정치사회학 : 후기신식민주의(Post-neocolonialism)적 접근.” 『한국사회학회 사회학대회 논문집』 419-431 (2012).

5

브렉시트로 바라보는 아시아 지역주의 향후 전망

국제학부
김예진

요약 현재 브렉시트로 유럽은 대혼란을 겪고 있다. 브렉시트란 Britain과 Exit를 합친 용어로 영국의 유럽연합 탈퇴를 의미한다. 그리고 현재 2019 년 중순까지 브렉시트 집행의 복잡성과, 실행 시 생겨날파급효과로 인해 끊임없는 논쟁거리가 생기고 있다. 이 논문에서는 브렉시트의 현상과 발생요인을 분석한 후, 과연 아시아 지역주의와 비교분석이 가능한지, 가능하다면 어떠한 측면에서 가능할지 다룰 것이다. 이어, 브렉시트가 향후 아시아 지역주의에 대해 시사하는 바가 있다면, 이에 대해 논하고자 한다.

I. 주제 선정 이유

브렉시트로 바라보는 아시아 지역주의의 향후 전망이라는 주제를 선정하게 된 주된 이유는 과연 브렉시트의 사례로 아시아 지역주의 전망을 논할 수 있는지 궁금했다. 이에 대한 답을 찾기 위해 과연 브렉시트가 유럽연합(EU)의 종말이자 지역주의의 한계를 보여주는 사례인지 혹은 정확히 어떠한 요인들이 작용해 브렉시트라는 결과를 야기했는 지 명확히 하고 싶었다. 브렉시트는 지역주의의 첫 발판이자 많은 지역주의 체제의 모델인 유럽연합의 안정성을 의심케 했다는 점과 전 세계적으로 다양한 지역주의 체계의 확산이 과연 브렉시트로 인해 침체될 것인지에 여부가 여러 언론에 보도되었다는 점에서 정확한 현황 및 추후 전망이 필요하였으므로 이 논문에서 제일 먼저 현황 분석과 발생요인에 대해 고찰하고자 한다. 이어, 아시아 지역주의의 의미와 이 두 체제의 연관성을 논하므로 과연 아시아 지역주의의 전망은 어떻게 그려질 것인지 설명하며 결론을 맺고자 한다.

또한, 브렉시트 교착 상태가 벌써 2016 년 6월 23 일 영국의 탈퇴 선언으로 시작해 3년간 지속되어왔으며 실질적인 협의가 도출되지 않고 있다는 점에서 빠른 시일 내에 해결해야 하는 사안이므로 이 문제의 심각성을 알리고자 한다. 브렉시트의 교착 상태가 계속된다면 많은 학자들은 유럽 국가들 뿐 아니라 전 세계 여러 나라들은 겉잡을 수 없을 만큼의 큰 경제적, 정치적 타격을 맞게 될 것을 예상한다.

Ⅱ. 브렉시트의 현황 및 발생 요인

2019년 6월부터 지금까지 EU 와 영국은 브렉시트 합의에 도달하지 못했다. 올해 5월까지 브렉시트가 이행되어야 했던 절차는 또다시 연장되었다. 이는 특히 영국 내의 비등한 수의 찬성 측과 반대측의 영향이 크다고 본다. 영국이라는 국토 안에 존재하는 다양한 정체성을 지닌 정당들의 합의된 의견을 도출하는데 어려움을 주고 있다. 그 결과, 영국은 10 월까지 다시근 준비할 시간이 주어졌다.

2016 년 당시 EU 탈퇴 국민투표를 진행할 때 데이버드 캐머런이 영국 총리였다. 영국은 유럽경제 공동체 (EEC) 에 1973년에 가입하므로 유럽 내에 지역주의에 합동하게 되었다. 하지만, 43년만에 유럽국가 중 처음으로 EU 탈퇴를 선언했다.

브렉시트 찬성 측과 반대측의 치열한 논쟁에 중심에는 두 가지 중요한 이슈가 논의되고 있다. 첫 번째로는 이민자들 수용에 관한 정책과 두 번째로는 유럽연합의 타당하지 않은 관료주의에 대한 관점이다. 브렉시트를 찬성하는 입장은 정확하다. 더 이상 EU의 이민자 수 할당량을 충족하고 싶지 않다는 점과, EU의 영국 주권 침해를 외친다. 특히 난민 수용론이 언급되자 영국 또한 유럽 국가중 하나로서 책임감을 가지게 될 것을 두려워했다. 더불어 유럽 난민 사태가 어떠한 파동 효과를 야기할지 예상되는 가운데 재정적 부담과 국내 내의 반난민 시위를 대응해야 한다는 점에서 큰 우려가 되었을 것이다.

과연 브렉시트는 EU, 즉 유럽 지역주의의 종말을 시작한 것인지에 대

한 의문점은 계속된다. 먼저 다양한 논거들을 살펴볼 필요가 있다. 설득력 있는 논거들은 다음과 같다:

- 영국은 애초에 EU에 소속감을 가지고 있지 않았다
- 브렉시트는 당시 영국 총리의 집권을 위한 정치적 행세였으며 걷잡을 수없는 상태에 이르게 된 것이다
- EU는 불완전하므로 브렉시트는 EU의 해체를 암시하는 것이다

제일 처음에 제시된 논거는 영국의 아웃사이더[1] 행동은 예전부터 지속되었다는 점에서 브렉시트는 결코 놀라운 일이 아니며 한편으로는 예상가능한 일이라고 주장하는 바이다. 또한, 2016 년에 실행된 EU 탈퇴 국민투표는 처음 이루어진 것이 아니었으며 1975 년에 EEC 잔류 여부 국민투표가 실시되었다는 점에서 계속해서 영국 국내 정치는 EU 소속에 대한 의구심을 지피었다고 이해할 수도 있다. 그리고 영국은 애초에 솅겐 조약[2]에 들어가 있지 않으며 유로존에 속해 있지 않다는 점에서 예전부터 자신을 격리시켰다고 볼 수 있다. 두 번째로 제시된 논거는 당시 지배층은 정치적 입지를 위해 무리한 정책을 공약했다는 점이다. 그리고 52 대 48 로 국민은 블렉시트를 선택했고, 정부는 브렉시트 절차를 밟을 수밖에 없었다. 데레사 메이가 후임 총리가 된 후에도 상태는 되돌릴 수 없었다는 점에서

•

1 "영국은 EU의 창단인 1975년도보다 16년 늦은 1973년에 가입한 것에 기인한다". 조명진. [브렉시트를 대비하라] (서울: 한국경제신문, 2016.) p.13.

2 솅겐 조약: 해당국가들 간에 자유로운 물자의 이동 및 수사 협조 조약

솔직하게 말한다면 정치인들의 야심의 패배로 이해할 수 있다. 세 번째 논의로 제시한 것은 브렉시트가 유럽 지역주의의 한계를 부각하는 사례라고 이해하는 것이다. 그 이유로는 EU의 국가 통제성을 지니고 있다는 점에서 타당하지 않다고 찬성측 발언이 주된 근거이다.

현재 영국에서 의논 되고 있는 영국의 EU 탈퇴 이후 합의는 크게 '노딜 브렉시트', '소프트, 하드 브렉시트'가 있다. 허핑턴포스트에 의하면 "노딜 브렉시트는 영국이 EU 탈퇴 이후 EU 와의 새로운 관계를 조정하기 위한 협상이 결렬돼 아무런 합의 없이 무작정 EU 를 떠나게 되는 상황을 뜻하다"고 명시 되어 있다. 이에 반해 '소프트 브렉시트'는 "영국이 유럽연합을 탈퇴하지만 일정 분담금을 내며 단일시장 내의 지위는 유지하는 일종의 불완전 탈퇴" 로 설명된다[3]. 중앙일보에 의하면 '하드 브렉시트'는 "영국이 EU와의 관계를 완전히 정리한다는 것"이라고 명시되어 있다.

Ⅲ. 아시아 지역주의

아시아라는 큰 대륙에 위치한 수많은 나라들을 '아시아 지역주의 체제' 라는 포괄적인 용어로 설명하기에는 당연히 무리가 있다. 그래서 과

3 BBC news 코리아. "소프트 브렉시트: 유럽연합, '소프트 브렉시트 강력 반대." https://www.bbc.com/korean/international-45392526 (검색일: 2019. 06. 05)

연 아시아 지역주의라고 함은 어떤 나라들을 뜻하는 것인지 설명하고자 한다. 먼저, 향후 아시아 지역주의를 이해하기 위해 아시아 지역주의의 있어 중요한 년도를 설명하고자 한다. 아시아 지역주의의 점진적 발전은 1968년, 1989년, 1997년, 2010년에 이루어졌다고 볼 수 있다[4]. 1968년 ASEAN의 창설로, 아시아 내의 처음으로 단일시장을 목표로 한 체제가 생겼다. 1989년에는 APEC이 생겼고, 1997년에는 ASEAN + 3 로 지역주의 경계선 확대, 2010년은 ASEAN + 3 + US + Russia 가 생겼다.

아시아 지역주의로 앞서 언급된 다양한 기구들이 존재하지만 이 논문에서는 ASEAN에 초점을 두고자 한다. 그 이유는 ASEAN이 제일 오랜 기간동안 운영된 지역주의 체제 기구이며, 또 한편으로는 지역의 변화를 도모하는 설계자 역할을 했기 때문이다. ASEAN은 아시아 지역주의에 선주도자이므로 매우 중요한 위치에 있다. 특히, 구상된 기구 체계는 선진적 모델을 띄고 있으며 다른 지역주의 체계의 본이 된다. 이러한 이유들로 아시아 지역주의를 대변할 수 있는 기구는 ASEAN이며, 브렉시트가 아시아 지역주의에 영향을 미칠 수 있을지에 대한 여부는 ASEAN에 끼치는 영향력으로 판단하기로 한다.

ASEAN이 과연 어떤 지역주의 체계를 가지고 있는지 들여다보도록 하겠다. 아시아 지역주의 소개[5]라는 논문에 의하면 ASEAN는 아시아의 평화와 안정을 보호하는 중요한 역할을 했다고 주장한다. 또한, 예컨대 아

•

4 Baogang He, Takashi Inoguchi. "Introduction to Ideas of Asian Regionalism." ResearchGate (August 2011)

5 Baogang He, Takashi Inoguchi. "Introduction to Ideas of Asian Regionalism." ResearchGate (August 2011)

시아 지역주의는 서로 너무 다른 문화와 사상, 사회구조를 지닌 국가들의 합작으로 아시아 지역주의만의 아이덴티티 형성보다는 경제적 협력에 초점을 두고 있다는 점을 명시한다. 또한, 아시아 국가들의 역사를 보면 많은 나라들이 식민지 시대를 겪었다. 이러한 맥락에서 보면 왜 아시아 지역주의는 특정 국가 지도의 지역주의 체계를 도모하지 않는지 이해를 할 수 있다. 그래서 현재 ASEAN의 경우, 미국의 역할을 철저히 제한하고 있다고 느껴질 것이다. 미국과 더불어 강대국으로서의 위상을 하루하루 높이고 있는 중국의 경우에도 특별 대우는 절대 기대할 수 없다.

Ⅳ. EU와 ASEAN의 비교분석

과연 서로간 너무 다른 지역주의 체제가 비교 가능한지에 대한 여부를 논하고자 한다. 구체적으로 어떠한 항목에서 유럽의 지역주의와 아시아의 지역주의가 비슷하고 다른지 설명하도록 하겠다.

먼저, 이 둘은 지역주의 형태에서부터 차이점을 부각한다. EU의 경우 경제통합을 넘어 국경의 자유, 그리고 EU 시민권 보류, 그리고 국내정치 개입은 왕성하다고 볼 수 있다. 이에 반해 ASEAN의 경우 국내정치는 오로지 당사자인 국가에게만 주권을 행사할 수 있다. 특히, ASEAN 시민권이 없는 한 EU 만큼의 다방변의 통합은 이루어지기 어렵다고 본다. ASEAN의 슬로건인 '사람중심의 기관'은 역시 ASEAN 시민권이 창설

되기 전까지는 효력이 없는 슬로건으로 남게 될 뿐이다. 하지만 ASEAN이 EU를 본받아 사회적 통합을 이룰 것이라고 생각할 수 없다. 그 이유는 ASEAN내 정치인들, 엘리트들은 깊어지는 통합은 자신들의 위치를 위협하는 것으로 여길 수 있기 때문이다.

이어, EU와 ASEAN의 차이점은 이 둘의 독립성 또한 다르게 평가된다는 점이다. EU의 경우, 미국 혹은 중국은 EU 운영에 있어 큰 역할을 하지 않는다. 하지만, ASEAN의 경우는 많이 다르다. 아시아 지역주의는 현재에도 미국의 그늘아래 있다는 평을 많이 받고 있다. 그 결과, 이 둘의 독립성 정도의 차이는 비교 불가하다.

EU와 ASEAN의 궁극적 목표가 다르다는 점을 짚고 싶다. 먼저 ASEAN의 경우 지역주의 보다 글로벌화로 인해 추진된 지역주의로 알려져 있다. 그 결과, ASEAN은 porous regionalism, 즉 오픈 지역주의를 실시하고 있다. 반면, EU의 경우 EU의 통합을 기반으로 세계 무대를 장악하려는 본심을 가지고 있다고 판단된다. EU의 적은 외부에 있다면 ASEAN은 지역주의 안에, 직접적으로 위협을 주고 있다. ASEAN에게 중국의 부상은 안보 위협을 증폭시키고 있다. 이러한 이유들로, ASEAN은 결코 경제협력에 이어 사회적 통합을 이루기에는 각 국의 입장이 뚜렷함으로 거이 불가능하다고 얘기할 수 있을 것이다.

그렇다면 과연 EU와 ASEAN은 비슷한 점이 있는지 의문점이 들 것이다. 구체적으로 지역주의 내의 사례로 들어가게 된다면 다를 수 밖에 없지만, 통괄적으로 본다면 몇가지 비슷한 점을 가지고 있다. 먼저, 내정 불간섭이라는 항목이 양측 지역주의에 명시되어 있다. 특히 ASEAN의 경우, 1990년도에 내정 불간섭을 약화시키려는 노력은 있었지만, 아시아 국가들의 특정상 각국의 국익을 최대화하는 것을 목표로 하기 때문에 내정 개입은 절대 허용되는 부분이 아니다.[6] 또한 지역주의의 특성인 권력 행사 및 제한은 EU와 ASEAN에 보이는 항목이므로 이러한 부분에서는 브렉시트의 사사점을 빗대어 볼 수 있다고 생각한다.

아래 table 1[7]에 유럽과 아시아 지역주의에서 보여지는 차이점을 가지고 와보았다.

table1 Sources of divergence

	Europe	Asia
Normative	Homogeneity	Heterogeneity
Economic	Maturity reached	Riding on momentum
Security	Cooperative	Conflictual

6 Baogang He, Takashi Inoguchi. "Introduction to Ideas of Asian Regionalism." ResearchGate (August 2011)

7 Baogang He, Takashi Inoguchi. "Introduction to Ideas of Asian Regionalism." ResearchGate (August 2011) p.174

V. 브렉시트를 통한 시사점

앞서 계속 언급되었듯이 서로 너무 다른 두 형태를 지닌 EU와 ASEAN는 과연 브렉시트를 통한 시사점이 아시아 지역에 적용될 지에 여부는 의심스럽다. 특히 꾸준히 증가하는 아시아 지역주의의 수는 지역주의의 비전과 발전을 이어간다고 볼 수 있다. 브렉시트의 시행과 EU의 해체는 결코 아시아 지역주의의 침체로 이어지지 않을 것으로 본다. 반대로, 현재 아시아 국가들의 상호의존도는 상승하고 있으며 이러한 환경에서 더 많은 협정이 이루어질 것을 예상하고 있다. 비록 서로 다른 시장구조, 정치체제를 가지고 있지만, ASEAN이 계속해서 활약을 할 것을 예상하고 있으며 감소된 경향을 보이지 않을 것이다.[8]

하지만 정책 집행에 있어서 경제 안정성 프레임워크의 중요성[9]은 브렉시트를 통해 시사된 점은 아시아 지역주의 내의 적용 가능하다고 본다. 현 영국 경제 불안정성은 기업과 개인을 보호할 수 있는 준비된 플랫폼이 마련되어 있지 않았다는 점에서 타격이 큰 것으로 보인다. 이러한 측면에서 아시아 지역주의가 경제 안정성을 위해 미리 준비한다면 브렉시트를 통

•

8 Sri Mulyani Indrawati. Emerging Asian Regionalims: A Partnership for Shared Prosperity. Mandaluyoung City, Phil: Asian Development Bank, 2008, p.5

9 Laura Allison Reumann and Philomena Murray. "Will Brexit Affect Regionalism in Southeast Asia?" https://thediplomat.com/2017/09/will-brexit-affect-regionalism-in-south-east-asia/?utm_content=buffer8080c&utm_medium=social&utm_source=twitter.com&utm_campaign=buffer (검색일: 2019. 06. 10)

해 배운 것은 결단코 있다고 본다.

결론적으로, 아시아 지역주의는 유럽의 지역주의와는 큰 차이를 보이기 때문에 브렉시트가 곧 EU의 패배, 그리고 더 나아가 지역주의의 패배라고 지칭하기에는 옳지 않다고 생각한다. 현재 아시아는 지역주의는 계속해서 증가되고 있다는 통계자료가 있다. 이는 즉, 아시아 국가들 간에 협력은 지역주의의 형태로 이어질 전망이 있다고 말할 수 있을 것이다. 이 논문을 리이퍼 저자의 말로 논문을 마치려고 한다. "It is what made regionalism important, not whether regionalism mattered".

Ⅵ. 참고문헌

조명진. [브렉시트를 대비하라] 서울: 한국경제신문, 2016.

Sri Mulyani Indrawati. Emerging Asian Regionalims: A Partnership for Shared Prosperity. Mandaluyoung City, Phil: Asian Development Bank, 2008.

Acharya, Amitav. "Do norms and identity matter? Community and power in Southeast Asia's regional order." Pacific Review. Vol 18 Issue 1, p95-118. 24p. (March 2005)

Baogang He, Takashi Inoguchi. "Introduction to Ideas of Asian Regionalism." ResearchGate (August 2011)

Carsten Korber MdB. "Brexit: The Future of Regionalism and Security Implications." ISPSW No. 491 (June 2017)

Katja Weber. "ASEAN: A Prime Example of Regionalism in Southeast

Asia." Miami-Florida European Union Center of Excellence Vol. 6, No. 5 (April, 2009)

Riham Bahi. "Regionalism in Hard Times: Brexit and the Limits of Hegemonic Regionalism." Review of Economics & Political Science Vol. 2 No. 1 (January 2017)

나무위키."셍겐조약." https://namu.wiki/w/%EC%86%85%EA%B2%90%EC%A1%B0%EC%95%BD (검색일: 2019. 06. 11)

BBC news 코리아. "소프트 브렉시트: 유럽연합, '소프트 브렉시트 강력 반대." https://www.bbc.com/korean/international-45392526 (검색일: 2019. 06. 05)

Owen Bennett. "혼돈의 영국: 브렉시트를 둘러싼 현재 상황을 점검해보자." https://www.huffingtonpost.kr/entry/story_kr_5b860ee9e4b0cf7b00303107 (검색일: 2019. 06. 04)

Ahmad Rizki Mardhatillah Umar. "What ASEAN needs to learn from Brexit." http://speri.dept.shef.ac.uk/2017/01/31/what-asean-needs-to-learn-from-brexit/ (검색일: 2019. 06. 07)

Brian Wheeler, Paul Seddon, Richard Morris. "Brexit: All you need to know about the UK leaving the EU." https://www.bbc.com/news/uk-politics-32810887 (검색일: 2019. 06. 09)

European Union. "How EU decisions are made." https://europa.eu/european-union/eu-law/decision-making/procedures_en (검색일: 2019. 06. 11)

Laura Allison Reumann and Philomena Murray. "Will Brexit Affect Regionalism in Southeast Asia?" https://thediplomat.com/2017/09/will-brexit-affect-regionalism-in-southeast-asia/?utm_content=buffer8080c&utm_medium=social&utm_source=twitter.com&utm_campaign=buffer (검색일: 2019. 06. 10)

Stephan Richter, John West. "Regionalism, Asia Style." https://www.theglobalist.com/regionalism-asia-style/ (검색일: 2019. 06. 09)

Yoichi Funabashi. "Open regionalism in the Asia-Pacific." https://www.japantimes.co.jp/opinion/2018/10/10/commentary/

japan-commentary/open-regionalism-asia-pacific/#.
XQHK3Mt7k2y (검색일: 2019. 06. 09)

저자 소개

은용수는 한양대 정치외교학과 교수로 재직 중이며 국제정치이론, 외교정책, 지식사회학에 대한 연구를 해왔다. 과도하게 전문화/영토화 되어버린 국제정치연구의 경계를 허물고 궁극적으로는 지식생산의 다양한 행위자와 경로를 생활세계와의 접속과 결합을 통해 확장하려는 시도를 하고 있다.

김지원은 정치외교학을 전공하고 있는 한양대학교 학생이며 정치이론과 상담심리에 관심이 있다. 향후 청소년 자존감과 학교 폭력 주변인에 대한 연구 계획을 갖고 있다.

홍수진은 영어영문학을 전공하고 있는 한양대학교 학생이며 국제정치 분야, 특히 북미관계와 동북아 지역에 관심이 있다. 향후 한일 관계 개선에 대한 연구 계획을 갖고 있다.

최성민은 정치외교학을 전공하고 있는 한양대학교 학생이며 공공외교에 관심이 있다. 향후 한국 외교의 협상력 강화를 위한 심리학 연구에 대한 계획을 갖고 있다.

유서현은 정치외교학을 전공하고 있는 한양대학교 학생이며 법, 정치, 경제, 심리학에 관심이 있다. 향후 정치와 스포츠 사이의 관계에 대한 연구 계획을 갖고 있다.

권나영은 사학을 전공하고 있는 한양대학교 학생이며 인문학과 사회과학에 관심이 있다. 향후 국제관계이론에 대한 심층적인 연구 계획을 갖고 있다.

홍태호는 정치외교학을 전공하고 있는 한양대학교 학생이며 동아시아 외교에 관심이 있다. 향후 감정 구성주의로 본 동아시아에 대한 연구 계획을 갖고 있다.

구민재는 정치외교학을 전공하고 있는 한양대학교 학생이며 해외 외교정책 현황과 역사에 관심이 있다. 향후 지소미아 협정의 파기 및 한국의 외교와 안보에 대한 연구 계획을 갖고 있다.

이나윤은 정치외교학을 전공하고 있는 한양대학교 학생이며 북한학, 동아시아학에 관심이 있다. 향후 동북아 다자안보, 주변 강대국과 한반도 문제에 대한 연구 계획을 갖고 있다.

서진희는 정치외교학을 전공하고 있는 한양대학교 학생이며 한국 외교전략에 관심이 있다. 향후 중견국으로서 한국의 위상을 높일 수 있는 외교정책에 대한 연구 계획을 갖고 있다.

최윤태는 정치외교학을 전공하고 있는 한양대학교 학생이며 국제관계에 대한 관심이 있다. 향후 난민 문제에 대한 심도 있는 연구 계획을 갖고 있다.

정혜영은 정치외교학을 전공하고 있는 한양대학교 학생이며 국제관계에 대한 관심이 있다. 향후 각국 외교에 크게 영향을 미치는 변수에 대해 연구할 계획을 갖고 있다.

박경호는 연극영화학을 전공하고 있는 한양대학교 학생으로 소프트파워 및 공공외교에 대한 관심이 있다. 향후 문화 예술의 소포트 파워 영향력에 대한 연구 계획을 갖고 있다.

최은찬은 정치외교학을 전공하고 있는 한양대학교 학생이며 베트남 정치 문화에 대한 관심이 있다. 향후 베트남과 한국의 관계에 대한 연구 계획을 갖고 있다.

조은정은 정치외교학을 전공하고 있는 한양대학교 학생이며 한국의 외교전략과 통일, 영토 및 역사관련 외교에 대한 관심이 있다. 향후 일본 불매 운동과 중국의 홍콩시위에 대한 한국의 외교 전략에 대한 연구 계획을 갖고 있다.

박정수는 국제학을 전공하고 있는 한양대학교 학생이며 정치외교에 대한 관심이 있다. 향후 기후변화에 대한 향후 국제사회의 대책에 대한연구 계획을 갖고 있다.

이화진은 정치외교학을 전공하고 있는 한양대학교 학생이며 탈식민주의이론, 동북아 국제관계에 대한 관심이 있다. 향후 한반도 신경제지도, 한국의 신북방정책에 대한 연구 계획을 갖고 있다.

김예진은 국제학을 전공하고 있는 한양대학교 학생이며 국제무역에 대한 관심이 있다. 향후 국제환경정책의 효과 및 실행 가능성에 대한 연구 계획을 갖고 있다.

HYU ☰ IC-PBL *Hyper Connected Education* SERIES

IC-PBL(Industry Coupled Problem/Project Based Learning)은 실제 사회 및 산업체가 대학 수업과 유기적으로 연결된 초연결 교육을 실현하기 위한 혁신적인 수업 방법입니다. 이를 토대로 학생들은 자신들이 살고 있는 실제 사회의 문제점을 진단하고 해결책을 모색하여 보다 나은 세상을 만드는 데 긍정적인 영향을 미칠 수 있는 결과물을 생산합니다. IC-PBL Hyper Connected Education 시리즈는 한양의 청년들이 주체가 되어 자신이 살고 있는 세상의 문제를 바라보고, 이를 해결하기 위해 도출한 실천적 성과물을 보다 넓은 세상과 공유하고자 기획되었습니다.

HANYANG UNIVERSITY PRESS

'대중'의 국제정치학 : 청년시민, 세계를 논論하다

펴낸날 2019년 12월 20일 초판 1쇄

지은이 은용수 외 ● **펴낸이** 김우승

펴낸곳 한양대학교출판부 ● **출판등록** 제4-7호(1972.2.29)

주소 서울 성동구 왕십리로 222 ● **전화** 02.2220.1432-4 ● **팩스** 02.2220.1435

홈페이지 press.hanyang.ac.kr ● **이메일** presshy@hanyang.ac.kr

기획·진행 오현숙 ● **표지** 안광일 ● **본문디자인·편집** 박민지 ● **인쇄** 미르P&P

ISBN 978.89.7218.634.2 (93340)